THOMAS KÜNNE / INGE SCHUBERT

Die heilende Kraft der Planetenschwingungen

Theorie und Praxis der Phonophorese

Vorwort von Dr. Ruediger Dahlke

Haben Sie Fragen an die Autoren?
Anregungen zum Buch?
Erfahrungen, die Sie mit anderen teilen möchten?
Nutzen Sie unser Internetportal mit Weblog:
www.stimmgabeltherapie.de

Bibliografische Information der Deutschen Nationalbibliothek

Die Deutsche Nationalbibliothek verzeichnet diese Publikation in der Deutschen Nationalbibliografie; detaillierte bibliografische Daten sind im Internet über http://dnb.d-nb.de abrufbar.

Thomas Künne / Inge Schubert

Die heilende Kraft der Planetenschwingungen

Theorie und Praxis der Phonophorese
Mit einem Vorwort von Dr. Ruediger Dahlke

4. Auflage 2022 (2. Aufl. 2010, 3. Aufl. 2015)
ISBN 978-3-938396-63-6

(1. Auflage 2005, erschienen im Wilhelm Goldmann Verlag, München,
ISBN 978-3-442-21710-6)

Mankau Verlag GmbH
D-82418 Murnau a. Staffelsee
Im Netz: www.mankau-verlag.de
Soziale Netzwerke: www.mankau-verlag.de/forum

Korrektorat: Dr. Thomas Wolf, MetaLexis

Gestaltung Umschlag: Andrea Barth, Guter Punkt GmbH & Co. KG,
München, www.guter-punkt.de

Gestaltung Innenteil: Heike Brückner, Grafikstudio Art und Weise,
Regensburg, www.grafikstudio-auw.de

Zeichnungen im Innenteil: Design-Studio Fleischer, München

Druck: Westermann Druck Zwickau GmbH, Zwickau/Sachsen

Hinweis für die Leser:
Die Autoren haben bei der Erstellung dieses Buches sämtliche Informationen und Ratschläge mit Sorgfalt recherchiert und geprüft, dennoch erfolgen alle Angaben ohne Gewähr. Verlag und Autoren können keinerlei Haftung für etwaige Schäden oder Nachteile übernehmen, die sich aus der praktischen Umsetzung der in diesem Buch vorgestellten Anwendungen ergeben. Bitte respektieren Sie die Grenzen der Selbstbehandlung und suchen Sie bei Erkrankungen einen erfahrenen Arzt oder Heilpraktiker auf. Die vorgestellten Therapievorschläge sollen den Besuch beim entsprechenden Facharzt nicht ersetzen, sondern ergänzen.

Inhalt

Vorwort *von Dr. med. Ruediger Dahlke*	9
Ein-Stimmung	13

Teil I: Das Urwissen der Menschheit verstehen   17

Die Schwingung	18
Über Harmonie und Dis-Harmonie, Ein-Klang und Ver-Stimmung	18
Das »Phänomen Schwingung« – Teil 1	20
Eine Schöpfungs- oder Zu-Fall-Geschichte	23
»Im Anfang war das Wort«	26
Das »Phänomen Schwingung« – Teil 2	29
Der Makrokosmos: Die »himmlischen« Klänge der Planeten	32
Rudolf Steiners anthroposophisches Planeten- und Schwingungsbild	36
Die Urprinzipien oder Archetypen	39
Was »oben« schwingt, schwingt »unten« mit	39
Astrologie: Mikrokosmos und Makrokosmos sind eins	43
Die Zutaten in unserem »Lebenskuchen«	47
Die Urprinzipien/Archetypen wollen uns »etwas sagen«	52
Die Tierkreiszeichen finden sich am »runden Tisch« ein	55

Teil II: Die Praxis der Phonophorese — 143

Ein-Schwingung — 144
Die Wirkungsweise der Stimmgabeln nutzen — 147
  Schwingungen und Stimmgabeln — 147
  Die Schwingungen im Einzelnen — 154
  Die »Hardware« – welche Gabeln soll man kaufen? — 203
  Die optimale »Gabelung« — 206
  Begriffliches — 215

Phonophorese bei körperlich-seelischen Blockaden — 219
Phonophorese bei körperlichen Blockaden — 221
  Verkrampfung und Verspannung — 221
  Aufsteigende Schmerzen — 228
  Erkältungskrankheiten — 235
  Lösen des Leber-Chi-Staus — 246
  Reinigung der Leber — 251
  Harmonisierung der Wirbelsäule — 255
  Chronische Krankheiten, Osteoporose und Aufbau der Fitness — 258
  Narben — 269
  Knieprobleme — 272
  In den Fluss des Lebens (zurück)gelangen — 280

Phonophorese bei seelischen Blockaden — 283
  Unruhezustände und Lampenfieber — 283
  Konzentrationsstörungen — 287
  Depressionen — 289
  Aktivierung des Erinnerungsvermögens — 296
  Steigerung der Aufnahmebereitschaft und Vitalität — 299
  Schlafstörungen — 302
  Mutter- oder Vaterproblematik — 306

Phonophorese zur Harmonisierung und für die
Partnerschaft 315
    Freude, Lust und Sexualenergie 315
    Lebensenergie und Partnerschaft 318
    Überwindung von Angst und Stress (Dreieck 1) 321
    Kontakt zur eigenen Herzenswärme (Dreieck 2) 323
    Stärkung der eigenen Mitte und des Haras (Dreieck 3) 325
    Schulung der Intuition und Hellsichtigkeit
    (Dreieck 1–3) 328

Phonophorese zum Chakra-Balancing 331
    Erstes Chakra 332
    Zweites Chakra 336
    Drittes Chakra 340
    Viertes Chakra 343
    Fünftes Chakra 346
    Sechstes Chakra 349
    Siebtes Chakra 352
    Erdung und Harmonisierung über die Fußchakren 355

Dank 359
Anhang 361
    Zu den Autoren 361
    Literaturempfehlungen 363
    Phonophorese-Zentren und -Ausbildungen 370
    Bezugsquellen 373
    Chakrentabelle 374

Vorwort

Schon der Vorsokratiker Heraklit wusste es und drückte es mit seinem berühmten »Panta rhei« aus: Alles fließt. Rudolf Steiner ging davon aus, dass alles Leben Rhythmus ist, und der Harvardprofessor Richard Alpert, später als spiritueller Lehrer Ram Dass bekannt, schrieb es: »Alles Leben ist Tanz.« Moderne Quantenphysiker können es nur wiederholen: »Alles in diesem Universum ist Schwingung.«

Auch die moderne Medizin kann nicht mehr umhin zu erkennen, wie sehr sie auf Schwingung angewiesen ist. Ihre ans Magische grenzenden Abbildungsverfahren von der Kernspin- bis zur Magnetresonanztomographie, mit deren Hilfe wir praktisch jeden Bereich des Körperinneren dreidimensional sichtbar machen können, bedienen sich des Schwingens von Atomen, Molekülen, Feldern und Strahlen. Die so genannte Ganzheitsmedizin weiß längst um das Phänomen der schwingenden Felder, die über unser Wohlbefinden entscheiden, auch wenn wir hier oft über den herben Weg des gestörten Rhythmus wie bei den Handystrahlungen lernen müssen.

Gesundheit hängt damit zusammen, wie gut wir mitschwingen, wie leicht wir in den Rhythmus unseres Lebens, aber auch seiner Umgebung hineinfinden. »Mitschwingen« wird zum neuen Zauberwort und gesellt sich damit zu jenem anderen Zauberwort »Loslassen«. Irgendwie hat jeder ein Gefühl dafür, und doch kann niemand so richtig sagen, wie das mit dem Loslassen und nun auch mit dem Mitschwingen gehen soll. Hier liefert das vorliegende Buch einen verblüffend einfachen und geradezu genialen Zugang, indem es der theoretischen, seit alten Zeiten bekannten Philosophie einen konkreten Erfahrungsraum hinzufügt.

An den Urprinzipien der Antike, jenen Archetypen, nach denen sich auch meine Krankheitsbilderdeutung richtet und die die Basis aller hermetischen Disziplinen waren und noch immer sind, hat der Autor sein System ausgerichtet. So ist sichergestellt, dass alle wesentlichen und zur Ganzheit dieses Universums zusammenwirkenden Schwingungen in die Arbeit integriert sind. Das Ergebnis ist eine kleine theoretische Urprinzipienlehre, die im zweiten Teil ihre praktische Ergänzung und mit der Heilerin Inge Schubert ihre Verkörperung findet.

Mit der Stimmgabelmethode spürt man die Schwingung und kann sie auf ihren Wegen durch den eigenen Körper verfolgen. So kommt man ganz rasch über das Reich der Spekulation hinaus in praktisches Erleben. Verschiedene, an den Planetenschwingungen ausgerichtete Stimmgabeln bringen unterschiedliche Bereiche des weiten Körperreichs zum Mitschwingen, und jede Region hat ihre ganz bestimmten und auch bestimmbaren Charakteristika.

Manche Areale sind fast undurchlässig (geworden), andere leiten die Töne und Vibrationen leicht und fließend in die Tiefe, einige schlucken die Energie, und andere verteilen sie geradezu freigebig. Verschiedene Töne bzw. Planetenschwingungen schwingen natürlich verschieden und verbinden sich unterschiedlich mit den jeweiligen Geweben und ihren Besonderheiten.

Jeder auch noch so unsensitive Benutzer kann hier erleben, dass unterschiedliche Chakren unterschiedlich schwingen. Ein Begriff wie »Chakra«, der den Mitgliedern der Eso-Szene so leicht von den Lippen geht, wird überhaupt plötzlich erst lebendig und mit Erfahrung gefüllt. So leistet das Buch auch einen

Beitrag zur Schließung der Kluft zwischen Anspruch und Wirklichkeit.

Dass mit solcher Schwingungstherapie Blockaden in feinstofflichen Bereichen zu lösen sind, leuchtet spontan ein. Wer – wie ich – die Erfahrung einer Phonophoresebehandlung einmal machen konnte, wird darüber hinaus ahnen, dass sich hier Tore öffnen lassen, und obendrein auf eine leichte und eben beschwingte Art und Weise.

Überwiegend geschrieben von Thomas Künne, einem Berater in den Bereichen Psychosomatik und Astrologie, Künstler und Musiker und langjährigen Teilnehmer meiner Ausbildungsseminare zur »Archetypischen Medizin«, liest sich das Buch für mich wie eine gelungene Zusammenfassung meiner Ideen zur Archetypen- und Schwingungsmedizin. In dem Buch *Die Leichtigkeit des Schwebens* habe ich selbst Methoden zusammengetragen, die uns Erfahrungen des Mitschwingens bis hin zur schwebenden Leichtigkeit des Seins ermöglichen. Hätte ich die Phonophorese damals schon gekannt, unbedingt hätte sie ein Kapitel bekommen. Von den vielen sensiblen Therapien, die ich kennen lernen durfte, ist sie naturgemäß eine der beschwingtesten und ausgesprochen angenehm, denn selbst wenn ein Bereich oder Gewebe zuerst nicht anspricht, ist das langsame »Zurückkommen« dieser Körperregion ein wirklich schönes und beschwingendes Erlebnis. Man spürt, dass der eigene Körper ein Orchester ist, zu dem jede Region mit ihrer Eigenschwingung beiträgt. Durch die schwingenden Stimmgabeln wird dieses Körperorchester neuerlich gestimmt und angeregt, wieder zu seiner ganzen, eigenen Stärke zu finden und auf höchstem Niveau einzustimmen in den Gesang des Lebens.

Als ich so ruhig dalag und Inge Schubert ihre Stimmgabeln an mir zum Einsatz brachte, hatte ich auch kurz das Gefühl, ein Flügel zu sein, den der Klavierstimmer mit seinen Stimmgabeln wieder in Harmonie bringt, sodass er in der Lage ist, Symphonien auszudrücken, den Zusammenklang der Welt ohne eigene disharmonische Einmischungen wiederzugeben.

Jeder tanzt seinen Tanz, weiß die Weisheitslehre. Hier ergibt sich eine Möglichkeit, die einzelnen kleinen Mittänzer im Körperland kennen zu lernen und den Genuss an ihrem gemeinsamen Reigen noch zu steigern.

Dr. Ruediger Dahlke

Ein-Stimmung

Dieses Buch möchte Ihnen in bildhafter Sprache und sprechenden Bildern bei der Gestaltung eines gesunden und erfüllten Lebens helfen.

Das erfüllte Leben basiert auf einem inneren Ein-Klang, auf der gesunden inneren Harmonie, die wir mithilfe der heilenden Schwingung der Außenwelt, des Universums, verbessern können: In der Phonophorese[1] verbindet sich jahrtausendealtes Wissen zu einem »wunderbar« einfachen Heil-Mittel, das durch Stimmgabeln mit den Planetenfrequenzen entsprechende Ver-Stimmungen und Blockaden beim Menschen lösen kann.

Frei können wir einen körperbezogenen Anwendungsbereich der Phonophorese mit »Ton(aku)punktur« umschreiben, da u. a. entsprechende Stimmgabeln auf Akupunkturpunkte gehalten werden und sich die Schwingung in der Folge z. B. durch die ausgewählten Meridiane fortsetzen kann; im Gegensatz zur Akupunktur mit Nadeln wird die Haut allerdings nicht durch Mars-Energie (das Einstechen der Nadel) »verletzt«.

Das Wohlbefinden wird merklich gesteigert und die Gesundheit gefördert, kurz: Der »innere Heiler« des Menschen wird aktiviert.

Nicht erst seit Paracelsus wissen wir von der Korrelation des Mikrokosmos Mensch und des Makrokosmos Universum. Hermes Trismegistos sprach von der Gesetzmäßigkeit »Wie oben, so unten«, und in der Bibel lesen wir: »Wie im Himmel, so auf Erden.«

---

1 Griechisch *phoné* = »Laut, Ton, Stimme«; *phorein, phérein* = »tragen, bringen«

»Der Mensch ist das getreue Abbild des makrokosmischen Universums – wir können außen nichts finden, was nicht auch in der Analogie im Menschen zu finden ist, und umgekehrt« – so fasst es Thorwald Dethlefsen in seinem Werk *Schicksal als Chance*[2] zusammen.

Die Zeit ist jetzt wieder reif dafür, uns an archetypisches Urwissen in unserem Bewusstsein zu »erinnern«. Wir haben dies nie vergessen, kollektiv unbewusst schlummert es in jedem.

Wir schreiben dieses Buch in einer spannenden Epoche, in der die geistigen Impulse des Wassermann-Zeitalters langsam, aber unaufhaltsam zu wirken beginnen, in der eine Zeit mit neuer geistiger Einstellung, neuen Ansprüchen und neuen Werten zu keimen beginnt. Eine neue Zeitqualität manifestiert sich in der Geschichte immer wieder durch die Entdeckung von bisher unbekannten Planeten (= Urprinzipien).

»Zu-fällig« wurden kürzlich neue »Planetoiden« mit dem Namen »Quaoar« und »Sedna« entdeckt; der Name »Quaoar« stammt aus dem Schöpfungsmythos des Volkes der Tongva und bedeutet »die große Kraft der Schöpfung«, »Sedna« ist der Name der Inuitgöttin des Ozeans, der Meeresgöttin.

Die Zeit erscheint wieder reif dafür, jahrtausendealtes Urwissen der Menschheit einfließen zu lassen in unser heutiges Denken, Fühlen und Handeln im »Cyberspace«. Wir verstehen uns hierbei ein wenig als »Pontifex«, als »Brückenbauer« zwischen senkrecht-analogem und waagerecht-kausalem Weltbild.

Um eine Basis für das Phänomen »Phonophorese« zu schaffen, möchten wir Ihnen im ersten Teil dieses Buches ein breites Spektrum an Hintergrundwissen anbieten. Im Mittelpunkt steht hier das Wissen um die Urprinzipien, deren Verständnis uns hilft, unser Leben und das unserer Mitmenschen besser zu verstehen und neue Vitalität zu schöpfen.

---

2 Thorwald Dethlefsen: *Schicksal als Chance*, München 1979

Im zweiten Teil vermitteln wir praktisch und anschaulich, wie Phonophorese den »inneren Heiler« des Menschen aktivieren kann.

Begeben Sie sich zunächst mit uns auf eine Zeitreise durch die Jahrtausende, um dann im »Hier und Jetzt« die Freude darüber zu spüren, wie heilsam dieses Wissen sein kann.

Unser Vorhaben ist gelungen, wenn Sie gemeinsam mit uns diese wunderbare Heil-Schwingung genießen und sie anwenden – so, wie sich viele Menschen immer wieder wie kleine Kinder freuen können, wenn sie eine weiße Schneeflocke vom Himmel fallen sehen, die dann sogleich auf ihrer Nasenspitze schmilzt und ihnen in ihrer Seele guttut.

Rein wissenschaftlich betrachtet, ist diese Schneeflocke »nur« Wasser: H_2O. Und dabei ist sie so viel mehr, sie bringt unsere Seele in Schwingung, in Einklang mit dem All-Eins, nennen wir es Mikrokosmos-Makrokosmos, nennen wir es »Schöpfung« …

Der Apfel fällt seit Urzeiten vom Baum zum Boden (und niemals umgekehrt). Das war schon so, bevor die Menschheit die Wörter »Schwerkraft« oder »Gravitation« dafür gefunden hatte. Ähnlich verhält es sich mit der Wirkungsweise der Planetenschwingung(en), gleich, ob wir hierfür eine rationale Erklärung finden oder auch nicht.

Vielleicht stand deshalb über dem Tempel des griechischen Delphi nicht: »Versuche unbedingt erst einmal alles kausal zu erklären und zu begründen, bevor du glauben kannst!«, sondern: »Erkenne dich selbst, damit du Gott erkennst!« Oder wie es in einem Zitat von C. G. Jung heißt:

»Wissenschaft ist die Kunst, passende Illusionen zu erzeugen, die Narren entweder glauben oder dagegen argumentieren. Ein weiser Mensch erfreut sich dagegen an ihrer Schönheit oder ihrem Scharfsinn, ohne jedoch die Augen gegenüber der Tatsache zu verschließen, dass all diese Erklärungen menschliche Schleier und Vorhänge sind, die die abgründige Dunkelheit des Unergründlichen verdecken sollen.«[3]

Machen wir uns auf den Weg, den Vorhang zu lüften.

---

[3] Zit. n. Brigitte Romankiewicz: *Spielfeld der Götter – C. G. Jungs Archetypenlehre und die Astrologie,* Tübingen 2002

Teil I

Das Urwissen der Menschheit verstehen

Die Schwingung

Über Harmonie und Dis-Harmonie, Ein-Klang und Ver-Stimmung

Stellen Sie sich vor, Sie besuchen ein klassisches Konzert, sagen wir einen lieblichen Mozart, eine Symphonie, auf die Sie und Ihr Partner sich schon seit Wochen gefreut haben. Man zelebriert heute die Symphonie Nr. 41 in C-Dur, die so genannte »Jupiter-Symphonie«. Das erhabene Opernhaus bildet einen würdigen Klangkörper, die Gäste erscheinen festlich, die Musiker ebenfalls.

Es hätte ein so wunderbares Konzert werden können – wäre nicht die Geige eines Musikers derart verstimmt gewesen ...

Nach den Ursachen zu forschen ist müßig, die Folgen dagegen waren deutlich: Die Musiker inklusive des Dirigenten waren nicht in Ein-Klang, sondern ver-stimmt, die Zuschauer, die es bemerkten (und das waren beileibe nicht alle), ebenfalls.

Stellen Sie sich nun vor, dieser »Klangkörper« hieße nicht »Opernhaus«, sondern »menschlicher Körper«, und die einzelnen Instrumente nicht »Geige, Flöte, Cello, Posaune oder Klavier«, sondern »Lunge, Leber, Milz, Magen« usw. Stellen Sie sich weiter vor, in diesem menschlichen Körper sei eines der Organe »verstimmt«. Beim Menschen nennen wir eine derartige Dis-Harmonie bestenfalls »Ver-Stimmung«, schlimmer: »Krankheit« in all ihren Verkörperungen und Ausdrucksformen.

Wenn ein Organ (bzw. Körperbereich) gesund ist, erzeugt es die ihm eigene Resonanzfrequenz, die sich zum gesamten »Universum« des Körpers in Harmonie, im Ein-Klang befindet.

Das Bild eines Uhrwerkes (»Das funktioniert präzise wie ein Uhrwerk«, weiß der Volksmund) hilft uns beim visuellen Verständnis: Bilden wir uns einmal ein, wir hätten viele kleine »Zahnräder« im Körper (die Chakren). Ist der Körper gesund, drehen sich alle Zahnräder (Chakren) gleichmäßig. Ist ein Körperteil/Organ verstimmt bzw. krank, dreht sich das Rad nicht mehr richtig und als Folge die anderen auch nicht mehr. Es kommt in diesem Körper zu einer Blockade, zu einer Störung der Harmonie.

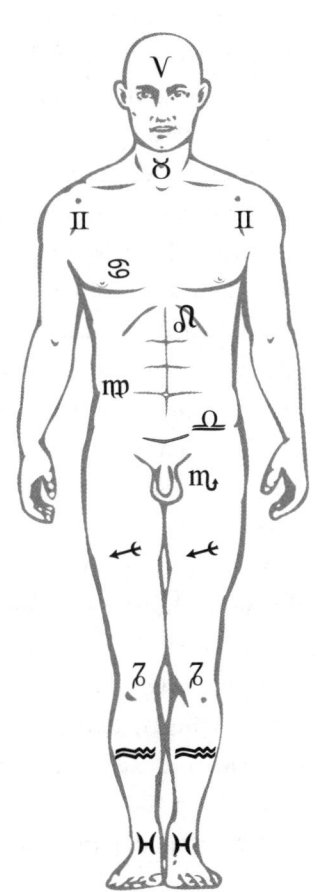

Hier setzt nun die Phonophorese an: Wenn wir in den verstimmten bzw. erkrankten Bereich des Körpers *Schwingungen* der passenden Resonanzfrequenz schicken, können wir diesem Bereich dabei helfen, das »stimmige« Muster in ihm wiederherzustellen, somit die Ver-Stimmung zu mildern bzw. aufzulösen.

In Teil 2 dieses Buches werden wir mit der praktischen Umsetzung der Schwingung arbeiten, an dieser Stelle ist es lohnenswert, das »Phänomen Schwingung« theoretisch und historisch näher zu beleuchten und in unser Verständnis zu integrieren.

Das »Phänomen Schwingung« – Teil 1

Hoimar von Ditfurths (1921–1989) Buch *Im Anfang war der Wasserstoff*[4] greift die Theorie der Wissenschaft auf, wonach das Universum vor zirka dreizehn Milliarden Jahren nur aus einer Masse von Wasserstoff (und 7 Prozent Helium) bestand, die sich sehr langsam bewegte und ihre Geschwindigkeit im Laufe der Zeit ständig erhöhte. Die Bewegung und die Vereinigung der Gase erzeugten unzählige runde Luftmassen, die sich auf dieselbe Art bewegten. Nach Milliarden von Jahren wurde der umgebende Äther durch die Reibung und den Wechsel der Temperatur sukzessive umgewandelt und fest.

Unsere Erde ist nur eine der vielen Massen im Universum und in diesem Sonnensystem, die sich um einen »fest stehenden« Himmelskörper, das »Herz unseres Universums«, drehen – die Licht und Leben spendende Sonne – und in einer Wechselbeziehung zueinander stehen: Der Mond dreht sich bekanntermaßen in 28 Tagen um die Erde, die Erde in etwa 365 Tagen um die Sonne. Merkur z. B. benötigt zirka 88 Tage, Pluto 249 Jahre für einen Sonnenumlauf.

Wir wissen heute sehr genau, dass im Universum auch ständig und ununterbrochen energetische Schwingungen zu verzeichnen sind. In einer Sphäre und Umgebung, die durch Energieschwingung »erschaffen« wurde und sich ständig neu »einschwingt«, kann kein Lebewesen existieren, das nicht dieselben Eigenschaften und »Energiekanäle« wie die Außenwelt hat. Ähnlich wie das Universum besitzen deshalb auch andere Lebewesen sowie der menschliche Körper einen »Energiefluss«, der

---

4   Hoimar von Ditfurth: *Im Anfang war der Wasserstoff*, Hamburg 1972

ununterbrochen schwingt und die Frequenzen der Energie zum Leben braucht »wie das täglich' Brot«.

Die Wissenschaft und die Technologie haben sich in den letzten Jahrzehnten unglaublich dynamisch entwickelt, »das Rad des Lebens« dreht sich schneller und schneller. Die westliche Medizin, die hier und da die zum Teil starren und recht unflexiblen Regeln der Wissenschaftsgläubigkeit übernommen hat, sieht den menschlichen Körper bisweilen als eine von Menschenhand veränderbare »Maschine«, analysiert und behandelt somit auch die »Einzelteile« dieser Mensch-Maschine, indem statt einer Aufdeckung (also Symptombearbeitung auf der Suche nach der ganzheitlichen, tiefer liegenden, ursächlichen Erkrankungsursache und kosmischen Zusammenhängen) im großen Stil Überholung (das Zudecken der Symptome), der Austausch oder die Rehabilitation einzelner defekter »Teile« (Organe) betrieben werden.

Diese Entwicklung wollen wir aber absolut nicht *werten*. Wertung ist immer völlig verkehrt, nur die Deutung führt zur Bewusstwerdung und Bewusstheit. Unser Ansatz bei der Phonophorese gründet deshalb wertfrei u. a. auf folgenden »Glaubenssätzen«:

- Das menschliche Individuum ist weit mehr als ein »Produkt von Menschenhand«.
- Jedes menschliche Individuum ist ein kleines Universum.
- Dieses *kleine* Universum (Mikrokosmos Mensch) entspricht dem *großen Universum* (Makrokosmos) und umgekehrt.
- Mikrokosmos und Makrokosmos beeinflussen sich gegenseitig – »von Ewigkeit zu Ewigkeit«.

In diesem Ansatz sehen wir uns eng verbunden mit einer jahrtausendealten Sichtweise der Menschheit.

»Nichts in der Natur ist zufällig …
Etwas erscheint nur zufällig
aufgrund der Unvollständigkeit
unseres Wissens.«

Spinoza

Eine Schöpfungs- oder Zu-Fall-Geschichte

Ein weiser und auch schon weißhaariger Mann in reiferen Jahren liebt es, mit einigen Jahrzehnten jüngeren Menschen über »das Leben« zu diskutieren.

Der »Alte« hört auf den Namen Johannes, der »Junge« auf Sascha. Johannes ist Astrologe, der seine Mitmenschen mit seinen Horoskopen nicht in die Ver-, sondern in die Ent-Wicklung führen möchte; Sascha ist »Cyberspace-Kid«, seine Wirklichkeit besteht überwiegend aus Bits und Bytes im 16:9-Format. Vom Alter her trennen die beiden knapp dreißig Jahre, etwa die Zeitspanne, die Saturn für einen Sonnenumlauf benötigt.

Sascha ist davon überzeugt, dass »alles im Leben reiner Zufall ist, ohne Plan und ohne Ordnung!«. Das Universum, das Leben auf diesem Planeten und auch sein eigenes folgen nur einem Plan: dem Zufall. Einen Baumeister oder Schöpfer gebe es nicht.

Die erste Unterredung der beiden zu diesem Thema findet im Computerraum Saschas statt; Johannes versucht, seine Argumente für eine Schöpfung nach einem göttlichen Bauplan zu vermitteln. Doch nach zwei Stunden gehen die beiden auseinander, und Sascha bleibt bei seinem Credo: »Alles nur Zufall!«

Man trennt sich freundschaftlich und verabredet sich für ein weiteres Treffen, diesmal im Hause des Astrologen. Sascha ist bei Johannes sogleich wie magisch angezogen von einem ebenso aufwändigen wie präzisen Modell der Planeten in ihrer Umlaufbahn: beim Mond um die Erde, bei der Erde (mit dem Erdenmond), Merkur, Venus, Mars, Jupiter, Saturn, Uranus, Neptun und Pluto um die Sonne.

»Was für ein genialer Konstrukteur muss das sein, der so ein tolles Modell herstellt!«, staunt Sascha.

»Alles reiner Zufall!«, entgegnet Johannes.

Die Konversation geht noch einige Zeit so weiter, bis Sascha endlich der Kragen platzt: »Das ist absolut unmöglich, dieses Modell ist niemals aus Zufall entstanden, das kannst du mir nicht erzählen!«

Wir wissen nicht, wie die Unterhaltung der beiden weiter verlief ... Fest steht jedenfalls, dass Sascha sehr schnell merkte, wie er mit zweierlei Maß das »künstliche«, also das vom Menschen geschaffene Modell und das »wirkliche«, vom »Schöpfer« geschaffene Sonnensystem bewertete.

Wir dürfen uns hier an die eigene Nasenspitze fassen und selbst überprüfen, ob wir mehr ein Johannes oder ein Sascha sind bzw. vielleicht Anteile von beiden in uns tragen. Letztlich geht es um die Bewusstwerdung, um Bewusstheit für uns als Mikrokosmos Mensch im Makrokosmos Universum. Und wenn es uns dabei auch gelingt, die »Welt als Spiegel« zu sehen sowie zu erkennen, dass wir uns unsere Welt »selbst erschaffen«, dann sind wir auf einem guten Weg im Einklang mit der Ordnung des Kosmos. Wir sind einen Schritt weiter, wenn wir es darüber hinaus schaffen, diesen Weg ohne Dogmatismus und ernsthafte Verbissenheit zu beschreiten. In der Grundstimmung der christlichen Kultur ist dies allerdings nicht unbedingt einfach, wie Ruediger Dahlke in seinem Buch *Die Leichtigkeit des Schwebens. Beschwingte Wege zur Mitte* bemerkt:

»Dazu gehört vor allem die Überzeugung, die in zweitausend Jahren tief in die Grundfesten der christlichen Kultur eingesickert ist, dass der religiöse Weg etwas Ernstes und

Anstrengendes zu sein habe, dass er Opfer fordere und der Askese näher stünde als der Lebensfreude ...«[5]

Wir sind noch einen großen Schritt weiter, wenn wir herzhaft (über uns selbst) lachen können und ohne erhobenen Zeigefinger durch das Leben gehen – wie Johannes in unserem oben angeführten Beispiel. Denn schon der Volksmund sagt: »Lachen ist gesund!« oder »Lachen ist die beste Medizin!«.

Gemeint ist damit z. B. ein Lachen wie das des Dalai Lama vor siebentausend Zuhörern beim »Kalachakra« in Graz im September 2002, als einem hohen buddhistischen Würdenträger die Kopfbedeckung mitten im Ritual zu Boden fiel. Seine Heiligkeit, der Dalai Lama, lachte mehrere Minuten ein Lachen der Versöhnung und Liebe, das transformierend direkt in das Herz und die Seele eines jeden Anwesenden im Saal einschwang.

Diese Schwingung ist pure Liebe und ein Vorgeschmack auf das erhabene Gefühl, das entsteht, wenn das Universum lächelt.

---

[5] Ruediger Dahlke: *Die Leichtigkeit des Schwebens. Beschwingte Wege zur Mitte*, München 2001

»Im Anfang war das Wort«

Zu Beginn des Evangeliums nach Johannes (»des Jüngers, den Jesus lieb hatte«) steht geschrieben: »Im Anfang war das Wort, und das Wort war bei Gott, und Gott war das Wort ... Alles ist durch das Wort geworden, und ohne das Wort wurde nichts, was geworden ist.«

Es ist weithin bekannt, dass Worte durch Schwingungen übertragen werden, von einem »Sender« zu einem »Empfänger«. Hier taucht er also schon auf, der Begriff der Schwingung; und er zieht sich wie ein roter Faden durch das Urwissen der Menschheit.

Betrachten wir dieselbe Stelle nicht von der lateinischen Bibelüberlieferung (»Im Anfang war das Wort«) her, sondern in der griechischen Fassung, so lesen wir: »Im Anfang war der *lógos*, und der *lógos* war bei Gott.« In der Gnosis – dem spätantiken Bemühen, zum Zwecke der Erlösung die im Glauben verborgenen Geheimnisse durch philosophische Gedanken zu erkennen – steht der Begriff *lógos* für das »Weltenwort«, das »Weltbewusstsein«.

Und der Körper ebenjenes kosmischen Bewusstseins ist für uns die Sonne; denn nichts von der sichtbaren Welt wäre ohne ihr Licht erkennbar. Dass der Mensch erkenntnisfähig ist, liegt vor allem am Licht. »Sehen« ist demzufolge ein Bewusstseinsprozess, und das Licht der Außenseite wird zum Bewusstsein der Innenseite: »Cogito, ergo sum« – »Ich denke, also bin ich« –, so formulierte es der französische Philosoph René Descartes (1596–1650). Mit anderen Worten: Der Mensch denkt sich seine Welt.

»Im Anfang war das Wort« oder »Im Anfang war der *lógos*« meinen beides: Der Betrachtung beider Seiten liegt eine Harmonie des All-Eins zugrunde, das Licht, das in der Finsternis scheint, und die energetische Schwingung, die oben mit unten verbindet und in Einklang bringt.

»Und köstlich ist das Licht, und wohltuend ist's für die Augen, die Sonne zu sehen«, so heißt es im Buch Prediger Salomo bzw. Kohelet (11,7). Die Bedeutung der Sonne wird uns in diesem Buch immer wieder gegenwärtig. Das Zentralgestirn ist nämlich das Herz unseres Sonnensystems und allen Lebens auf Erden: Funktionieren im Mikrokosmos Mensch z. B. die Leber und die Beine gut, aber das Herz schlägt plötzlich nicht mehr, so ist damit dennoch der gesamte Organismus Mensch gestorben. Dasselbe würde analog für den Makrokosmos gelten: Wäre die Sonne »tot«, so gäbe es auch kein Leben mehr auf Erden.

Das Licht besitzt auch aus physikalischer Sicht einen Doppelcharakter: Es ist korpuskularer, also körperlicher Natur (Lichtquantentheorien von Max Planck und Albert Einstein), und es besteht gleichzeitig aus Wellen (Theorie von James Clerk Maxwell).

Maxwell folgerte 1864, wenn sich ein elektromagnetisches Feld wie eine Lichtwelle ausbreite, dann sei Licht nichts anderes als eine elektromagnetische Welle, dann sei das Licht elektromagnetischer Natur und folge elektromagnetischen Gesetzen.

Das »Wunderbare« des Doppelcharakters von Licht spiegelt sich in der Tatsache wider, dass immer nur *eine* Eigenschaft nachgewiesen werden kann, niemals beide gleichzeitig:

»Die Gleichzeitigkeit beider uns gegensätzlich erscheinenden Naturen ist zwar für den Menschen nicht vorstellbar, aber dennoch wahr... Denn der Mensch kann Polarität zeitlich nur nacheinander, nicht gleichzeitig wahrnehmen.

An die Doppelnatur des Lichtes sollte man immer denken, wenn man mit philosophischen Problemen umgeht.«[6]

---

[6] Dethlefsen, a. a. O.

Das »Phänomen Schwingung« – Teil 2

Wenden wir uns wieder der allumfassenden Schwingung zu, hier zunächst der musikalischen.

Menschen spüren die Wirkung von Musik auf ihre Gefühle, und jeder Mensch hat da seine ganz eigenen Erfahrungen. Musik besteht aus Tönen, Töne sind Schwingung.

Musik, also »Schwingung«, kann unsere Stimmung verändern und steht damit in einem engen Zusammenhang mit dem psycho-neuroendokrinologischen Haushalt des Menschen, u. a. mit der Befindlichkeit, der »Körperhaltung« und dem Immunsystem. Da Musik eng mit unseren Vorstellungen und Vorlieben verbunden ist, entscheidet das persönliche Erleben des Einzelnen dabei wesentlich über die Qualität der Resonanz.

Der Arzt und Ayurveda-Experte Deepak Chopra ist davon überzeugt, dass der Klang selbst die Heilkraft ausmacht, dass »Musik die Harmonie wiederherstellen, die Elemente und Kräfte ausgleichen kann, die Basis der Struktur von Information und Energie«. Auf der subatomaren Ebene sind Materie und Energie austauschbar,

»alle Quanten bestehen aus unsichtbaren Schwingungen – einer Art schemenhafter Energie, die darauf wartet, eine physische Form anzunehmen. Laut Ayurveda trifft dies auch auf den menschlichen Körper zu. Dieser entsteht zunächst in Gestalt intensiver Quantenfluktuationen, bevor er sich zu Energieimpulsen und Materieteilchen verdichtet.«[7]

---

7 Deepak Chopra: *Die heilende Kraft*, Bergisch Gladbach 1992

Heilende Schwingung, so Chopra, nimmt somit direkt Einfluss auf die Zyklen unserer Natur und deren drei Eigenschaften: Bewegung, Struktur und Transformation. »Es ist das gleiche Prinzip, das auch die Elemente hervorbringt: Luft symbolisiert Bewegung, Feuer Transformation und Wasser die Struktur.«

In diesen Zusammenhang wollen wir unbedingt auch auf die phänomenalen Forschungen des Japaners Masaru Emoto eingehen. Seine »Bilder« von gefrorenen Wasserkristallen, die entstanden sind, nachdem das Wasser u. a. zuvor mit »Liebe« bis »Verachtung« oder »Hass« in Verbindung gebracht worden war (sowohl durch akustische Schwingung [hörbare Töne] als auch nur die Information durch Wörter wie »Liebe«, »Hass« etc., die auf das Reagenzglas aufgeklebt wurden), lassen uns in Ehrfurcht und Entzücken geraten. Uns scheint, dass er mit seiner Arbeit einen unschätzbaren Beitrag zur Entschlüsselung von »Schwingung« und ihrer heilenden bis zerstörenden Wirkung geschaffen hat, deren Tragweite heute noch nicht vollkommen erkannt wird oder werden kann. Emoto schreibt:

»Je mehr ich mich mit Schwingungen beschäftigte, umso klarer wuchs die Erkenntnis, dass jede Energie Schwingung ist. Wo Schwingungen sind – so wusste ich –, sind auch ›Töne‹, ob wir sie nun hören können oder nicht. Das bedeutet:

Ton = Schwingung = Energie.

Als ich darüber nachdachte, woher die Schwingungen, also diese Töne, kamen, offenbarte sich mir plötzlich die Bedeutung für das Schriftzeichen ›Ton‹. Im Japanischen setzt sich das Schriftzeichen für ›Ton‹ aus ›stehen‹ und ›Sonne‹ zusammen. Das heißt, wenn die Sonne aufgeht, entsteht der

Ton = Schwingung = Energie. Plötzlich wurde mir klar, dass jede Energie von der Sonne stammt, wie dies bereits die Menschen des Altertums intuitiv wussten.«[8]

Wir empfehlen Emotos Bildbände auf das Wärmste. Sie enthalten sensationelle Aufnahmen von gefrorenen Wasserkristallen. (»Ein Bild sagt mehr als tausend Worte« …)

In der »Ein-Stimmung« zu diesem Buch haben wir uns selbst gern in der Rolle des »Brückenbauers« (Pontifex) gesehen. Das könnte beispielsweise so aussehen: In Bezug auf Schwingungen und ihre Auswirkungen mag der rein kausal-waagerecht denkende Wissenschaftler zu bedenken geben, dass hierbei zwar die Frequenzen wissenschaftlich messbar sind, aber nicht die Intention. Hierauf möchten wir zu bedenken geben: Die Seele des Menschen ist wissenschaflich gesehen objektiv ebenfalls nicht quantifizierbar. Aber Emotos Erkenntnisse und optische Beweise lassen einige »Bausteine« einer höheren Ordnung vor unserem (geistigen) Auge aufleuchten, die durchaus Hoffnung auf eine erweiterte Sichtweise der Menschheit machen können.

Diese Einstellung könnte uns auch im Zeitalter des Wassermanns helfen, der im mundanen Tierkreis[9] dem Planeten Uranus zugeordnet ist. Das uranische Prinzip steht für »Umpolung« und dafür, »neue Wege zu gehen«. Übertragen auf unser Thema, könnte dies heißen, dass wir (unter Beachtung der Korrespondenz von Mikro- und Makrokosmos) neu gefundene Erkenntnisse in unser Weltbild integrieren und sie zu unserem eigenen Wohl und dem unserer Mitmenschen einsetzen.

---

8 Masaru Emoto: *Water, it tells us precious things*, Tokio 2001
9 Er symbolisiert den *Tierkreis in absoluter Harmonie.* Hier nehmen alle Tierkreiszeichen, alle Elemente, alle Häuser sowie alle Urprinzipien (= Planeten) ihre *ursprüngliche* Position ein. Der mundane Tierkreis (lateinisch *mundus* = Welt) verkörpert somit den Weltentierkreis, dessen Prinzipien sich in der vorgegebenen kosmischen Anordnung befinden; aus ihm lassen sich alle Gesetzmäßigkeiten und alle Zusammenhänge von Kosmos, Natur und Mensch ableiten.

Der Makrokosmos:
Die »himmlischen« Klänge der Planeten

Die Erforschung der Planetenklänge ist fast so alt wie die Menschheit selbst; wir leben in einem Zeitkontinuum und die Zeugnisse der Vergangenheit »schlummern« im kollektiven Unbewussten, das Urwissen ist verankert in unserem »Zellbewusstsein«.

An dieser Stelle möchten wir deshalb die Meilensteine beim Aufspüren der Planetenklänge in unser Bewusstsein bringen und einen Blick durch das Fenster der Geschichte werfen.

Die Lehre der Sphärenharmonie geht auf den griechischen Philosophen Pythagoras (570–496 v. Chr.) zurück. Für ihn bestand die ganze Welt aus Harmonie (Ton) und Zahl, sowohl die mikrokosmische Seele als auch das makrokosmische Universum sind nach idealen Proportionsverhältnissen zusammengesetzt, die sich in einer Reihe von Tönen (Tonfolge) ausdrücken lassen. Die Höhe der einzelnen Planetennoten richtet sich nach deren Umlaufgeschwindigkeit, und die Entfernungen werden dabei in Beziehung gesetzt zu den musikalischen Intervallen.

In Ciceros *De re publica* lesen wir vom Traum des Scipio, den dieser um 148 v. Chr. in Afrika hatte. Er sah den Himmelstempel mit seinen Planetenbahnen. Die äußerste, das »Primum Mobile«[10], umfasse alle anderen. In der Mitte befinde sich die Erde, um sie herum kreisten auf acht Bahnen in der Reihenfolge von innen nach außen: Mond, Merkur, Venus, Sonne, Mars, Jupiter, Saturn und der Sternenhimmel. Durch die Bewegung der

---

10 Lateinisch = »der erste [unbewegte] Beweger« (nach Aristoteles), also Gott

Kreise entstünden sieben Töne, die der Ursprung der Musik seien:

»Was ist dieser so gewaltige und süße Ton, der verbunden in ungleichen, aber doch in bestimmtem Verhältnis sinnvoll abgeteilten Zwischenräumen, durch Schwung und Bewegung der Kreise selber bewirkt wird und, das Hohe mit dem Tiefen mischend, verschiedene Harmonien ausgeglichen bewirkt; denn so gewaltige Bewegungen können nicht in Stille angetrieben werden, und die Natur bringt es mit sich, dass das Äußerste auf der einen Seite tief, auf der anderen Seite hoch tönt. Daher bewegt sich jene höchste sternentragende Bahn des Himmels, deren Umdrehung schneller ist, mit einem hohen und aufgeregten Ton, die des Mondes aber und unterste mit dem tiefsten. Denn die Erde als neunte und unbeweglich bleibend, hängend immer an einem Sitz, die Mitte des Weltalls einnehmend. Jene acht Bahnen aber, von denen zwei dieselbe Kraft besitzen, besitzen sieben durch Zwischenräume unterschiedliche Töne, eine Zahl, die der Knoten fast aller Dinge ist ...«[11]

Claudius Ptolemäus (zirka 90–160 n. Chr.) wirkte als Astronom, Mathematiker und Geograph in Alexandria (Ägypten). Seine Berechnungen der Planetenbahnen beruhen auf der Epizyklenbewegung[12] und sind erstaunlich präzise, obwohl seine (philosophische) Deutung (»das ptolemäische Weltbild«), dass sich die Gestirne um die Erde als Mittelpunkt drehen, falsch ist.

---

11 Cicero: *De rei publica*, Stuttgart 1979
12 Griechisch *epíkyklos* = »Nebenkreis«; Kreis, dessen Mittelpunkt sich auf einem anderen Kreis bewegt. Die Theorie der Epizykel wurde in der Antike, aber auch von Kopernikus zur Erklärung der Planetenbahnen benutzt.

Er errechnete Tonintervalle zwischen den Planeten, die den Abständen der Himmelskörper und ihren verschiedenen Geschwindigkeiten entsprechen:

- Erde-Mond = ein Ganztonschritt,
- Mond-Merkur-Venus = je ein Halbton,
- Venus-Sonne = drei Halbtöne,
- Sonne-Mars = ein Ganzton,
- Mars-Jupiter-Saturn = je ein Halbton,
- Saturn-Fixsterne = drei Ganztöne.

Der Astronom Johannes Kepler (1571 – 1630) wurde durch seine drei Gesetze zu den Planetenbahnen zu einer Schlüsselfigur bei der Erforschung der Planeten und des Weltalls. Von ihm stammt die Theorie, dass man jedem Planeten eine ganze Tonfolge zuordnen kann. Die Folge an Tönen, die er für die Erde entdeckte, lautete »Mi Fa Mi«.

In der Entsprechung zu den Geschehnissen seiner Epoche (Ausbruch des Dreißigjährigen Krieges) waren diese Töne laut Kepler ein Zeichen dafür, »dass in unserem Jammertal *Misere*[13] und *Fames* herrscht«. In seinen *Harmonices Mundi* schrieb er 1619, die Gestirne machten die Melodie und die Natur unter dem Monde tanze nach den Gesetzmäßigkeiten dieser Melodie. In einem weiteren Zitat drückte er es noch prägnanter aus:

»Gib dem Himmel Luft, und es wird wirklich und wahrhaftig Musik erklingen. Es gibt einen ›Concentus Intellectualis‹, ›eine geistige Harmonie‹, an der reine Geistwesen und in gewisser Weise auch Gott selbst nicht weniger Genuss

---

13 Lateinisch *miseria* = »Kummer« und *fames* = »Hunger«

und Ergötzen empfinden als der Mensch mit seinem Ohr an musikalischen Akkorden.«[14]

Die Erkenntnisse von Pythagoras, Ptolemäus und Kepler reichen uns heute lebenden Menschen im Zeitkontinuum die Hände zum Verständnis. Denn: »Was du ererbt von deinen Vätern hast, erwirb es, um es zu besitzen«, wie es so treffend in Goethes *Faust I* heißt (Szene »Nacht«, Vers 682 f.).
Unsere Erkenntnisse über Planetenschwingungen wären ohne die phänomenalen Forschungen von Hans Cousto (u. a. *Die Kosmische Oktave*, Essen 1984) weniger fundiert und zum Teil lückenhaft. Cousto hat das Erbe von Pythagoras, Ptolemäus und Kepler angetreten, er beschreibt den »Weg zum universellen Einklang« und liefert mit seinen Berechnungen der Planetenschwingungen die Grundlage für die Stimmgabelfrequenzen der Phonophorese.
Pythagoras, Ptolemäus, Kepler und Cousto: Ihre Entdeckungen liefern uns die Mosaiksteinchen zum tieferen Verständnis, als breites Spektrum des Hintergrundwissens zur Schwingung und damit letztendlich von Phonophorese.
Zum Aus-Klang des Kapitels sollen die folgenden Zitate aus der Welt der »Schwingungen«, die aus verschiedenen Kanälen des Denkens stammen – und doch so ähnlich sind! –, dieses Kontinuum verdeutlichen (nach Ruediger Dahlke):

- »*Panta rhei* = Alles ist im Fluss« (Heraklit).
- »Alles Leben ist Rhythmus« (Rudolf Steiner).
- »Alles Leben ist Tanz« (Ram Dass).
- »Alles ist Schwingung« (moderne Physik).

---

14 Zit. n. Joachim-Ernst Berendt: *Nada Brahma. Die Welt ist Klang*, Reinbek 1985

Rudolf Steiners anthroposophisches Planeten- und Schwingungsbild

Unser »Schwingungsbild« wird durch einen weiteren Mosaikstein in Person des Anthroposophen Rudolf Steiner (1861–1925) noch deutlicher wahrnehmbar. In seinem Weltbild und seinem Verständnis der Zusammenhänge zwischen geistiger Welt einerseits und irdischem Leben andererseits finden wir einen zusätzlichen Zugang zum Thema »Planeten und Schwingungen«.

Im folgenden Zitat seines Berliner Vortrages (1908) gründet er seine Weltanschauung auf Pythagoras:

»Sie wissen, die Planeten bewegen sich mit ganz bestimmten Geschwindigkeiten um die Sonne. Aber auch diese bewegt sich, und es ist diese Bewegung, wie auch die der Planeten, welche von den okkulten Astronomen genau erforscht worden sind. Die Forschung hat ergeben, dass die Sonne sich um einen geistigen Mittelpunkt bewegt und dass die Bahnen der Planeten Spiralen sind, deren Richtlinie die Sonnenbahn ist. Die Geschwindigkeiten, womit die einzelnen Planeten ihre Bahnen vollziehen, stehen zueinander in ganz bestimmten, harmonischen Verhältnissen, und es stellen sich diese Verhältnisse als Töne für den Hörenden zu einer Symphonie zusammen, welche durch die Pythagoreer als Sphärenmusik bezeichnet wurde...

In der pythagoreischen Schule wird also mit Recht von einer Sphärenmusik gesprochen, man kann sie mit geistigen Ohren hören. Wir können bei diesen Betrachtungen noch auf ein anderes Phänomen hindeuten. Wenn Sie eine dünne Messingplatte nehmen, sie möglichst gleichmäßig mit feinem Staube bestreuen und mit einem Fiedelbogen diese Platte streichen, dann wird nicht nur ein Ton hörbar, sondern es ordnen sich die Staubpartikelchen in ganz bestimmten Linien an. Da bilden sich allerlei Figuren, dem Tone entsprechend. Der Ton bewirkt eine Verteilung der Materie, des Stoffes. Das sind die bekannten Chladnischen Klangfiguren. Als der geistige Ton durch das Weltall erklang, ordnete er die Planeten in ihren Verhältnissen zueinander zu einer Sphärenharmonie. Was Sie im Weltenraume ausgebreitet sehen, das hat dieser schaffende Ton der Gottheit angeordnet. Dadurch, dass dieser Ton in den Weltenraum hineintönte, gestaltete sich die Materie zu einem System, dem Sonnen- und Planetensystem. So ist auch der Ausdruck ›Sphärenharmonie‹ nicht ein geistreicher Vergleich; er ist Wirklichkeit.«[15]

Steiners Werk greift u. a. auf die phänomenologischen Aspekte der Goethe'schen Naturbetrachtung zurück, die unsere vielfältigen Annäherungen an das Thema »Schwingung« um den dichterischen Klang erweitern.

Goethe selbst spricht in seinem Prolog zum *Faust* von der »tönenden Sonne«:

»Die Sonne tönt nach alter Weise
In Brudersphären Wettgesang,
Und ihre vorgeschriebne Reise
Vollendet sie mit Donnergang.
Ihr Anblick gibt den Engeln Stärke,
Wenn keiner sie ergründen mag;

---

[15] Rudolf Steiner: *Das Hereinwirken geistiger Wesenheiten in den Menschen (elf Vorträge, gehalten in Berlin zwischen dem 6. Jan. und 11. Juni 1908)*. GA, Bibl.-Nr. 102

Die unbegreiflich hohen Werke
Sind herrlich wie am ersten Tag.«

Und beim Dichter Christian Morgenstern hört es sich so an: »Die Sterne lauter ganze Noten. Der Himmel die Partitur. Der Mensch das Instrument.«

Hermann Hesse (1877–1962) erhielt für sein Werk *Das Glasperlenspiel* den Nobelpreis für Literatur (1946). Hier spricht und schreibt ein Dichter und Denker, der sein ganzes Leben lang vom Mysterium des Daseins fasziniert war:

> »Das Gesetz der Oktave ist jener Grundsatz, an welchem die Mathematik und die Musik gleichen Anteil haben, es ist jene Form, mit welcher es möglich ist, astronomische und musikalische Formeln zu verbinden, Astronomie, Mathematik und die Musik, ja auch die Farben auf einen gemeinsamen Nenner zu bringen.«[16]

»Alle Musik, wie sie auf Melodie und Rhythmus beruht, ist der irdische Stellvertreter der himmlischen Musik.« Mit diesem Zitat des Philosophen Plotin wollen wir das Kapitel ausklingen lassen. Der Kreis zum Wissen des Altertums schließt sich an dieser Stelle und öffnet uns die Tür für eine weitere tiefe Betrachtung des Urwissens der Menschheit.

---

16 Hermann Hesse: *Das Glasperlenspiel*, Küsnacht 1943

Die Urprinzipien oder Archetypen

Was »oben« schwingt, schwingt »unten« mit

Das altgriechische Wurzelwort des Begriffs »Archetyp« lautet *archaikós* und steht für »urtümlich, altertümlich« oder »uranfänglich« bzw. *arché* (= »Anfang, Ursprung«), *týptein* bedeutet »prägen, einschlagen«. Fügen wir beide Teile zusammen, ergibt sich die Bedeutung »uranfängliche Prägung, zuerst Geprägtes, Urbild« *(archétypon)*.

Philon und Irenäus verwendeten im Altertum den Begriff »Archetypen«, Goethe sprach von »Urbildern«, von den »urtümlichen Bildern« Jacob Burkhardt. Für die Ethnologie bezeichnet sie Lévy-Bruhl als *représentations collectives*, in der Biologie verwendet sie Alverdes. Und bei Mythen und Märchen schließlich spricht man von »Motiven«.

Der Schweizer Psychologe und Philosoph C. G. Jung (1875 – 1961) ist in unserem Bewusstsein jedoch der Name und das Synonym für die Persönlichkeit, deren Lebenswerk wir mit dem Wort »Archetypen« verbinden. Dabei hat Jung den Begriff des Archetypischen nicht erfunden; er übernahm ihn von dem Psychoanalytiker und Journalisten bzw. Schriftsteller Herbert Silberer (1882 – 1923), ebenso auch nicht die Sichtweise, die sich dahinter verbirgt. Er selbst zitiert an vielen Stellen Platons Philosophie der »überhimmlischen Ideen«.

Allen oben genannten Denkern zufolge handelt es sich bei dem archetypischen Gedankengut um wirkungsvolle und sinnhaftige Strukturen, die zwar jeder Erscheinungsform zugrunde liegen, sich aber zunächst noch nicht in gestalthaft ausgeformten und anordnenden Strukturen manifestieren.

Diese Strukturen sind a priori vorhanden: Sie existieren bereits vor jeder Formwerdung. Jung hat deutlich darauf hingewiesen, dass es sich bei den archetypischen Mustern um universell gültige und überpersönliche Faktoren handelt, deshalb bezeichnete er diese Schicht als das »kollektive Unbewusste«.

Im Unterschied zu Sigmund Freud (1856–1939) war Jung der festen Überzeugung, dass diese Muster (»Motive«) nicht nur Maskierungen von individuell-persönlichen und traumatischen Erlebnissen darstellen, die verdrängt werden, ins Unbewusste absacken und von dort aus zum Teil verwirrende Signale senden können. Ihm fiel bei seinen Studien vielmehr auf, dass die Muster, d.h. die symbolhaften Bilder und Mythenmotive, im religiösen Bilderschatz *aller* Kulturen vorhanden sind. Er folgerte daraus, dass sie überpersonale, universale Grundmuster bilden müssen. Diese wirken unsichtbar, ihr eigentliches Wesen ist begrifflich nur schwer zu fassen, in Bildern und Gleichnissen gelingt dies eindeutig besser. »Diese Muster funktionieren ähnlich wie Instinkte, beziehen sich aber auf das geistige Leben des Menschen. Sie sind als strukturell universale, formal variierende Bildschemata überall in der Welt nachzuweisen.«[17]

Es ist plausibel und nachvollziehbar: Die Sonne und die Planeten einschließlich der Erde schwingen im kosmischen Raum und wirken eben auch auf dem Himmelskörper, auf dem wir leben, auf unserer »Mutter Erde«, und das seit Millionen von Jahren, beständiger als irgendeine vergleichbare Kraft. Unsere

---

17 Zit. n. Romankiewicz, a. a. O.

Gene wie auch die Gene alles Lebendigen auf diesem Planeten haben ebenjene Schwingungen (die wir in der Phonophorese verwenden) so oft gespürt und erfahren, dass sie längst gespeichert sind, dass sie archetypische Bestandteile unseres »kollektiven Unbewussten« sind.

So verwendet Johannes Kepler den Begriff »Archetyp« im harmonikalen und planetarischen Kontext. Er sagt, die »Harmonie der Sphären« sei dem Musik hörenden Menschen archetypisch eingeprägt und befinde sich tief in unserer Seele. Wir Menschen (Körper-Seele-Geist) erkennen diese Schwingung wieder, so Kepler, indem sie mit dem in uns gespeicherten Archetyp verglichen wird. Wir treffen auf »alte Bekannte« und schwingen uns darauf ein.

Zum hilfreichen Verständnis dieser Urprinzipien oder Archetypen wollen wir mit einem seit Jahrtausenden bewährten und dennoch hochaktuellen System arbeiten, nicht, weil es das einzige ist, sondern weil es die Rahmenbedingungen der Phonophorese mit unserem gesamten Leben in all seinen Facetten (»Wie oben, so unten«) auf einzigartige Art und Weise untrennbar miteinander verbindet. Es handelt sich um die leicht zugängliche Beobachtungsebene der *Astrologie,* hier in Gestalt der betreffenden Urprinzipien, welche die Planeten verkörpern: Wenn in der Folge vom Urprinzip Venus, Mars, Mond etc. die Rede ist, meinen wir damit das entsprechende Urprinzip, das hier wirkt, und nicht die materiellen Repräsentanten am Himmel (das ist eher das Betätigungsfeld der Astronomie).

Wir können unser Leben kaum besser verstehen, wenn wir nur auf die Sterne blicken. Wir können aber unser Bewusstsein erweitern, indem wir uns für das Kräftespiel sensibilisieren, welches das jeweilige Urprinzip symbolisiert.

Wir möchten Sie zu folgendem Weg anregen: Der Sternenhimmel zieht unsere Blicke fast magisch an; wem ist es noch nicht so gegangen, dass er z. B. in südlichen Ländern wie Griechenland beim Anblick des gigantischen Himmels in Entzückung und Verzauberung oder gar philosophische Gedankengänge versunken ist? Nutzen wir diese einfache und praktikable Einstiegsebene, die im Laufe der Zeit immer mehr an Wichtigkeit verliert, weil wir die entsprechenden Urprinzipien überall in unserer Umgebung, in unserem täglichen Leben und letztlich in uns selbst wiedererkennen.

Erinnern wir uns an die Entsprechungen, die sich immer mehr wie ein roter Faden mit unseren Gedanken verweben:

- »Wie im Himmel, so auf Erden«,
- »Wie oben, so unten« oder
- »Mikrokosmos = Makrokosmos«.

Astrologie:
Mikrokosmos und Makrokosmos sind eins

Wir sind auf eine be»stimmte« Weise ge»stimmt«, und die Partitur unserer Lebenssymphonie finden wir im Geburtshoroskop (Radix). Oder – wie es in Goethes *Orphischen Urworten* heißt:

»Wie an dem Tag, der dich der Welt verliehen,
Die Sonne stand zum Gruße der Planeten,
Bist alsobald und fort und fort gediehen
Nach dem Gesetz, wonach du angetreten.
So musst du sein, dir kannst du nicht entfliehen,
So sagten schon Sibyllen, so Propheten;
Und keine Zeit und keine Macht zerstückelt
Geprägte Form, die lebend sich entwickelt.«

Wir reagieren auf alle Schwingungen der entsprechenden Planeten-(Urprinzipien-)Konstellation(en), mit denen wir in Resonanz sind und eine Beziehung haben, und zwar nach dem Gesetz »Wie oben, so unten«. Unser Mikrokosmos ist durch unzählige unsichtbare Fäden mit dem Makrokosmos verbunden: Wenn »oben« etwas schwingt, schwingt »unten« etwas mit!

Thorwald Dethlefsen fasst dies in seinem Buch *Schicksal als Chance* so zusammen:

1. »Die Astrologie beschäftigt sich mit den archetypischen Urprinzipien, die auf der Ebene der Ideen die Urbausteine darstellen, aus denen die Wirklichkeit in allen ihren Erscheinungsformen zusammengesetzt ist.

2. Diese Urprinzipien durchziehen senkrecht alle Ebenen der Erscheinungsformen. So entstehen Analogieketten, deren einzelne Glieder zwar verschiedenen Ebenen angehören, aber alle ein gemeinsames Prinzip repräsentieren.
3. Die Beobachtung einer beliebigen Ebene lässt sich mithilfe der Analogie auf jede andere Ebene übertragen. Die Bezugsebene der Astrologie ist der Himmel.
4. Die Urprinzipien der Astrologie heißen: Sonne, Mond, Merkur, Venus, Jupiter und Saturn. Die Himmelskörper gleichen Namens sind lediglich die Repräsentanten dieser Prinzipien.

In neuerer Zeit arbeitet man noch mit drei weiteren Prinzipien, nämlich Neptun, Uranus und Pluto.
5. Es gibt keine kausalen Wirkzusammenhänge zwischen den Gestirnen und den verschiedenen Ebenen der Wirklichkeit.
6. Die Astrologie ist somit ein Messinstrument der Wirklichkeit, das mit beliebiger Genauigkeit etwas anzeigt, ohne es zu erzeugen. Auch ein Thermometer misst Temperatur, ohne Temperatur zu erzeugen.
7. Astrologie denkt grundsätzlich senkrecht, gemäß dem esoterischen Axiom ›Wie oben, so unten‹.«[18]

Die Lehre der Astrologie ist die Lehre der archetypischen Urprinzipien. Sie formuliert die wirkenden Prinzipien unseres Universums, sie lässt uns die Inhalte sehen, die zwar an den Formen kleben, selbst aber jenseits der Formen existieren.

So wird die Welt der Formen zu einem Gleichnis, das wir mithilfe der Astrologie deuten können, sie wird »bedeutungsvoll«, denn nicht gedeutet heißt »bedeutungs-los«.

---

18 Dethlefsen, a. a. O.

Auch Goethes Werke können uns in ihren *Naturbetrachtungen* auf dichterische Weise an diese Vorgehensweise heranführen:

»Natur hat weder Kern noch Schale,
Alles ist sie mit einem Male.
Denn das ist der Natur Gestalt,
Dass innen gilt, was außen galt.
Müsset im Naturbetrachten
Immer Eins wie Alles achten,
Nichts ist drinnen, nichts ist draußen,
Denn was innen, das ist außen.«

Diese gleichnishafte Betrachtungsweise der Formen und Erscheinungen folgt einem anderen Gesetz, als wir es in unserem linearen Weltbild von Ursache und Wirkung landläufig kennen: Sie folgt dem Gesetz der Analogie.

Das analoge Denken ist für uns analytisch und überwiegend kausal denkende Menschen ungewohnt und mehr oder weniger fremd. Unser Denken beruht hauptsächlich auf dem wissenschaftlichen Axiom von linear-ursächlichen Zusammenhängen (»Das ist so, weil ...«). C. G. Jung nennt die analoge Beziehung »Synchronizität«, Ruediger Dahlke und Nicolaus Klein sprechen vom »senkrechten Denken und Weltbild«, weil es dem waagerechten Weltbild polar gegenübersteht.[19]

Das wissenschaftliche Denken bewegt sich (nur) innerhalb klar definierter Ebenen und Schichten der formalen Realität, weswegen wir aufgrund der linear-kausalen Struktur vom waagerechten Denken und Weltbild sprechen wollen, in Polarität zum senkrecht-analogen Denken, welches uns mithilfe der

---

19 Vgl. Ruediger Dahlke und Nicolaus Klein: *Das senkrechte Weltbild. Symbolisches Denken in astrologischen Urprinzipien*, München 1986

Analogieketten einen direkten Zugang zum entsprechenden Urprinzip und Archetyp verschaffen kann.

Die zwölf Tierkreiszeichen des mundanen Zodiaks sind die Ursymbole, die archetypischen Kräftespiele, denen sich nicht nur der Mensch in all seinen Funktionen, sondern auch die Welt in allen ihren Erscheinungsformen zuordnen lässt.

Wollten wir alle Erscheinungsformen auflisten und katalogisieren, müssten Sie dieses Buch mit dem Gabelstapler transportieren ... Das wollen wir Ihnen (und uns) natürlich nicht zumuten, deshalb werden wir uns auf die für unser Thema hilfreichen Zuordnungen reduzieren.

Einen umfangreicheren Überblick über das ganzheitliche Denken in archetypischen Urmustern kann das bereits erwähnte Werk von Dahlke/Klein liefern: Hier werden in Tabellenform viele Lebensbereiche (u. a. Landschaften, Baustile, Tierwelt, Berufe etc.) mit den einzelnen Tierkreiszeichen analog verknüpft.

Dieses Werk, Margit und Ruediger Dahlkes Seminar »Archetypische Medizin II – die Urprinzipien« wie auch Michael Roschers Sichtweise in *Astrologie und Psychosomatik*[20] flossen in die folgenden Worte über die Urprinzipien mit ein. Nicht zu vergessen Randolf M. Schäfer[21].

---

20 Michael Roscher: *Astrologie und Psychosomatik*, München 1992
21 Vgl. Randolf M. Schäfer: *Astrologie – die Symbolik des Lebens entschlüsseln*, Neuhausen 2002

Die Zutaten in unserem »Lebenskuchen«

Die Kunst des Kuchenbackens ist eine Ausdrucksform, die zwar nicht in den Museen dieser Welt präsentiert wird, aber mit ihren unzähligen Erscheinungsformen von Lappland bis Timbuktu, vom Titicacasee bis Novosibirsk ein durchaus breites Spektrum präsentiert, das in den Schaufenstern der jeweiligen Bäckerei zur Besichtigung und zum Kauf feilgeboten wird.

Die »Architekten« und »Baumeister« dieser Schöpfungen verwenden nach einem überlieferten und zum Teil »geheimen« (manchmal auch »mysteriösen«) Rezept unterschiedliche Zutaten für »ihren« Kuchen, vom einen etwas mehr, vom anderen etwas weniger ... Trotz aller Unterschiede wird man aber von Nord nach Süd, von Ost nach West von einem »Kuchen« sprechen, wenn er auch gefärbt ist durch die landes- und kulturspezifischen Besonderheiten.

Stellen wir uns nun einmal vor, diese Zutaten heißen nicht Zucker, Mehl, Eier, Butter, Hefe und Backpulver etc., sondern Venus, Merkur, Mond, Pluto usw., dann haben wir im Sinne des analogen Denkens lediglich einen Wechsel der Ebene vorgenommen.

Die Rezeptur unseres »Lebenskuchens« finden wir im Geburts-, im so genannten Radixhoroskop. Die Konstellation und Kombination aller Planeten im Augenblick unserer Geburt, wenn Animus (Körper) und Anima (Seele) mit dem ersten Atemzug des »neuen« Erdenbürgers zusammenfallen, bilden die Zutaten. Ihre Rezeptur erzählt uns die Geschichte unseres Lebensmusters, unserer Stärken und Schwächen, unserer Licht-

und auch unserer Schattenseite. Dieses Lebensmuster ist so individuell wie wir selbst oder unser Fingerabdruck.

Der bewusste Umgang mit dem Geburtsauftrag (Horoskop) ist Seelenarbeit, auch Schattenarbeit, das Bewusstmachen des ganzen Menschen. Die Rezeptur dürstet ein Leben lang nach der Beantwortung folgender oder ähnlicher Fragen:

- Lebe ich in Einklang mit meinem »Strickmuster«, mit meinem »Bauplan«, oder nicht?
- Lebe ich bewusst mit meiner Licht- *und* Schattenseite?
- Weiß ich, weshalb ich so bin, wie ich eben bin, oder nicht?

Auch hier gilt das Prinzip »Wie innen, so außen«. Wählen wir einmal das Beispiel der Sonnenblume als Analogie. Aus dem winzigen Sonnenblumenkern, in dem *alle* Informationen (= Horoskop/Radix) zum Wachstum der Sonnenblume (= individuelles Leben des Menschen) enthalten sind, entsteht die Pflanze selbst. Bei richtiger Pflege (gesunder Nährboden, Wasser, Sonne etc.) wächst eine strahlende Blume heran, eine wahrhaftige »Sonnen-Blume«. Die Saat ginge zwar auch ohne Pflege auf, allerdings vegetierte die Pflanze vielleicht lediglich vor sich hin und ginge rasch ein.

Beim Menschen nennen wir diese Pflege »Bewusstseinsarbeit« oder »Bewusstheit«. Ein Mensch, der sich »kennt«, wird aufblühen und eine positive Ausstrahlung haben, ein Mensch, der in sich selbst nicht zu Hause ist, wird nirgendwo in der Welt daheim sein ...

Ein sicherer Weg, sich selbst kennen zu lernen, ist die »Entschlüsselung« unseres Geburtshoroskops, unserer Rezeptur. Sie bringt das zentrale Aha-Erlebnis auf der Suche nach uns selbst, nach unserem Lebensauftrag.

Einen zentralen Stellenwert bei der Besprechung des individuellen Horoskops nehmen der Aszendent[22] und das Sternzeichen ein (das Zeichen, in dem sich die Sonne aufhält). Aszendent und Sternzeichen bilden die Grundlage des Rezeptes (»Wird es eher ein süßer venusischer Schokoladen- oder eher ein etwas trockener saturniner Marmorkuchen?«).

Der Aszendent repräsentiert die Fähig- und Fertigkeiten eines Menschen, die er »mitbringt«. Bis etwa ins Alter von 42 Jahren zeigt sich der Mensch primär als Verkörperung seines Aszendenten.

Das Sternzeichen ist der Auftrag des Menschen: Es zeigt an, was er noch nicht kann, was er sich zum Teil sehr mühsam im Laufe seines Lebens erarbeiten sollte, was ihm noch fehlt. Letztlich hat er sich diesen Auftrag selbst gegeben, da dieser Lebensbereich in früheren Inkarnationen zu wenig oder gar nicht gelebt wurde. Diese Sichtweise ermöglicht einen tiefen Zugang zum eigenen Selbstverständnis, zur Erkenntnis und zur Bewusstheit. Folgen wir nämlich einem »Weltbild«, wie es u. a. Rudolf Steiner vertrat, so können wir verkürzt sagen: In der Zeit des Nichtlebens (wenn sich die Seele nicht im Körper, sondern in der geistigen Welt [= Einheit] aufhält) konzipieren wir das Leben, welches wir in der kommenden Inkarnation in der Polarität führen wollen, um uns weiterzuentwickeln.

Im Augenblick unseres ersten Atemzugs ist dieses Wissen jedoch nicht mehr direkt greifbar; wir vergessen, um auf der Erde unsere Erfahrungen zu machen. Offensichtlich wollen wir alle dabei weiterkommen, wie sonst ließe sich das stetige

---

22 Die Sichtweise in den folgenden Ausführungen entspricht dem Gedankengut von Randolf M. Schäfer: *Astrologie. Die Symbolik des Lebens entschlüsseln*. Unter dem Aszendenten (lateinisch *ascendere* = »aufsteigen«) versteht man das im Moment der Geburt aufsteigende Tierkreiszeichen. Symbolisch betrachtet, verkörpert der Aszendent im Horoskop des Menschen seine mitgebrachte, nicht immer bewusste Wesensanlage, die im Verbund mit seinem Sternzeichen und den anderen Planetenstellungen eine Veränderung im Laufe das Lebens erfahren möchte, um sich weiterzuentwickeln.

und bisweilen zähe Ringen um unseren »Sinn des Lebens« deuten?

»Das Leben ist wie eine Schulklasse: Man kann weiterkommen oder sitzenbleiben«, sagte einmal einer unserer Lehrer. Dabei ist es so einfach, wenn wir bewusst an unseren Lebensauftrag herangehen; zum zähen Ringen wird es erst, wenn wir verkrampfen. Etwas Ähnliches kommt auch im folgenden Zitat von Ruediger Dahlke zum Ausdruck: »Lieber entspannt im Hier und Jetzt als verkrampft im Wenn und Aber!« Es könnte darüber hinaus sinngemäß so ausgelegt werden, dass wir, wenn wir verkrampft sind, Ängste haben oder versuchen, innerlich vor etwas »davonzulaufen«.

Bewusstes Herangehen hingegen heißt: die eigenen Wesensanteile (auch die Schattenthemen) annehmen und integrieren. Unser Leben gibt uns die wunderbare Chance, dies selbst für uns zu tun – freiwillig, ohne Zwang und schmerzfrei.

Wenn wir diese Chance nicht nutzen und uns um alles in der Welt kümmern, nur nicht um uns selbst, dann gibt es zunächst genug Zeichen in der Außenwelt, die uns »wachküssen« und uns den Weg zu uns zeigen wollen: Beziehungen, die in die Brüche gehen, scheinbar unerklärliche Unglücksfälle, plötzliche Ohnmachtserfahrungen, der Verlust von Menschen, Dingen oder des Berufs etc. Nun liegt es an uns, ob wir die »Bälle« auffangen, die uns das Leben zuwirft, und mitspielen – oder ob wir »verletzt« vom Platz getragen werden als Opfer eines Spiels, in dem uns oft genug die gelbe Karte gezeigt wurde ...

Konkret: Nicht aufgelöste bzw. unbearbeitete Themen unseres Lebens manifestieren sich früher oder später in der Körperlichkeit, und dann müssen wir uns »unfreiwillig« mit ihnen auseinandersetzen und empfinden sie als Zwang und Schmerz, als Blockaden und Krankheiten.

So weit wird es nicht kommen, wenn jeder bewusst mit sich selbst und seinem individuellen Lebensmuster umgeht und sich seiner »Rezeptur« gemäß verhält. Denn zu jedem Tierkreiszeichen gibt es entsprechende Urprinzipien, die unsere Freunde sind – nicht unsere Feinde.

Dabei ist es wichtig zu wissen, dass *jeder Mensch alle Urprinzipien* in individuell verschieden stark ausgeprägter Form in sich trägt; jedes will »erhört« und beachtet werden, entsprechend dem Geburtshoroskop eben mit unterschiedlicher Priorität. Die Beschreibung des Urprinzips Mars/Ares z. B. gilt demnach nicht nur für Widder-Geborene, sondern für *alle,* da Mars in jedem Horoskop einen Lerninhalt darstellt (den Umgang mit Aggression). Dasselbe gilt für jedes Urprinzip, so steht etwa Merkur bei *allen* für Kommunikation und Austausch, Pluto für Transformation sowie »Stirb-und-werde-Prozesse« etc.

Zu jedem Urprinzip gibt es die entsprechenden Krankheitsbilder, die wir auflösen können, wenn wir uns, das Prinzip und den zugrunde liegenden »Lernauftrag« verstehen. Dann sind wir in der Lage, »im Ein-Klang« mit uns und der Welt zu leben, und wir sind im Fluss, in unserer Kraft – und fühlen uns gesund.

Um Störungen und Blockaden zu lösen, werden von der Außenwelt verschiedene Angebote gemacht. Unser Angebot der heilsamen Planetenschwingung mittels Phonophorese hilft Ihnen, Ihren inneren Heiler zu aktivieren, da mittels gezielter Verwendung von Stimmgabeln die Schwingung in Ihrem Körper zur Vitalisierung assimiliert werden kann und das entsprechende Urprinzip »eingeschwungen« wird. Im praktischen Teil finden Sie hierzu einen leicht verständlichen Katalog mit Anwendungsbeispielen, den Sie als Grundlage für Ihre Aktivitäten mit den Stimmgabeln jederzeit zur Hand nehmen können.

Die Urprinzipien/Archetypen wollen uns »etwas sagen«

Der »Film unseres wirklichen Lebens« ist so *dreidimensional* wie die Realität, die uns umgibt. Kritiker unserer Cyberspace- und Massenkommunikationsgesellschaft bemerken jedoch bisweilen, dass uns eine Dimension langsam, aber kontinuierlich abhanden kommt. So inhalieren wir in ihrem Szenario die Realität wie Junkfood *zweidimensional* »vor der Glotze«, sie verkomme zum Abbild der Wirklichkeit.

Ist es nicht so etwas wie eine groteske »Neuauflage« des »Höhlengleichnisses«[23] von Platon, wenn Menschen wie »gebannt« in eine Richtung starren, um sich mit Projektionen der Wirklichkeit vollzusaugen, eben dem »Fernsehen«?

Aber es gibt (scheinbar) einen gravierenden Unterschied: Bei den Menschen in Platons Gleichnis handelte es sich um Gefangene, die gefesselt waren. Auch wenn wir heute »wie gefesselt« vor der Glotze sitzen, haben wir dennoch die freie Willensentscheidung, welchem Teil der Realität wir uns zuwenden: der zweidimensionalen auf dem Bildschirm (in *Farbe*) oder der bisweilen auch *grauen* dreidimensionalen Realität zu Hause.

(Apropos: Wer über unsere Freiheit bzw. »Unfreiheit« und über andere menschliche Skurrilitäten einmal herzhaft lachen möchte, dem empfehlen wir Loriots Sketche, die ja gerade auch TV-Geschichte geschrieben haben. Lachen transformiert dann am intensivsten, wenn man über sich selbst lachen kann...)

---

[23] Platons (427-347 v. Chr.) Vergleich des menschlichen Daseins mit dem Aufenthalt in einer unterirdischen Behausung (im *Staat*, 7. Buch). Dort erblicke der Mensch nur die Schatten des wirklichen Daseins. Wenn er ans Tageslicht käme, würde er die Realität für unwahr und seine Schattenwelt für wahr halten.

Zumindest in der Namensgebung der Leinwandrealität schwingt aber eine ehrliche Einschätzung mit: »Hollywood« z.B. wird als »Traumfabrik« bezeichnet.

In ihren Filmen lesen wir häufig im Abspann: »Die Namen der Hauptdarsteller in alphabetischer Reihenfolge:...« Eine solche schematische Einordnung würde den Hauptdarstellern unserer Lebensbühne, den Urprinzipien und Archetypen, allerdings überhaupt nicht gerecht. Sie haben sich – aus diesem Grunde? – entschieden, sich besser selbst vorzustellen, jeder auf seine individuelle Art, mit allen Stärken und Schwächen, in ihrer erlösten wie auch in der unerlösten Form, mit ihren Licht- und Schattenseiten.

Besonderes Augenmerk legen sie auf die Entsprechungen in den menschlichen Körperzuordnungen (»Wie oben, so unten«) und eventuellen Krankheitsformen, um den blockierten Fluss der Gesundheit (des »Heil«-Seins) wieder ins Fließen zu bringen, kurz: um den inneren Heiler des Menschen zu aktivieren.

In einer Interessengemeinschaft (sozusagen der »IG Archetyp«), die immer zu Beginn eines neuen Zeitalters zusammentrifft, haben sich alle (zwar aus verschiedenen Gründen, aber einstimmig) entschieden, uns Menschen zu zeigen, dass sie unsere Freunde und nicht unsere Feinde sind; denn im Laufe der Zeit haben sich einige Missverständnisse und Fehlinterpretationen eingeschlichen, die den einen oder anderen Archetyp in ein »falsches Licht« setzten:

- So möchte z.B. Saturn/Kronos (»der Hüter der Schwelle«) darlegen, dass es hilfreich ist, Grenzen aufzuzeigen, weil erst dann »hinter« den Grenzen wirkliche Freiheit gedeihen kann.
- Uranus und Neptun etwa möchten helfen, durch ihre Einflüsse und Wirkkräfte den Übergang ins Wassermann-Zeit-

alter zu erleichtern, indem sie das Bewusstsein für die »neue Zeit« schulen.

Was die Reihenfolge der Vorstellung betrifft, so war man sich schnell einig, dass der mundane Tierkreis (das »Urhoroskop«) mit seinen Urprinzipien (»von Ewigkeit zu Ewigkeit«) einen gangbaren Weg für alle Beteiligten darstellen wird.

Für ein Round-Table-Gespräch haben alle Urprinzipien an einem (natürlich runden) Tisch Platz genommen. Einen Diskussions- oder Gesprächsleiter gibt es nicht, und das ist auch nicht nötig; denn jeder kennt und respektiert jeden, jeder weiß vom anderen, dass er ein wichtiger Teil des Ganzen ist und dass jeder sein Bestes gibt, um das Bewusst-Sein des Menschen zu schulen.

Die Wege zu Bewusst-Sein und Bewusstheit verlaufen zwar unterschiedlich, aber bekanntlich »führen viele Wege nach Rom«. Alle Maßnahmen, die die Archetypen unternehmen, um den Menschen »wachzuküssen«, sind wert-frei und nur zum Wohle des Einzelnen. Auf diese Feststellung legen alle Referenten besonderen Wert.

Die Tierkreiszeichen finden sich am »runden Tisch« ein

Es ist schon eine illustre Runde, die sich da um den runden Tisch versammelt hat: Das letzte Treffen liegt etwa 2200 Jahre zurück, das war, als das Fische-Zeitalter auf den Weg gebracht wurde – eine kleine Zeitspanne für die Ewigkeit, eine große Zeitspanne für die Menschheit. Die »Neuen« werden im Kreise der Urprinzipien begrüßt:

- Uranus (für das Tierkreiszeichen Wassermann, davor repräsentiert durch Saturn), am 13. März 1781 entdeckt.
- Neptun/Poseidon (für das Wasserzeichen Fische, bis zur Entdeckung vertreten durch Jupiter), am 23. September 1846 gefunden.
- Pluto/Hades, entdeckt am 18. Februar 1930 (im Zeichen des Skorpion, bis zu diesem Zeitpunkt repräsentiert durch Mars).

Es werden Wetten abgeschlossen, ob oder dass beim nächsten Treffen (in zirka 2200 Jahren) zum Eintritt in das Steinbock-Zeitalter alle zwölf Urprinzipien am Tisch sitzen. Heute sind es deren zehn, denn:

- Venus steht sowohl für das Tierkreiszeichen Stier als auch für die Waage, und
- Merkur ist der Repräsentant für die Zwillinge wie auch für die Jungfrau.

Die Chancen für ein Zwölfertreffen etwa im Jahr 4 200 werden allgemein als gut bewertet, da zum einen die technischen Möglichkeiten und zum anderen die Offenheit der Menschen für die Urprinzipien zunehmen.

Die Höflichkeit gebietet es, dass in einer kurzen Vorstellungsrunde die Namen jedes Tierkreiszeichens sowie das entsprechende Symbol und auch die Namen der Urprinzipien genannt werden.

Zum einfacheren Verständnis zeigen wir die Symbole aus der Vogelperspektive. Was von oben aussieht wie ein großer mexikanischer Sombrero, ist in Wirklichkeit der mundane Tierkreis oder das Urhoroskop.

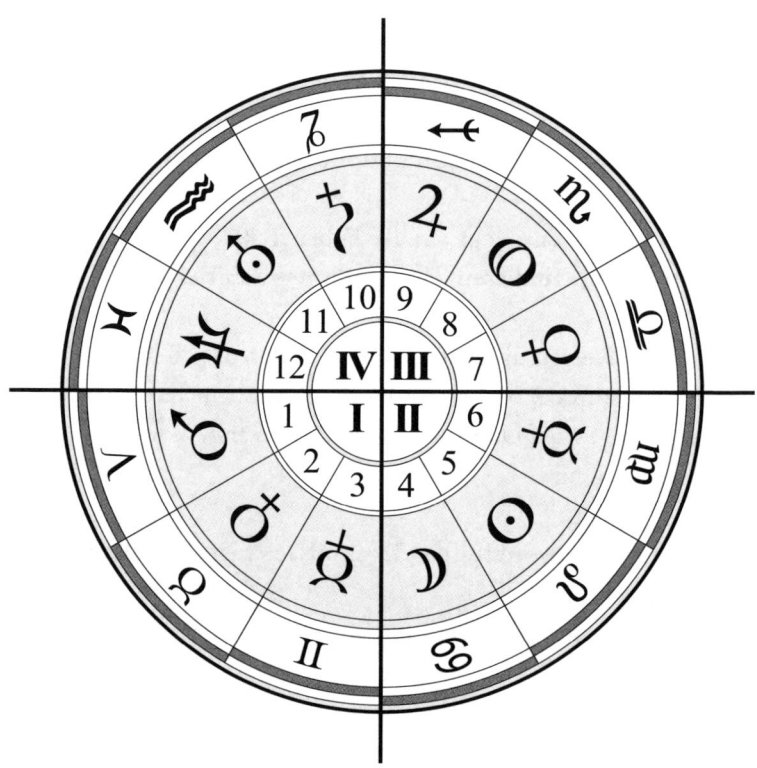

Mars/Ares: »Ich kam, sah, siegte – veni, vidi, vici«
Erstes Sternzeichen Widder: 21. März bis 19. April

Meine Lichtseiten
Vorhang auf und Leinen los, denn jetzt komme ich.

Meine verehrten Archetypinnen und Archetypen, es ist mir eine große Freude und Ehre, den Reigen der Urprinzipien zu eröffnen!

Mit Verlaub und in aller Bescheidenheit, die nicht gerade zu meiner Zier gehört: Dieses Recht steht mir auch als Einzigem in dieser Runde zu!

Ich bin das schöpferische Urfeuer, das die dunklen Kräfte des Winters überwindet und besiegt. Wenn die Sonne in mein Sternzeichen Widder wandert, herrscht endlich wieder die Tagundnachtgleiche; und der Siegeszug der Sonne wird täglich größer!

Der Tag kommt wieder zu Kräften, die Natur fängt erneut an, sich zu entfalten: aktiv, ungestüm, verschwenderisch, gewaltig und rein, blitz- und explosionsartig.

Von Ewigkeit zu Ewigkeit das gleiche Ritual: Die Samen brechen auf, damit sie keimen und wachsen und neues Leben in Gang setzen können.

»Es gibt viel zu tun, also packen wir's an!«, das ist mein Glaubensbekenntnis, denn Stillstand ist der Tod! Ich gebe die Impulse, ich bin der Pionier, der Neuland erobert. Dabei ist es mir egal, ob es sich um ein Stück Land, eine »neue« Frau bzw. einen Mann oder »nur« um neue Absatzwege handelt.

Dabei geht es mir absolut nicht um »Gut oder Böse« oder irgendwelche Wertungen, es geht mir um die Dynamik an sich.

Nur meine Taten und Aktionen geben dem Leben einen Sinn!

Ich bin der Anfang, ich bin die Geburt in eine neue Entwicklung, ich bin der Kampf.

Die Vergangenheit interessiert mich nicht, höchstens der Kampfgeist meiner Vorfahren.

Mein Gefolgsmann Heraklit (544–483 v. Chr.) spricht mir aus der Seele, wenn er sagt: »Der Krieg ist der Vater aller Dinge.« Und Julius Caesars Ausruf (47 v. Chr.) »Veni, vidi, vici – ich kam, sah, siegte«, den er nach seinem schnellen Sieg über Pharnakes bei Zela an seinen Vertrauensmann Gaius Matius in Rom richtete, das sind Worte, die mir sehr gut gefallen!

Überhaupt waren die Römer Kämpfer meines Geschmacks: Sie nannten den Sturmbock, mit dem sie die Mauern der belagerten Städte der Gegner angegriffen haben, *aries*. Das ist das lateinische Wort für »Widder«, und ich finde, das passt gut in mein Bild.

Bei den Germanen bin ich ein Sympathisant der Krieger des Odin, der so genannten Berserker. Diese Berserker müssen in Friedenszeiten in Ketten gelegt werden; und im Kampf oder Krieg sind sie hemmungslos und blindwütig, außer Rand und Band.

Ich selbst bin von heißem und schnell erregbarem Blut. Meine ausschweifende und wilde Männlichkeit hat mich zum Vater diverser Kinder gemacht, die zum Glück fast alle Krieger wie ich geworden sind.

Die Frauen lieben an mir meine imposante Erscheinung, meine Größe, meine Kraft und mein schönes, feingliedriges Wesen. Ich bin zwar bekannt und gefürchtet für meinen Zorn und meine Wutausbrüche, aber die kommen und gehen wie ein reinigendes Gewitter an einem sonnigen Tag: Danach scheint die Sonne, bis es wieder kracht.

Ein bisschen Frieden und Entspannung finde ich manchmal in der Vereinigung und in der Entladung von Gegensätzen. In einem solchen Moment habe ich mit der Göttin der Liebe, die anschließend zu uns sprechen wird, mit Venus, unsere Tochter Harmonia, die Harmonie, gezeugt. In den Phasen von Streit und Eifersucht in meinem Liebesleben mit Venus haben wir die Kinder Deimos, den Schrecken, und Phobos, die Furcht, geboren.

Meine Schattenseiten
Es ist an der Zeit, auch meine Schattenseiten darzustellen, um den Menschen das ganze Spektrum meines Wesens zu zeigen; das fällt mir, wie ihr unschwer vorstellen könnt, nicht leicht, da ich, wie der Volksmund sagt, dazu eben über meinen Schatten springen muss.

Ich bin das kardinale Feuer (erstes Sternzeichen im ersten Quadranten), das Hitze und Helligkeit ausstrahlt. Der Nachteil dabei ist, dass ich das nur dann wirksam zu tun vermag, wenn ich etwas habe, was ich verbrennen kann. Aus mir selbst heraus kann ich nicht existieren, geschweige denn brennen.

Übertragen auf den Menschen mit meinem Energiepotenzial (d. h. die widderbetonten Charaktere), heißt das: ständig neue Herausforderungen, Ziele und Taten, Zukunftsperspektiven und Pläne. Diese werden mit hoher Schubkraft angegangen, aber auf die Dauer verliert es an Reiz, bis die Flamme sogar wieder ganz erlischt. Die Menschen sprechen hier von einem so genannten Strohfeuer, was die fehlende Ausdauer meint.

In meiner ungestümen, wilden und triebhaften Kampf- und Vorgehensweise bin ich leider auch angreifbar und besiegbar. Mit tiefem Grollen erinnere ich mich an die Schlacht und die Stadt Pylos, wo ich mich unter der Kriegsführung der Athene (noch dazu einer Frau!) mehrfach ergeben musste. Welche Schmach das war: Athene musste am Schluss auch noch meinen bewusstlosen Körper zurück in den Olymp tragen.

Erschöpfungszustände durch Kräfteverausgabung sind mir absolut nicht fremd, sie gehören zu meinen Schatten- und Krankheitsformen. Ich spreche ja sehr ungern über Krankheiten, nur Weicheier, Waschlappen, Schwächlinge, Angsthasen, Schlappschwänze und Muttersöhne haben Krankheiten (das ist mein Schatten). Die Heulsusen habe ich fast vergessen.

Die Krankheiten, die zu meinem, dem Widder-Prinzip gehören, sind deutlich zu verstehen: Es handelt sich um akute und heftig verlaufende Erkrankungen (besonders Entzündungen), solche mit aggressivem Ausdruck wie z.B. der Keuchhusten, Fieber(ausbrüche), Verletzungen aller Art, Kopfschmerzen, Hirnhautentzündungen, Zahnschmerzen, Augenerkankungen, Gesichtsneuralgien (Trigeminusnerv) und Gallenblasenleiden.

Die Entsprechungen des Mars-Prinzips auf der Ebene des menschlichen Körpers lauten: Kopf, Zähne, Nägel, Haare, Gallenblase (Aggression) sowie die quer gestreifte Muskulatur. Grundsätzlich handelt es sich beim Mars um eine körperliche Gefährdung; dazu gehören auch die erhöhte Infektionsneigung, die allgemeine Antriebs- und Lustlosigkeit, die Abwehr- und Muskelschwäche, innere Unruhe und Hypermotorik, Allergien und eine massiv erhöhte Neigung zu Verletzungen und Unfällen.

Bei den Muskeln im Kopfbereich reden wir von der Kaumuskulatur, der mimischen (also im Stirn- und Mundbereich) sowie der Augenmuskulatur.

Auf einen Nenner gebracht, ist es also die Bewegung der gesamten Skelettmuskulatur.

Die Integration des Schattens – die Heilung
Ich glaube, dass die Menschheit auf diesem Planeten langsam, aber sicher versteht, dass durch die Polarität des Lebens immer zwei Seiten wie siamesische Zwillinge zusammengehören. Sie

sind allein nicht lebensfähig. Zu »gut« gehört immer »schlecht«, zu »schwarz« gehört »weiß«, zu »Yin« gehört »Yang« – und umgekehrt. Immer wenn wir einen Teil der Polarität verdrängen, rutscht er tiefer und führt dort sein Schattendasein, um sich irgendwann auf der körperlichen Ebene wieder umso heftiger als Symptom zu manifestieren.

Die Polarität zur Erkrankung ist die Gesundung, die Heilung. Für die Aktivierung des inneren Heilers durch Phonophorese verwende ich u. a. die Mars-Stimmgabel. Diese schwingt in der 33. Oktave mit 144,72 Hertz, was dem Ton D entspricht.[24]

Ich empfehle weiter auch bewegungsbezogene Heilmaßnahmen, eher Individualtherapien wie Sport und Bioenergetik, Encounter, die dynamische Meditation und energiebezogene Medizin wie die klassische Akupunktur, die Moxibustion, die Aufpralltherapie, das Augentraining nach Baites. Im Rahmen von Ernährungsformen (Diäten) helfen den Mars-Menschen heilsame Einflüsse wie Sportlernahrung (Eiweiß) und Rohkost (nach Schnitzer).

Hilfreich auf dem Weg zur Gesundung sind die folgenden homöopathischen Heilmittel und Bachblüten:

Pflanzlich:	Capsicum, Arnica, Staphisagria, Aconitum und Urtica urens
Tierisch:	Apis, Acidum formicum
Mineralisch:	Ferrum-Verbindungen
Nosoden:	Scarlatinum
Bachblüten:	Impatiens, Vervain, Heather, Rock Rose

24 Vgl. Hans Cousto: *Die Töne der Kosmischen Oktave*, Amsterdam 1989

So, liebe Kolleginnen und Kollegen, so schnell, wie ich gekommen bin, so schnell verschwinde ich auch wieder von der Bildfläche.

Bevor ich das Wort an Venus weiterreiche, möchte ich schließen mit meinem Schlachtruf: »Wo ein Wille ist, ist auch ein Weg!«

Also, das war's vom Mars.

Venus/Aphrodite: »Schaffe, spare, Häusle baue«
Hier zweites Sternzeichen Stier: 20. April bis 20. Mai

Meine Lichtseiten
Ich danke meinem Lebensabschnittsgefährten Mars für die zackige Überleitung. Seine Worte sprechen für sich, ich habe dem nichts hinzuzufügen – außer vielleicht den kleinen Nachsatz: »Typisch Mann und typisch Yang!«

Mit meinem Kollegen Merkur bin ich übrigens das einzige Urprinzip, das zweimal zu euch sprechen wird. Jetzt als die erdverbundene, sinnliche Venus des weiblich-passiven Stier-Zeichens und zu gegebener Zeit als die himmlische Venus des männlich-aktiven Luftzeichens Waage.

Ja, schaut mich einfach an, das ist das blühende Leben, das vor euch steht: Wenn die Sonne in mein Sternzeichen Stier wandert, hat der Winter endgültig verloren. Der Frühling hat ihn zunächst besiegt. Jetzt sehen es alle: Die Natur »grünt so grün«, alles blüht, die Menschen sprechen (vollkommen zu Recht) vom *Wonnemonat* Mai.

Sie haben auch mit der Bezeichnung »Stier« das Wesen des Rinds gut getroffen: Es ist ja die Milch spendende Mutterkuh, die das (junge) Leben ernährt und mit Liebe versorgt, damit es seinen Platz in der Gemeinschaft und Gesellschaft finden kann.

Beim Stier, also dem männlichen Rind, geht es um den Fortbestand des Lebens, um die kraftvolle Fortpflanzung und somit um die männliche Zeugungskraft sowie die Fruchtbarkeit.

In den Worten von Mars habt ihr in jeder Silbe das Wort »Ego« mitschwingen hören, das »Ich«, das sich selbst behaupten und verteidigen muss. Neues Land muss erobert werden, der Einzelkämpfer und Abenteurer Mars sucht ständig den Kick, die neue Herausforderung, was ja auch eine Zeitlang in meinem Leben sehr inspirierend und reizvoll war, wie es Mars übrigens in seiner offenen Art in dieser Runde ausposaunt hat (mit dem Stolz des Jägers über seine Beute, nehme ich stark an).

Im Sternzeichen des Stiers, in der Blütezeit des Jahres also, ist es für die Natur an der Zeit, sich zu verwurzeln in der fruchtbaren und feuchtwarmen »Mutter« Erde. Sie ist die gütige, liebevolle Mutter, die gibt, ohne zurückverlangen, die durch ihre Fruchtbarkeit ernährt und das Gefühl der Verwurzelung und Sicherheit im Leben spendet. Um das Wachstum des anvertrauten Lebens zu ermöglichen, kommen mir meine Stärken der Opferbereitschaft, Hingabe und der Sensibilität entgegen.

Es geht im Leben des Stiers um das Sesshaftwerden, um das Sichansiedeln und -ansammeln, um die Hege und Pflege der Felder, die der Mensch »bestellt«, um immer und immer wieder neues Leben sichtbar zu machen.

Für den Stier gibt es nichts Schlimmeres, als aus der Gemeinschaft ausgestoßen zu werden, wo er sich zu Hause, geborgen und verwurzelt fühlt.

Hier hilft mir natürlich sehr meine Herkunft aus dem Meerwasser, also aus dem Seelenelement, ungemein. Mein Wesen ist vom Fühlen bestimmt. Das Gefühl der Liebe (jenseits des rationalen Yang-Prinzips des Verstandes) und meiner Sehnsucht nach dem harmonischen Ausgleich der Kräfte bestimmen mein Leben. Das Gefühl ist immer der Urgrund, aus dem ich meine Lebenskraft schöpfe.

Um meine Geburt ranken sich verschiedene Mythen und Geschichten, auf die ich hier nicht in epischer Breite eingehen werde. Erwähnen möchte ich aber, dass die Venus bzw. Aphrodite immer aus dem wässrigen Element, das für Seele, Gefühl und das Urweibliche (Yin) schlechthin steht, geboren wird.

Ein wunderbares Bild hat der Künstler Sandro Botticelli (1445 – 1510) von mir gemalt, er illustriert hier die bei den Menschen bekannteste Geschichte meiner Entstehung: Meine Eltern sind väterlicherseits der Himmelsgott Uranus, der mit großem Appetit seine eigenen Kinder verspeiste, und mütterlicherseits Gaia, die Mutter Erde. Und das kam so: Ein Sohn meiner Eltern, nämlich Saturn/Kronos, schafft es eines Tages, unseren Vater mit einer Sichel zu entmannen. Seine Beute, das männliche Glied, schmettert er im hohen Bogen ins Meer. Sofort nach dem Eintauchen ins Wasser bildet sich weißer Schaum, aus dem ich, Venus, die »Schaumgeborene«, am Strand der Insel Kythera entsteige.

Ja, ja, so oder so ähnlich reizvoll wurde ich geboren oder auf die Welt, auf die Mutter Erde, gebracht; u. a. deshalb liebe ich die Ästhetik, aber im Sinne der erdverbundenen, anfassbaren Schönheit in der sichtbaren Welt, die die Menschen mit ihren Sinnen begreifen und erfassen können.

In meiner ersten Rolle hier als Stier-Repräsentantin (»die Verkörperung des guten Geschmacks«) möchte ich auch nicht in spekulative, philosophische, geistige oder zu spirituelle Fragen einsteigen, denn das ist mir real (zu) schwer greifbar und damit nicht so leicht zu »begreifen« bzw. einzuverleiben. Und hier ist es nun an der Zeit, auf die »dunkle« Seite meines Wesens einzugehen.

Meine Schattenseiten
Die schlimmste Strafe, der Super-GAU sozusagen, ist es für die Stier-Persönlichkeiten zweifellos, wenn man ihnen das wegnimmt oder das Schicksal es ihnen entreißt, was sie so mühsam aufgebaut oder angesammelt haben.

Ich bin die fixe Erde (zweites Sternzeichen im ersten Quadranten), die Verwurzelung in der Materie, die Erdung in der Sicherheit. Und hier zeigt sich die Gratwanderung und auch die Gefahr, wenn die Bindung an materielle Werte die eigene Existenz dominiert bzw. fixiert. Denn die eigene Beständigkeit und Beharrlichkeit kann im Extremfall zur Sturheit mutieren, der Volksmund spricht von »starr, stur, Stier«.

Er spricht weiter auch vom »Stiernacken« oder vom »Geizhals«; und das kommt so: Es gibt eine Analogie des Halses und des Nackens auf der Körperebene zu dem Sternzeichen Stier/Venus.

Menschen, die nichts hergeben möchten von ihren Besitztümern, heißen folgerichtig auch nicht Geizleber oder -fuß, sondern Geizhals, sie klammern zum Teil fast krankhaft und können nicht loslassen, das sind die Halsstarrigen – verbohrt und verkrampft in ihren Traditionen und Fixierungen.

Dahinter stehen Verlustängste, die Angst loszulassen (sprich: die Wurzeln zu verlieren), hier ist die Grenzlinie zwischen Hab-Gier (»Nicht-loslassen-Können«) und Bewahren sowie Behalten eindeutig überschritten.

Der Schatten des Stier-Prinzips kann sich in Blockaden und Krankheiten manifestieren, die den Betroffenen und der Welt damit die Defizite und Fehlentwicklungen aufzeigen, um zu helfen, (zurück) auf den richtigen Weg zu finden. Hierzu gehören mangelnde Körperentgiftung, Wachstumsstörungen, allgemeine physische Schwäche, angeborene körperliche Defekte und Erkrankungen (aus früheren Inkarnationen), Erkrankungen des Halsbereichs (Heiserkeit, Mandelentzündung, Krupp), der Lippen, des Kiefers und des Zahnfleischs sowie Schilddrüsenerkrankungen (Kropf, Morbus Basedow). Es sind die Störungen im Aufnahme- und Abgabegleichgewicht wie Übergewicht und Fettsucht, Speicheldrüsenerkrankungen (Mumps) und Störungen im Fortpflanzungsbereich.

Entsprechend lauten die Analogien im körperlichen Bereich: Kehlkopf, Stimmbänder, Mandeln, Speicheldrüsen, Schilddrüse, Speiseröhre und Halswirbel (Ausnahme: erster Halswirbel [= Zwillinge/Merkur], die Hals- und Nackenmuskulatur, Kehlkopf- und Schlundmuskulatur).

Die Integration des Schattens – die Heilung
Eine zentrale Frage (und Lösung) bildet also die Integration des Schattens und die Fragestellung des (eigenen) Wertesystems: eine Ausgewogenheit in der Fähigkeit, loszulassen, wenn es an der Zeit ist, mit der Fähigkeit, zu bewahren und festzuhalten, wenn es an der Zeit ist.

Erinnert euch mal an Karl Marx (1818 – 1883), den Begründer des Marxismus. Das Thema der gerechten Besitzverteilung war sein zentrales Lebensthema. Und siehe da: Marx hatte seine Sonne (also das Sternzeichen) im Zeichen Stier und im zweiten Haus.

Erinnert euch weiterhin an Buddha, dessen zentrales Motiv die Hinterfragung des menschlichen Wertesystems bildet: etwa die Bindung an die Materie und auch die Bindung an das Rad der Wiedergeburten mit all den menschlichen Problemen und Schattenseiten, die wir in diesem Kreis erörtern. Sein Lösungsansatz und die Lehre des Buddhismus sagen: »Fang an, dich nicht nur mit dieser bloßen irdischen Existenz zu identifizieren, denn es gibt noch andere Werte und Wahrheiten außerhalb und jenseits der reinen materiellen und physischen Welt.« Ihr werdet es schon ahnen: Auch Buddha hatte seine Sonne im Sternzeichen Stier.

Wenn ich Mars nicht in vielem zustimmen kann, so doch in der Aussage: Stillstand ist der Tod. Stockkonservativer Dogmatismus ist der natürliche Feind alles Lebendigen und damit auch der Beweglichkeit, er macht starr, stur, stier(isch).

Für die heilsame Schwingung durch Planetentöne (Phonophorese) bietet sich hier u. a. die Venus-Stimmgabel an, die im Ton A mit 221,23 Hertz schwingt.[25]

Bei den Therapien sind es logischerweise die Gruppentherapien (der Stier braucht die Gemeinschaft); es sind die Anwendungen durch Massage, Lehmwickel, Heilerdeanwendungen, die Chiropraktik, die Aromatherapie, alle Therapien, die mit der Stimme und dem Gesang arbeiten. Bei den Diäten bieten sich zur Hilfe an: die Vollwerternährung, Naturkost, Kartoffeldiät und Milchkur (Karellkur) etc.

Bei den homöopathischen Mitteln sowie den Bachblüten zeigen positive Einflüsse:

Pflanzlich:	Bryonia, Anacardium, Spongia
Mineralisch:	Graphites, Caprum aceticum
Nosoden:	Diphtherinum, Tonsillitis, Herpes, Mumps, Struma
Bachblüten:	Chicory, Red Chestnut

Erlaubt mir abschließend, liebe Kolleginnen und Kollegen von der IG Archetyp, dass ich meine »Stier-Hörner« wieder absetze, freilich ohne mein sinnlich und natürlich wallendes, fallendes Haar in Unordnung zu bringen. Ich werde Platz nehmen im

---

25 Vgl. ebenda

Tierkreiszeichen der Waage, über welches ich nach Merkur (im Zeichen Jungfrau) sprechen werde. Ihr dürft euch auch schon jetzt auf die himmlische Venus freuen. Euer Warten wird belohnt werden, vor allem die Männer unter uns werden auf ihre Kosten kommen.

So viel in Sachen Eigenmarketing »Venus«, meine Wirkung und mein Selbstbewusstsein wirken ja ohne Worte, die »Schaumgeborene«, die ich bin, muss nicht zum Schaumschläger werden; das können andere in diesem Kreis besser als ich.

Schließen möchte ich mit einem wahrhaften und nahrhaften chinesischen Sprichwort zur Stier-Thematik: »Der Hunger lässt sich nur schwer mit gemaltem Kuchen stillen.«

Merkur/Hermes:
»Zwei Seelen wohnen, ach! in meiner Brust ...«
Hier drittes Sternzeichen Zwillinge: 21. Mai bis 21. Juni

Meine Lichtseiten

»Cogito, ergo sum! – Ich denke, also bin ich!« So lautet mein Motto.

Meine Lieben, es ist an der Zeit, den Intellekt und den Verstand in die Welt zu bringen. Es ist an der Zeit, zwischen scheinbaren Gegensätzen zu vermitteln und den Austausch und die Kommunikation zwischen den unterschiedlichen Ebenen zu ermöglichen. Ja, es ist richtig, ich regiere die Sternzeichen Zwillinge und Jungfrau. Bei den Zwillingen bin ich als bewegliches Luftzeichen (drittes Sternzeichen im ersten Quadranten, Yang/männlich) angetreten, alles, was es gibt zu erleben, wie ein Lufthauch weiterzuwehen, ohne mich zu sehr zu binden oder gar festzulegen. Ich bin völlig offen für alles, neutral und wertfrei, immer aktuell und auf der Höhe der Zeit, »in« sozusagen.

Je mehr ich weiß, umso sicherer fühle ich mich; denn Wissen ist Macht, und Nichtwissen ist Ohnmacht. Deshalb bin ich so neugierig und wissensdurstig wie kein Zweiter aus unserem Kreis.

Ein Blick in die Natur sagt alles: Ich herrsche im letzten Frühlingsdrittel, die Kraft der Helligkeit, der Tagseite, Yang also, strebt ihrem Höhepunkt zu. Es ist die Zeit des Pollenflugs, bei dem die Fruchtbarkeit durch die Luft »weitergereicht« wird. Die Bäume recken und strecken sich nach oben, dem Himmel entgegen. Sie sind wie ich: Die Bäume zieht es in den Raum, den sie »ergreifen« möchten, sie wollen die Begrenzungen durchbrechen und »draußen« auf Erlebnistour gehen, auf Entdeckungsreise in der Außenwelt.

Was mir enorm hilft, ist die Tatsache, dass ich so ein kommunikatives und cleveres Kerlchen bin. Ich bin ein gern gesehener Gast, immer freundlich und zuvorkommend, der geborene Schwiegersohn eigentlich. Diese Fähigkeiten habe ich schon ruck, zuck nach meiner Geburt entwickelt.

Nach heutigem Sprachgebrauch bin ich kein Wunschkind. Mein Vater, der Göttervater Zeus, schlich sich heimlich von seiner schlafenden Gattin Hera fort, um in einer Höhle auf dem Berg Mykene die Nymphe Maia zu beglücken. Na ja, da lag ich also, unehelicher Sohn und heimlich gezeugt. Was nun, Hermes? Als meine Mutter Maia einen Moment unaufmerksam ist, schlüpfe ich aus den Windeln und flüchte aus dem heimischen Nest, um die »Welt« zu erkunden.

Schon am ersten Tag reife ich zum freien und unabhängigen, wissensdurstigen Knaben heran.

Um die Mittagszeit schnitze ich mir aus einem »frei herumliegenden« (die Schildkröte selbst war anderer Meinung) Schildkrötenpanzer eine Leier, auf der ich sogleich wunderbar spielen kann. »Noch ist nicht aller Tage Abend«, denke ich mir und stehle am Abend meinem Halbbruder Apollon seine Rinderherde. Meine List ist eigentlich genial: Ich lasse die Tiere rückwärts in eine Höhle gehen, schlachte zwei von ihnen (das ist Opferbrauch), teile sie in zwölf Teile und bringe sie den Göttern dar. Um meine Spuren zu verwischen, bastle ich mir Schuhe aus Zweigen und Gras.

Also, was soll ich euch erzählen? Apollon merkt es und will seine Rinder zurück. Ich versuche, ihm überzeugend zu erklären, dass ich ja noch ein Kind bin! Nutzt alles nichts, er schleppt mich vor unseren Vater, den Göttervater Zeus.

Jetzt ist Handeln angesagt, ich versichere Papa Zeus, dass ich zwei der Tiere den zwölf Göttern geopfert habe.

»Wieso zwölf, wir sind doch nur elf?!«, fragten die Götter.

»Na ja, den zwölften Teil der Opfertiere habe ich, Hermes, selbst gegessen.«

Da musste Papa Zeus schmunzeln und lächeln über seinen listigen und cleveren Sohn – und später wurde ich in allen Ehren in den Stand der Götter erhoben.

Mein Vater hat mir wegen meiner einfallsreichen, überzeugenden und redegewandten Art den Job des Götterboten angeboten, mit geflügeltem Helm und goldenen Sandalen für schnelles und bequemes Reisen – und noch dazu mit einer Tarnkappe von Hades/Pluto, dem Gott der Unterwelt, der bald als Herrscher über das Tierkreiszeichen Skorpion zu uns sprechen wird.

Mit dieser Tarnkappe kann ich überall, wo ich will, erscheinen, ohne gesehen und bemerkt zu werden. Zu meiner Jobbeschreibung als »Götterbote« gehört:

- Übermittlung des Willens der Götter an die Menschen,
- Weiterleitung der Bitten der Menschen an die Götter,
- Kommunikation und Austausch ohne Lüge.

Gut, mit dem letzten Punkt tue ich mich bis heute schwer. Ich habe mit meinem Vater Zeus ein Gentlemen's Agreement, dass ich nicht immer die ganze Wahrheit sagen werde. Das ist o. k. für mich; es hilft mir auch prima bei der Vermittlung von Gegensätzen, und das ist zum Teil ein ganz schöner Spagat.

Ich bin nämlich gleichzeitig der Gott der Kaufleute, Händler und Reisenden wie auch der Gott der Diebe, Wegelagerer und Betrüger. Meine Lieben, ich sage es euch, manchmal merke ich dabei kaum Unterschiede.

Kleiner Scherz am Rande.

Nochmals zur Jobbeschreibung »Götterbote« = Merkur/Hermes. Ich möchte mich hier auf Stichwörter konzentrieren, sie gelten für die Zwillingscharaktere unter den Menschen ebenso wie für mich (»Wie oben, so unten«/»Wie im Himmel, so auf Erden«):

> flexibel, anpassungsfähig, beweglich, geistig aktiv, sprach- und redegewandt, guter Kommunikator in Wort und Schrift, schlagfertig, lebendig, wachsam, geistreich, einfallsreich, unterhaltsam, offen, aufgeschlossen, kontaktfreudig, neugierig, schnelle Auffassungsgabe, locker, leicht, easy, unbekümmert, wertfrei, reiselustig, informiert, freiheitsliebend und gewaltfrei.

Das Schöne ist ja bei meinem Wesen, dass man mir nicht wirklich ernsthaft böse sein kann. – O. k., bevor ich weiter abschweife, komme ich zu meinen Schattenseiten.

Meine Schattenseiten
Wer so vielseitig interessiert ist wie ich, läuft Gefahr, sich zu verzetteln. Weil ich so vieles, so unglaublich vieles interessant und spannend finde, liegt es auf der Hand, dass ich von allem ein wenig, aber nichts richtig weiß. Mein Interesse wie auch mein Wissen bleiben an der Oberfläche und haben kaum Tiefe.

So ist es auch im Umgang mit der Welt. Sich einzulassen auf die Welt, heißt praktische Erfahrungen sammeln, sich vertiefen, sich tief einlassen. Das liegt mir aber gar nicht, da ist zum einen die Gefahr der Bindung und zum anderen der Verlust der »Leichtigkeit des Seins« sehr groß. Das Abgleiten in die irrationale Welt der Gefühle, der Verlust der Kontrolle, das Abdriften in die Niederungen der archaisch-primitiven Seiten des Menschen bis hin zu Verfall und Tod und unkultivierten Vorgängen des Lebens sind mir Fremdwörter.

Hier stoße ich an meine Grenzen, denn meinen Zwillingsbruder kann ich nicht abspalten oder ganz in den Schatten drängen, er ist immer da! Es ist ein lebenslanger Kampf mit der dunklen Seite, mit meiner Schattenseite. Wer kann dies besser ausdrücken als Johann Wolfgang von Goethe im *Faust*:

»Du bist dir nur des einen Triebs bewusst
O lerne nie den andern kennen!
Zwei Seelen wohnen, ach! in meiner Brust,
Die eine will sich von der andern trennen
Die eine hält, in derber Liebeslust,
Sich an die Welt mit klammernden Organen;
Die andre hebt gewaltsam sich vom Dust
Zu den Gefilden hoher Ahnen.«

Das hätte ich auch nicht besser sagen können. Mein nicht bewusst gelebter Zwillingsbruder drückt sich in Blockaden und

Krankheiten aus. Es sind Erkrankungen im Bereich des Austauschs wie Lungenkrankheiten, Asthma, Tbc, Pneumonie, Erkrankungen der Bronchien, Krankheiten im Bereich der Leitungssysteme wie Gefäßverengung, Lymphstaus sowie neurologischen Störungen. Hier sind zu nennen die Nervenausfälle, MS, Lateralsklerose, Neuralgien, Irritationen des Bewegungsapparates (z. B. Gehbehinderungen) und auch der Körperkoordination (wie Spastik), Störungen des Tast- und Gleichgewichtssinns. Im Bereich der Kommunikation finden wir Sprachstörungen wie Lispeln oder Stottern, Erkrankungen von Augen und Ohren, die deren Funktionieren beeinträchtigen.

Noch zu erwähnen sind Erkrankungen der Speiseröhre und Luftröhre sowie Schluckbeschwerden.

Die Analogien auf der Körperebene sind folglich Luftröhre, Bronchien, Lungen, Nervenbahnen, Blutkapillaren, erster Halswirbel (Atlas) und Schlüsselbeine, Ober- und Unterarmknochen, sämtliche Handknochen, die Schulter- und große Brustmuskulatur (Pectoralis major und minor), Ober- und Unterarm- sowie Handmuskulatur.

Die Integration des Schattens – die Heilung
Es ist eigentlich ganz einfach – oder wie man heute sagt: Es ist ganz easy. Nehme ich das Element Luft, so stelle ich fest, dass es alle Lebewesen auf diesem Planeten Erde verbindet. Es ist immer dieselbe Luft, die wir atmen, egal, ob Freund oder Feind. Die Aufgabe des Zwillinge-Geborenen ist es, die ungeheure Vielfalt und Flexibilität positiv und wertneutral zu entwickeln. Dies gelingt ihm durch die Analyse (er verschafft sich einen Überblick), die Synthese (die Verschmelzung der Gegensätze zu etwas Neuem) und letztlich die Vermittlung dieser Synthese (Erkenntnis) an die Außenwelt, an die Umwelt.

Mein Zwillingsbruder liefert wichtige Hinweise meiner

gesamten Merkur-Persönlichkeit, denn es ist das einzige Planetensymbol, das sowohl Geist (= Kreis) als auch Seele (= Halbkreis) und den Körper (= Kreuz, also die Materie) aufweist. Es geht um die Integration und Vermittlung zwischen den Ebenen Körper, Seele und Geist, um das Hereinlassen auch des Irrationalen, des Weiblichen, des Yin-Prinzips, der Hingabe, des Gefühls mit all seinen archaisch-primitiven Ausprägungen.

Schauen wir in die Alchemie, so ist hier die Sublimation des Quecksilbers, also des merkurischen Metalls, eine der wichtigsten Arbeiten. In verständlichen Worten heißt dies für uns: Es ist der Prozess der Veredelung des Denkens (Mercurius sublimatus), das erst dann gelingen kann, wenn wir unseren Schatten kennen, annehmen und transformieren.

Die passende Merkur-Stimmgabel für die Phonophorese schwingt mit 141,27 Hertz, was einem Cis entspricht.[26] Sie fördert u. a. das Sprachzentrum und das kommunikativ-intellektuelle Prinzip.

Geeignete Therapieformen sind die Atemtherapie, bewegungsbezogene Therapien gymnastischer Art, auch Wandern, Neural- und Ozontherapie, als Diät die Bircher-Benner-Ernährungsform. Homöopathische unterstützende Mittel bzw. passende Bachblüten sind die folgenden:

Pflanzlich:	Sanguinaria, Coccolus, Hypericum
Tierisch:	Lac caninum
Mineralisch:	Mercurius, Mercurius-Verbindungen, Osmium
Nosoden:	Toxoplasmose
Bachblüten:	Cerato, Elm, Hornbeam (Scleranthus)

---

26 Vgl. ebenda

So, meine Lieben, es hat mir viel Freude und Spaß gemacht, euch in luftiger Sprache das Wesen des Zwillings näherzubringen. Ich verlasse euch in der Zeit des Pollenfluges, um später in der Zeit der Ernte im Tierkreiszeichen Jungfrau erneut zu euch zu sprechen, dann als Erdzeichen, in dem alles bisher Erlernte verwertet (geerntet) wird und an Substanz gewinnt.

Ich schließe mit meinem Motto, das mir die (Außen-)Welt immer aufs Neue erschließt: »Sesam, öffne dich!«

Es ist nun auch Zeit für die erste Quadrantenpause, Kronos/Saturn achtet darauf, dass wir rechtzeitig weitermachen und nicht chronisch in Zeitverzug kommen. Wir erstellen ein Kurzprotokoll des ersten Quadranten: kurz, bündig und prägnant.

Erste Quadrantenpause
Kurzprotokoll Q1

Der erste Quadrant entspricht dem Körper, der angeborenen Konstitution. Die angeborenen Fähigkeiten und Fertigkeiten, aber auch seine Schattenseiten und Schwächen spiegeln sich hier wider.

Es die Zeit des Frühlings, des ätherischen Lebens und der Wachstumskräfte von Pflanzen und Lebewesen.

Übertragen wir die Abfolge des ersten Quadranten auf die Entwicklung des Menschen, so ergibt sich folgendes Bild:

- Widder: Das soeben »geschlüpfte Baby« folgt vollkommen wertfrei seinem Instinkt und den primären Antrieben.

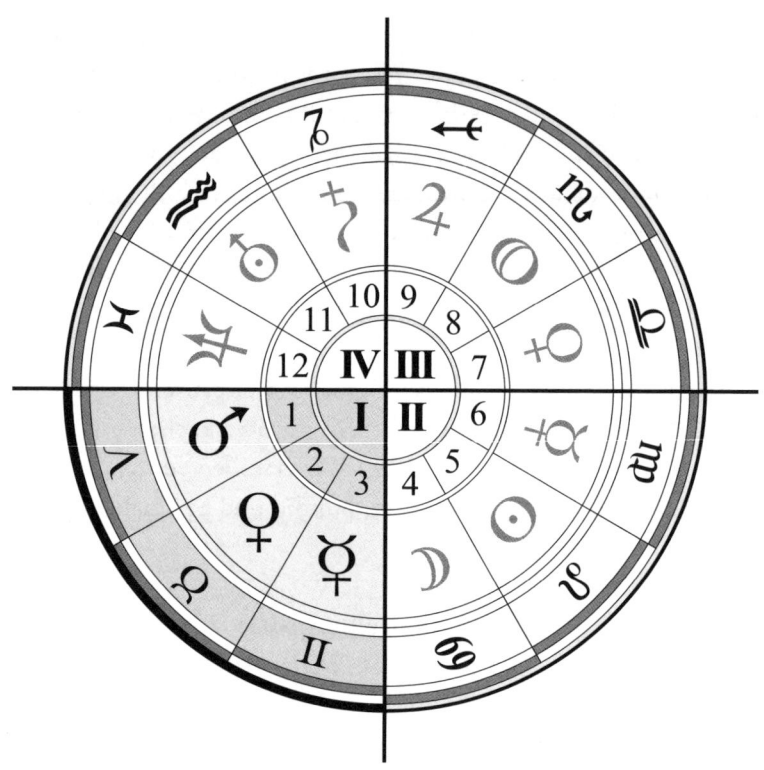

- Stier: Das Kind wird sich seiner physischen Bedürfnisse bewusst und »arbeitet« daran, diese zu befriedigen. Die Körperfunktionen gewinnen an Bedeutung ebenso wie auch die Beschäftigung damit.

- Zwillinge: Die nähere Umwelt wird in den Erlebniskreis mit einbezogen, das Kind ergreift den Raum, indem es krabbelt, läuft und die Gegend erkundet: offen, neugierig und wissensdurstig, kaum emotional.[27]

---

27 Vgl. Brigitte Hamann: *Die zwölf Archetypen,* München 2001

Mond: »Man sieht nur mit dem Herzen gut«
Viertes Sternzeichen Krebs: 22. Juni bis 22. Juli

Meine Lichtseiten
Liebe Freunde aus meiner Urprinzipienfamilie, macht es euch gemütlich, jetzt kommt die Zeit der Gefühle.

Ich bin wie ein Schwamm, der sich mit den Reizen und Eindrücken von außen vollsaugt, um sich zu seelischem Reichtum zu füllen – so, wie sich der Schwamm mit Wasser füllt, mit Wasser, mit meinem Element.

Meine Erkenntnisse entstehen aus Gefühl und Intuition, nicht aus logisch-analytischem und rationalem Denken. Mein Sternzeichen Krebs eröffnet den zweiten Quadranten des Tierkreises, den so genannten seelischen Quadranten, und ist gleichzeitig das erste Wasserzeichen. Es verkörpert das Urwasser, die »Ursuppe« des Lebens, das Seelenelement, Yin, aus dem das Leben entsteht. Männlein und Weiblein, auch die noch so männlichen Yang-Exemplare in unserem Kreis wie z. B. Mars, bestehen zu einem überwiegenden Teil aus Wasser, dem weiblichen Yin-Anteil, genauso wie unser Heimatplanet Erde.

Ich bin das Urweibliche, das aufnehmende und das gebärende Prinzip, mein Zyklus steht in direktem Zusammenhang mit dem Zyklus der Frau und somit der Schwangerschaft. Mir unterstehen alle wässrigen Prozesse in der Natur: die Gezeiten Ebbe und Flut der Meere, die Pflanzensäfte, das Fruchtwasser, um nur einige zu erwähnen.

Ich habe grundsätzlich Einfluss auf Wachstum und Fortpflanzung, ich bin die Urmutter, der Urozean, aus dem sich alles formt und entwickelt und zu dem auch wieder alles zurückkehrt.

Liebe Archetypenfamilie, schaut in die Natur im Sternzeichen Krebs: Die Sonne hat ihren höchsten Stand erreicht, wir haben die längsten Tage und die kürzesten Nächte.

Nach der Sonnenwende beginnt andererseits auch die Verminderung der alles durchflutenden Sonnen- und Lebenskraft. Sie wendet sich in der Folge von »außen« nach »innen«. Wir haben nun die Zeit der entstehenden Frucht, somit der mütterlichen Empfängnis, der Fruchtbarkeit überhaupt. Beim Menschen sorgt dieser Wesenszug für starke »innere« Qualitäten, die Verinnerlichung der Außenwelt, wie ich sie nennen möchte. Es wächst hier eine ganz neue menschliche Qualität heran, die Seelenqualität. Diese Eigenschaften werden manch anderen Urprinzipien (vor allem den aktiven Yang-Prinzipien) bisweilen wie Fremdwörter vorkommen oder wie Nachrichten von einem anderen Planeten. Ich kann das zwar verstehen, aber es macht mich manchmal traurig und treibt mich in den Rückzug. So, wie der Krebs in der Natur seitwärts oder schräg rückwärts läuft, so geht es mir, wenn ich in den Schatten abdrifte.

Was ich letztlich suche, ist seelische Geborgenheit für mein empfindsames, sensibles, weiches Inneres, das ich wie der Krebs nach außen (so gut es geht) schütze: »Harte Schale – weicher Kern«, sagt der Volksmund dazu.

Die Menschen bieten sich manchmal gegenseitig in Bekanntschafts- oder Partnerschaftsanzeigen an und zeigen dabei (das ist menschlich) fast immer ihre positiven Seiten, die Schokoladenseite. Bei mir könnte da stehen:

»Sensible, einfühlsame, anpassungsfähige, gefühlvolle, phantasievolle, romantische, künstlerisch-kreative Sie mit Hang zu Häuslichkeit, zu Heim und Herd (denn: My home is my castle), Familiensinn und kinderlieb, sucht Schutz, Geborgenheit und Sicherheit. Wer kommt in meine Höhle?«

Mein Gefühl sagt mir, dass es gerade das Mondhafte, Weibliche ist, das unserer vom männlichen Gegenpol beherrschten Zeit so mangelt. Wir laufen Gefahr, dass wir uns vom Wesen des Urprinzips »Mond« zu weit entfernen und sogar die Polaritäten vertauschen. Wir sagen »*der* Mond« für das Weibliche und »*die* Sonne« für das Männliche, wir sprechen vom »Mann im Mond«.

Wir haben den Montag (»Mond-Tag«) zum unattraktivsten Tag der Woche gemacht, an dem für viele »das Elend der Arbeitswoche« aufs entsetzlich Neue beginnt. Die meisten Herzinfarkte fallen übrigens auf diesen Montagmorgen – wie traurig für mich als sensiblen Mond.

Nun, es ist, wie es ist; ich will dies auch vollkommen wertfrei darstellen, was mir als gefühlvollem Urprinzip sehr schwerfällt.

Zum tieferen Verständnis möchte ich erwähnen, dass der »sonnenklare« Verstand den Urinstinkt der naturbeobachtenden und naturverbundenen Vorfahren nach und nach verdrängt und ersetzt hat. Eine Vielzahl an Mondgöttinnen (u. a. Demeter, Selene, Artemis, Kore, Hekate) spricht Bände darüber, erst mit der Machtübernahme der Sonnengötter drängte sich das Yang-Prinzip der Macher nach vorn und ersetzte Instinkt und Gefühl durch Verstand und Macht.

Ich möchte hier nicht verheimlichen, dass »steter Tropfen den Stein höhlt«, wie man weiß. Das Wasser ist zwar weich und formlos und passt sich auch jedem Gefäß artig an, in das man es gießt. Wir alle wissen aber, dass es eine unwahrscheinlich beharrliche Kraft besitzt. Zeit spielt keine Rolle, das Wasser bahnt sich seinen Weg durch geduldiges Anpassen (oder Verändern) einer vorgegebenen Form, z. B. bei einem Flussbett.

Letztendlich ist Wasser auf Dauer das mächtigste aller Elemente, eine der großen Katastrophen der Erde war die Sintflut, in neuerer Zeit der Tsunami in Südasien im Dezember 2004.

Wasser kann auf einen Schlag Feuer zum Erlöschen bringen. Wasser verbindet die Menschen immer mit ihrer Gefühlswelt. Eine Flutkatastrophe bringt die Menschen über das Leid (Tränen = Wasser) in die Solidarität und macht die Verbundenheit der Seelen deutlich. Auch ein anderes jüngeres Beispiel – das »Jahrhunderthochwasser« im August 2002 – zeigte, dass Menschen aus Ost und West sich in der Folge schluchzend und helfend in den Armen lagen und ein Zusammengehörigkeitsgefühl (neu) empfanden, das die männliche Yang-Politik in vielen Jahren zuvor nicht erzielen konnte, im Gegenteil.

Meine Lieben, dieser kleine Exkurs führt mich auf direktem Weg zu meinen Schattenseiten.

Meine Schattenseiten
Meine enorme Verletzlichkeit und meine Tendenz zu Inaktivität (passives, weibliches Sternzeichen) sorgen in der unerlösten Form meines Wesens dafür, dass ich mich weigere, ins Leben hinauszugehen und Verantwortung für die eigenen Handlungen zu übernehmen. Ich ziehe mich lieber schmollend, grübelnd, unzufrieden und vom Leben enttäuscht in meine Krebshöhle zurück. Die Welt versteht mich nicht, alle sind böse, nur ich bin gut. Ich bin das Opfer, alle anderen die Täter, deshalb mache ich »denen da draußen« emotionalen Druck.

Wenn ich in meiner Partnerschaftsanzeige ehrlich wäre, müsste ich (im Kleingedruckten) bei meinen Schattenseiten eigentlich auch Folgendes aufführen:

»Passiv, launisch, Sonderling, unbeständig, missmutig, schmollend, nachtragend, unrealistisch, unberechenbar, kindisch, überempfindlich, unselbständig, unerwachsen, schrullig, zurückgezogen, träge, chaotisch, zwei Schritte vor und einen zurück.«

Meine Lieben, wir dürften gespannt sein, wer sich auf eine solche Anzeige meldet. Auf jeden Fall ist sie ehrlich und zeigt den ganzen Krebs-Menschen in seiner Polarität, in der erlösten wie in der unerlösten Form, in seiner Licht-(Schokoladen-) und in seiner Schattenseite.

Eine lebenslange Aufgabe, die häufig in den Schatten abrutscht, ist die Beziehung zu meiner Mutter. Die Trennung vom Mutterschoß, von der warmen, weichen Höhle, die Leben spendet, ohne etwas dafür zu verlangen, das ist so schwer, ich kann schwer loslassen. Im Grunde gilt mein lebenslanges Streben der Suche nach der »verlängerten Gebärmutter«.

Ich habe Schwierigkeiten, meine Wut und meinen Ärger rauszulassen, und schlucke manchmal mehr, als mir gut tut. So erklären sich auch die Erkrankungen des Magens (Aufstoßen und Sodbrennen) sowie Verdauungsstörungen.

Zu meiner Schattenmanifestation in Form von Blockaden und Krankheiten gehören Erkrankungen der weiblichen Brust (Mastitis), Gebärmutter (Uterusvorfall) und Eierstöcke (Eierstockentzündungen), Irritationen der Schleimhäute, Störungen im Wasser- und Elektrolythaushalt (Ödeme, Durchfälle), Störungen der Absorption (chronisches Erbrechen, Pylorusstenose [das ist die Einengung des Magenausgangs]), krankhafte Veränderungen der Lymphe und der Lymphknoten (z.B. Verkalkung).

Die Analogien im Körper lauten beim Krebs-Mond-Prinzip: Magen, Brustdrüse, Schleimhaut, Eierstöcke, Gebärmutter, Hoden, Gehirn, untere Lungenabschnitte, Brustbein und Schwertfortsatz, fünfte bis neunte Rippe, Zwerchfell und Brustmuskulatur, Zwischenrippenmuskeln, Verdauungsapparat (Fähigkeit, Energie in Form von z.B. Nahrung aufzunehmen).

Die Integration des Schattens – die Heilung
Meine liebe Archetypenfamilie, wie können wir den Krebs-

Geborenen helfen, in ihre Mitte zu kommen (raus aus der Höhle), das Leben in Fluss zu bringen oder zu halten?
Nun, ein Zugang ist die Überprüfung der Mutterbeziehung. Diese ist immer stark, im positiven wie auch im negativen Sinn. Das Pendel schlägt aus von fast symbiotischer Abhängigkeit bis hin zu vollkommener Ablehnung, beides sind zwei Seiten derselben Medaille.
Helfen wird hier die Bewusstwerdung, dass es nicht so sehr um die persönliche, leibliche Mutter geht, sondern um die Verwirklichung »mütterlicher Werte« an sich in verschiedenen Lebensbereichen.

Im Bereich der heilsamen Unterstützung, neue Vitalität durch Planetenklänge zu erhalten, bieten sich mehrere Mond-Stimmgabeln an (es gibt deren sieben, die wir im praktischen Teil beschreiben).

Als Therapieformen helfen: ernährungsbezogene Therapien (Magen-Schonkost, Mayr-Kur), Hydrotherapieformen wie Wickel, Güsse, Bäder, Massagen, vor allem Lymphdränage, Psychotherapieformen, insbesondere gelenkter Tagtraum, katathymes Bildererleben, Individualtherapien.
Bei den homöopathischen Mitteln und Bachblüten haben sich die folgenden bewährt:

Pflanzlich:	Secale cornutum, Luffa operculata, Pulsatilla
Tierisch:	Lac caninum
Mineralisch:	Calcium carbonicum, Argentum metallicum, Argentum nitricum, Silicea, Palladium
Nosoden:	Bacillinum, Appendicitis, Mastitis, Lac caninum

Bachblüten:	Clematis, Mimulus, Star of Bethlehem (Honeysuckle)

Mir wird oft nachgesagt, ich sei »launisch«. Nun, ich möchte euch sagen, das kommt mir fast wie ein Kompliment vor; denn der Begriff geht zurück auf das lateinische Wort *luna* (= »Mond«). Und siehe da: Bei den männlichen Römern ist der Mond noch weiblich. Aber es geht hier nicht um Spitzfindigkeiten oder gekränkte Eitelkeit. Es geht um das große Ganze, um Licht und Schatten, um Yin und Yang und um die Bewusstwerdung von beiden Anteilen. Ich bin das widerspiegelnde Urprinzip, das das Licht der Sonne reflektiert. Ich bringe die Potenz des Sonnenprinzips in die Erscheinungswelt, spiegle sie wider. Wir sind wie zwei Seiten derselben Medaille; und die andere Seite, die Sonne, wird als Nächstes zu euch sprechen.

Tragt immer mein Motto im Herzen, das Johann Wolfgang von Goethe so trefflich formulierte: »Wenn ihr's nicht fühlt, ihr werdet's nicht erjagen.«

Sonne: »Applaus für den König (der Tiere)«
Fünftes Sternzeichen Löwe: 23. Juli bis 23. August

Meine Lichtseiten
Danke für den königlichen Empfang, ich genieße es, im Mittelpunkt zu stehen. Macht euch bereit, richtet alle Augen auf mich, jetzt spricht euer Leben spendendes Urprinzip. Ohne mich ist kein Leben möglich! Ehre, wem Ehre gebührt!

Ich verkörpere Vollkommenheit, soweit Vollkommenheit überhaupt verkörpert werden kann. Mir entspricht das weiße

Licht, das von der Sonne auf die Erde scheint – eigentlich farblos, aber doch birgt es alle Farben in sich.

Wie das Herz des Menschen bin ich das Herz des Universums, das Leben spendet und es ermöglicht. Ich stelle das Zentrum in allen Bereichen dar, wie das astrologische Zeichen, die Sonne, richtig zeigt.

Auf der kleinsten Ebene des Atoms bin ich der Atomkern, um den die Elektronen schwingen, in der Zelle bin ich der Zellkern, um den das Leben kreist, im Menschen ist es das Herz, das energetische Zentrum, in der Gesellschaft ist es die Führungspersönlichkeit, um welche die Untergebenen kreisen, am Himmel die Sonne, um die ihr alle, meine Planetenfreunde, kreist, im Mandala ist die Mitte der ruhende Punkt, von dem alles ausgeht und in den alles zurückkehrt.

Ich bin voller Ehrgeiz, optimistisch und vital, voll überschäumender Lebenskraft, Lebensmut und Zuversicht.

Die Früchte entfalten sich unter meiner Herrschaft zu ihrer vollen Reife. Die Natur, die im ersten Feuerzeichen Widder im Frühling aufgeplatzt ist, bringt im zweiten Feuerzeichen Löwe (fünftes Sternzeichen, aktiv, fix) die individuellen Anlagen zur Geltung, ans Tageslicht sozusagen.

Ich bin die schöpferische Urkraft im Hochsommer der Natur, in welcher der Mensch in den Zenit seiner individuellen Persönlichkeit hineinwächst und laut in die Welt hinausruft: »Ich bin ich!« Ich bin ein Einzelkämpfer, Gruppen ertrage ich nur, wenn alle auf mein Kommando hören.

In meiner Urkraft bin ich weder gut noch böse, eigentlich wertungsfrei – und dennoch unersetzlich. Meine Sonnenstrahlen erreichen den Guten wie den Bösen, den König und den Bettler, den Mörder und den Heiligen; und allen spende ich Licht zum Leben.

Bei den alten Griechen bin ich Helios, das Kind der Titanen

Theia und Hyperion, von dem weder Vorlieben noch Laster bekannt sind, wertfrei wie die Sonne.

Ich bin der Allsichtige, mir bleibt nichts verborgen, obwohl ich mich nicht »um jeden Mist selbst kümmere«, sondern delegiere. Ich kenne den richtigen Weg durch die Mitte, ich schaue von der höchsten Position auf die Erde herab.

Ich lebe in jedem Augenblick, aus meinen Strahlen erwächst die Lebenskraft – ohne Vergangenheit und Zukunft. In meinem strahlenden Wesen zeigt sich wertfreie Großzügigkeit, Eigenverantwortung und auch Individualität.

Schauen wir auf die Herrschaft vom Mond im Tierkreiszeichen Krebs, so werden dort die empfänglichen, fruchtbaren Urböden geschaffen. »Danke für die Vorarbeit, Luna!« Jetzt ist die Zeit reif, dass der Mensch vom Unterbewusstsein zum Bewusstsein heranwächst und sich in den Mittelpunkt des Geschehens rückt, und zwar willensstark, überzeugend und leidenschaftlich aktiv. Und immer schön dran denken: »Ich bin ich!« Ich bin die Tagseite des Lebens, ich bin Yang, ich bin aktiv, ich bin der ergänzende Pol zum Urprinzip Mond.

Doch wie es so schön heißt: »Wo viel Licht ist, ist auch viel Schatten...«

Meine Schattenseiten

Manchmal kann es vorkommen, dass andere Menschen dem Löwe-Charakter tatsächlich nicht das angeborene Recht einräumen, im Mittelpunkt zu stehen, und ihm die Anerkennung verweigern, die mir im Tierreich gewiss ist: Dort ist der Löwe der König.

Manche werfen mir auch so komische Sprüche wie »Mehr Schein als Sein« und »Anspruch und Wirklichkeit« an den Kopf. Sie sagen, ich solle meinen Erfahrungsweg erst mal selbst beschreiten und nicht der Welt ständig und unaufhörlich penetrant den Eindruck vermitteln, ich sei schon kraft meiner Geburt am Ziel der Reise angekommen, bevor ich sie überhaupt angetreten habe.

Diese Kritiker in der Außenwelt wollen mir »helfen«, meinen Schatten zu sehen, um mich daran zu hindern, über das Ziel hinauszuschießen. Im Schatten des Lichts verbirgt sich der Selbstzweifel in mir, eine tiefe Unsicherheit, ein zum Teil krankhaftes Festhalten am Ego, (maßlose) Selbstüberschätzung, die Inflation des Egos, die Vater- und Chefproblematik. Mein Narzissmus und der Drang, im Mittelpunkt zu stehen, können für die Familie oder das Unternehmen, in dem ich der Chef im Ring bin, zur Hölle auf Erden werden: Dann zeige ich mich maßlos in meiner Herrschsucht über meine »Lakaien« und Untergebenen.

So viel Druck erzeugt auf der körperlichen Seite Gegendruck in mir, und dieser kann zu Herz- und Kreislauferkrankungen (Herzinfarkt, Hochdruck), generell allen Erkrankungen des Herzens (auch emotional), Depressionen bis hin zu Identitätsverlusten und Selbstaufgabe führen. Weitere Symptome sind eine Schwächung der Vitalität bis hin zu Ohnmachten, Wirbelsäulen- und Rückenmarkserkrankungen, Blindheit, Libido- oder Schweißdrüsenstörungen.

Die betroffenen Analogien im Körper des Löwe-Charakters sind Herz, Augen, fünfter bis neunter Brustwirbel, Herz- und die lange Rückenmuskulatur.

Die Integration des Schattens – die Heilung
Das Löwe-Prinzip verlangt nach der Persönlichkeitsentwicklung, aber nicht nur kraft Geburt (Grundgefühl: »Wenn Gott mich anders gewollt hätte, hätte er mich anders gemacht!«), nicht nur kraft der Autorität, die auf Pomp und großer Geste beruht und die Außenwelt beeindrucken soll. Auch der

»König« muss einen Weg durch die Lebensschule antreten, inklusive Demütigung und Bezähmung des eigenen Stolzes, um Bescheidenheit und Demut zu lernen.

Es gab Zeiten auf diesem Planeten, als der König »der erste Diener seines Staates« genannt wurde: Ich erinnere mich noch daran, dass der König erst dann etwas zu essen bekam, wenn sein ihm anvertrautes Volk satt war.

War es beim Mond die Mutterproblematik, so ist's bei mir der Vater. Die Auseinandersetzung und Aussöhnung mit dem väterlichen Prinzip hilft, aus dem unerlösten Familiendiktator (nach dem Motto »Solange du die Füße unter meinen Tisch streckst, wird das gemacht, was ich sage!«) den gütigen, verzeihenden Vater zu machen.

Am Ende des Weges ist der »Löwe« eine Persönlichkeit, die nicht jedem, den es interessiert oder auch nicht interessiert, auf die Nase bindet, dass er hier das Sagen hat, dass er der Chef ist etc. Er ist dann eine Persönlichkeit, die aus sich heraus strahlt (wie die Sonne) und jenseits des gesprochenen Wortes den Mitmenschen das Gefühl vermittelt: »Wow, der ist aber etwas Besonderes!« Oder: »Der hat aber eine tolle Ausstrahlung!«

Dann ist dieser Zustand erreicht, den ein indisches Sprichwort so schön beschreibt: »Das Lächeln, das du aussendest, kehrt zu dir zurück!«

Auf dem Weg des Löwen, bei dem er seine Blockaden reduziert, hilft als Stimmgabel u. a. der Sonnenton mit 126,22 Hertz, welcher dem Ton H entspricht.[28]

Als Heilmethoden bieten sich alle energiebezogenen Therapien an: die Akupressur, Shiatsu, Massage, Licht- und Bestrahlungstherapien, spezielle Sonnenbäder, Farbtherapie (der Löwe zieht

---

28 Vgl. Cousto, a. a. O.

natürliches Licht dem künstlichen vor), Gestalttherapie. Ich bin eher diätfeindlich, gemäß dem Motto: »Ich lebe, wie es mir gefällt.« Wenn es denn sein muss, passt mir am besten die »Managerdiät« (Steak und Salat).

Bei den homöopathischen Mitteln und den Bachblüten helfen vor allem die folgenden:

Pflanzlich:	Chamomilla, Spigelia, Veratrum
Tierisch:	Naja tripudians
Mineralisch:	Aurum
Nosoden:	Streptococcus, Haemolyticus
Bachblüten:	Vine, Olive (Water Violet)

Ich möchte mich in meiner gütigen und erlösten Form bei euch verabschieden, und zwar mit einem Zitat von Konfuzius: »Wohin du auch gehst, geh mit deinem ganzen Herzen.«

Merkur/Hermes:
»Vorsicht ist die Mutter der Porzellankiste«
Sechstes Sternzeichen Jungfrau: 24. August bis 22. September

Meine Lichtseiten
Hier steht er nun, euer Sicherheitsexperte, der Profi für Versicherungen und Vorausplanungen, der Fachmann für die Absicherung der Zukunft, und das schon in der Gegenwart!

Ich spreche jetzt nicht mehr als der luftig-leichte Merkur der »Zwillinge« zu euch, sondern als Merkur der Erde (Element Erde, Yin, veränderlich), der für die ökonomisch-nützliche und praktisch denkende Seite meines Symbols steht.

Macht euch noch mal ein Bild vom ersten Halbbogen des Tierkreises, der mit meinem Sternzeichen Jungfrau ausläuft: der aufbrechende Samen im Widder, die Blüte im Stier, das Mit-der-Umwelt-in-Verbindung-Treten der Zwillinge, die Empfängnis im Krebs, das Reifen der Frucht im Löwen. Und, jawohl, jetzt ist die Zeit der Ernte, der Sommer neigt sich dem Ende zu, die Erde opfert die Früchte, die sie hervorgebracht hat.

Die Zeit ist gekommen, die Individualität meines Freundes »Löwe« nutzbar zu machen, für meine Bedürfnisse zu analysieren, in die Bestandteile aufzuspalten und zu verwerten.

Für die Natur und den Menschen bin ich ein Segen, weil ich mit meinem reflektierten Verstehen der überschwänglichen Lebenskraft des Löwen und der Urkraft seiner Lende rechtzeitig Einhalt gebiete, bevor er sie gegen sich selbst richtet, wie die Sonne, die alles verbrennt, bevor »das Heu« eingefahren ist.

Die Menschen feiern und lobpreisen die Ernte mit dem uralten Erntedankfest am Ende der Zeit meines Tierkreiszeichens, das Land muss ruhen, um von Neuem wieder aufnahmebereit zu sein. Die Ernte selbst wird begutachtet und »verwertet«: die Aufspaltung bis ins kleinste Detail, bis hin zu den Atomen. Schon deshalb repräsentiert die Jungfrau die stoffliche Natur als die fruchtbare Mutter, sie ist das »Kennzeichen« der Materie. Bei den Griechen bin ich Demeter mit der Ähre als Symbol, Ceres bei den Römern. In Ägypten bin ich Isis mit dem pflanzengrünen Schleier und Maria, die Braut des Himmels und die Vermittlerin.

So, wie die Ernte für die Gemeinschaft eingefahren wird, für ein Kollektiv von Menschen, die nach einer Ordnung zusammenleben, so geht es im sechsten Abschnitt (sechsten Haus) langsam, aber sicher vom Ich zum Du, vom reinen Ausleben der Egostruktur, die meinen Kollegen Widder und Löwe so unendlich viel Freude bereitet, dass sie ihr ganzes Leben darum ringen; es geht nun um die Grenzen der Entfaltung im Zusammenleben mit anderen.

Die Erde entwickelt sich vom »Land der unbegrenzten Möglichkeiten« zu einem Ort der Beschränkungen, der vom Einzelnen Konzessionen verlangt, eine Umorientierung des so genannten persönlichen freien Willens.

Wie kann das funktionieren? Wie kann ich meine persönlichen Grenzen definieren? Wie lasse ich mir meinen Freiraum in der Begrenzung durch das Du?

Nun, wenn alle auf einmal König sein und regieren wollten, dann wäre noch mehr Anarchie und Chaos auf der Welt.

Mein Job ist es, herauszufinden, wo ich hingehöre, es geht um Einordnungsprozesse in die Gesellschaft, um die Gratwanderung zwischen größtmöglicher Selbstentfaltung und Anpassung an unausweichliche Gegebenheiten der Außenwelt. Genau das ist es, was mein sinnvolles Leben ausmacht: beobachten, analysieren, verbessern, ordnen. Das Resultat ist im Idealfall ein reibungsloser Arbeitsprozess, in dem die Jungfrau im sozialen Umfeld dort anlangt, wo sie optimalerweise hingehört.

Das klingt im ersten Moment nicht so prickelnd wie die euphorischen Worte einiger meiner Vorredner, aber auch nur im ersten Moment! Ich bin zwar ein passives weibliches Yin-Zeichen, ich bin ein hierarchisches Zeichen, das nicht herrschen will, aber auch nicht beherrscht werden will. Entscheidend für mein Seelenheil ist ein gesunder Austausch von Geben und Nehmen, es ist die Wechselwirkung.

In der Weiterentwicklung des passiven Mond-Prinzips, das alle Eindrücke hauptsächlich verinnerlicht, ohne zu handeln, trete ich in aktive Beziehung zu meiner Umwelt. Ich trete ein in die sichtbare Handlung. Die praktische Seite des Lebens hat nichts Fremdes oder Erschreckendes für mich. Wenn ich in meinem »Element« bin, arbeite ich mit der höchsten Effizienz.

Ich symbolisiere den psychologischen Wendepunkt im Tierkreiszeichen. Meine Kollegin Venus, die im Anschluss ebenfalls wie ich ihren zweiten Auftritt in diesem Kreis hat, wendet sich als Waage dann endgültig dem Du, dem Mitmenschen, zu. Mir geht es hauptsächlich um die Frage »Was bin ich, was bin ich nicht?«, und das ein Leben lang.

In dieser Aufgabe kann ich wunderbare Beiträge für das Kollektiv leisten, als Pädagoge, Dozent, Naturwissenschaftler, Mediziner, Krankenschwester oder auch Kindergärtnerin, um nur einige wenige zu nennen. Meine Fähigkeit, Hierarchie anzuerkennen und das Bestmögliche im Geben und Nehmen herauszufiltern, hilft mir selbst wie auch der Gemeinschaft.

Mit Stolz stelle ich in dieser Runde fest, dass am Ende des ersten großen Entwicklungszyklus (erste Hälfte des Tierkreises) ein Erdzeichen steht. Das ist auch richtig und gut so und befriedigt meinen vorhandenen Ehrgeiz; denn das bisher Erlernte wird verwertet und gewinnt an Substanz.

Der erlöste Jungfrau-Charakter zeichnet sich aus durch Respekt und Ehrfurcht vor den Menschen und gewinnt dadurch die Chance zur Erkenntnis, dass die Göttlichkeit erst gewonnen werden kann, wenn die eigene Seele überwunden wird. Bis dahin ist es ein weiter, zum Teil steiniger Weg, der tief in meine Schattenseiten hineinführt.

Meine Schattenseiten
Manchmal wird das Analysieren und Diagnostizieren zu einer richtigen Manie. Es steckt der Zwang dahinter, nie die Übersicht zu verlieren, der Wunsch nach Ordnung, der in Pedanterie eskalieren kann.

Mein gnadenloser Putzfimmel hat schon ganze Hundertschaften von wehrlosen Ehemännern aus dem Haus gejagt; meine viel zitierte Ordnungsliebe macht die Welt für mich scheinbar zu einem überschaubaren und geordneten Platz zum Leben. Symbolisch möchte ich damit das Risiko ausräumen, dass Chaos und Auflösung in mein Dasein einbrechen.

Oder ich versuche, über die Außenwelt meine Innenwelt zu ordnen. Das ist ein ebenso aussichtsloser Kampf wie Don Quijotes Anrennen gegen die Windmühlenflügel – es nutzt absolut nichts.

Das hat viel mit meinen Ängsten zu tun, die zum Teil irrational sind und nicht direkt kausal einen Spiegel der Außenwelt darstellen. Es ist urplötzlich ein Gefühl, dass der feste Boden unter den Füßen einer wandernden Sanddüne gleicht, mit einem Mal erscheint nichts mehr im Leben festgefügt und sicher. Ich habe manchmal Angst vor der Zukunft, Angst davor, dass mir alles scheinbar Sichere und Festgefügte wie Sand durch die Finger gleitet. Versicherungsvertreter finden in mir ein wehrloses Opfer, weil ich mich gegen alle Eventualitäten bis an die Zähne und über beide Ohren wappnen möchte, am liebsten gegen das Leben selbst.

So viel Schatten muss natürlich in die Blockade und die Erkrankung absinken. Bei mir sind das verständlicherweise Störungen der Absorption und Assimilation, Erkrankungen der Verdauungsorgane (Durchfall, Colitis), Bauchfellentzündungen, Pankreatitis (Bauchspeicheldrüsenentzündung), Störungen in der Körperentgiftung, Enzymdefekte mit den damit verbundenen Verdauungsstörungen, Wetterfühligkeit oder Erkrankungen durch Umstellung des Schlaf-Wach-Rhythmus durch die damit verbundene mangelnde Adaptionsfähigkeit des Körpers.

Die betreffenden und betroffenen Körperanalogien sind: Dünndarm, Zwerchfell, Bauchspeicheldrüse (exkretorischer Anteil), Dick- bis Mastdarm, die kurzen Rippen, die Bauchmuskulatur, die Ausscheidungsfunktionen von Urin und Kot sowie die Geschlechtsfunktionen und der Stoffwechsel.

Die Integration des Schattens – die Heilung
In meiner erlösten Jungfrau-Persönlichkeit spiele ich auf der Lebensbühne keine »Rolle«, sondern habe mich »geerdet« in dem Entwicklungsweg zwischen äußerer Anpassung und innerer Selbstentfaltung. Ich habe »mich« gefunden, bin ein unentbehrlicher Helfer im sozialen Netz, ich habe die unübertroffene Fähigkeit, zum richtigen Zeitpunkt am richtigen Platz zu sein. Ich spüre intuitiv, welche Hilfe oder Dienstleistung wann gebraucht wird, und bin ein umsorgender Weggefährte meines Umfelds für reibungslose Arbeitsprozesse, stille Hilfsdienste oder rechtzeitiger Mahner wegen Risiken und Gefahren.

Als Stimmgabel eignet sich u. a. die Merkur-Gabel mit 141,27 Hertz, die in Ton Cis schwingt. Sie fördert mein kommunikativ-intellektuelles Prinzip.[29]

Wegbegleiter in Therapieform sind eine Ernährungsumstellung (Schonkost, kalorienbewusste Schlankheitsdiät, Hay'sche Trennkost) oder Diätformen wie Bircher-Benner, Rohkost, die Symbioselenkung (Darmsanierung), Homöopathie oder Gartenarbeit. Bei den homöopathischen Mitteln sowie den Bachblüten helfen vor allem die folgenden:

Pflanzlich:	Coffea, Nux vomica, Nux moschata
Tierisch:	Formica rufa
Mineralisch:	Natrium muriaticum, Natrium carbonicum, Natrium phosphoricum
Nosoden:	Bacterium coli, Appendicitis, Diverticulose
Bachblüten:	Crab Apple, White Chestnut, Gorse, Gentium

---

29 Vgl. ebenda

Bevor ich den ersten Halbkreis des Tierkreises abschließe und meinen Jungfrau-Hut absetze, möchte ich euch noch auf die zweite Quadrantenpause hinweisen, die im Anschluss stattfindet. Nach der Pause wird Venus zum zweiten Mal zu uns sprechen, diesmal als Herrscherin des Tierkreiszeichens Waage.

Johann Wolfgang von Goethe selbst ist ein Prachtexemplar des Sternzeichens Jungfrau. Sein Motto »Ordnung lehrt euch Zeit gewinnen« könnte ein Hinweis darauf sein, dass ein geordnetes Leben Zeit lässt für die wirklich wichtigen Dinge.

Zweite Quadrantenpause
(Kurzprotokoll Q2)

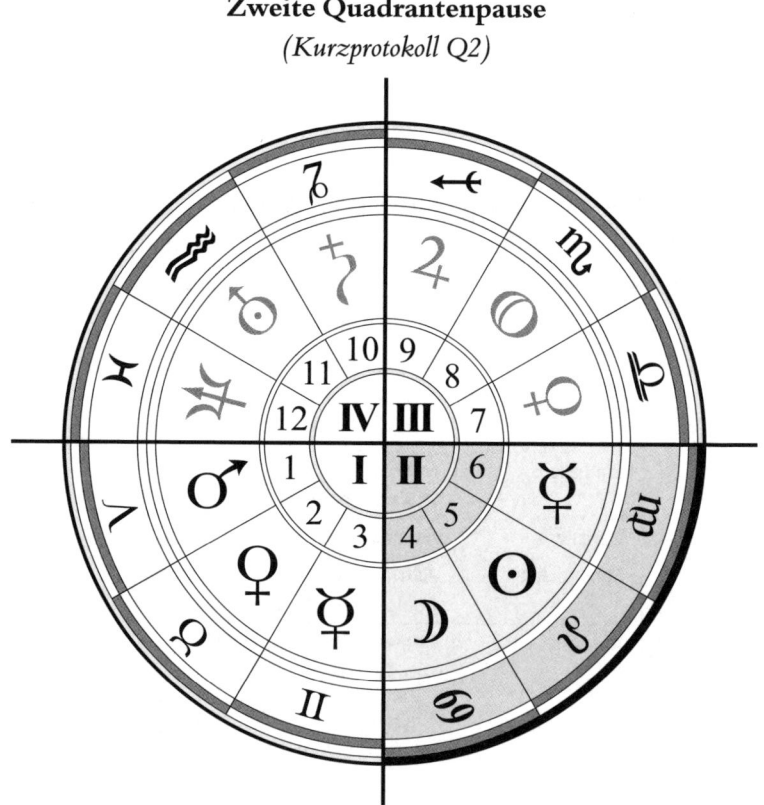

Der zweite Quadrant repräsentiert unsere Seele, unseren seelisch-emotionalen Anteil, unsere Lebenskraft und unser Handeln.

Es ist der Sommer, die Jahreszeit des Animalischen; das Tierische ernährt sich von anderem Leben, um sich selbst zu erhalten. Es die Zeit des physischen Lebens und des geistigen Todes.

Die Luft und die Wärme bzw. Hitze werden zum Teil schwer und drückend, denkt man an die Gewitterschwüle, stechende Insekten, berauschende Blüten.

Mensch und Tier ergeben sich dem Triebleben, die Natur läuft auf ihren Zenit zu, der Höhepunkt ist erreicht. Die Natur beginnt in Form von Ausbleichung und Austrocknung mit dem Sterbeprozess, der sich im dritten und vierten Quadranten fortsetzt.

Venus/Aphrodite:
»Es ist nicht gut, dass der Mensch allein ist«
Siebtes Sternzeichen Waage: 23. September bis 23. Oktober

Meine Lichtseiten
Ich habe eine tiefe Sehnsucht nach einer Welt, in der das Zweckmäßige und Nützliche ersetzt wird durch Schönheit, durch das Künstlerisch-Ästhetische und die Harmonie im »Du«, in der Gelassenheit und Ausgeglichenheit herrschen. Ihr seht jetzt die himmlische Venus des Luftzeichens, die Herrscherin der idealen, geistigen Liebe und der schönen Künste.

Unter meiner Herrschaft beginnt die zweite Hälfte des Tierkreises und des Sonnenjahres.

In der Natur finden wir die herbstliche Tagundnachtgleiche, den harmonischen Ausgleich zwischen Sommerhitze und Winterkälte. In mir vereinigen sich zwei Pole, in der »Waage« entsteht ein Gleichgewicht der Einheit in der Zweiheit.

Seht mich an, ein Abbild der Ästhetik steht vor euch, auch Unerfreuliches kann ich hübsch verpackt an den »Mann« bringen. Ich bin die Diplomatie und Taktik, gleichzeitig die Eleganz und Schönheit in einer Person, aus mir spricht die Kultiviertheit.

Ich bin die erste Repräsentantin des dritten, des so genannten geistigen Quadranten, meine Wirksamkeit entfalte ich überwiegend im geistigen und nicht so sehr im körperlich-sinnlichen Bereich wie als Stier-Venus.

Als Luftzeichen (kardinal, aktiv, Yang) unterstehe ich der Welt der Ideen und habe mehr mit dem Kopf und dem Intellekt zu tun als mit Gefühlen.

Ich reagiere in meiner Suche nach dem Du, nach dem Partner, überwiegend auf Menschen, die in mir bereits an Bildern, Vorstellungen oder Ideen enthalten sind, bewusst oder unbewusst, also auf der mentalen oder geistigen Ebene.

In meinem Abwägen versuche ich, »gerecht« zu sein; einen Ausgleich der beiden Waagschalen strebe ich an, deshalb ist die Waage auch das Symbol der Justitia, der Gerechtigkeit.

Ich bin die Vermittlerin, die Toleranz, die die beiden Parteien verstehen kann, die den Ausgleich der Gegensätze sucht, auf der Suche nach Gerechtigkeit und Ethik. Auf meiner gegenüberliegenden Seite im Tierkreis befindet sich der Widder, also Mars. Wie ihr wisst, verbindet uns das eine oder andere Techtelmechtel, aber in diesem Falle auch die Tagundnachtgleiche, beim Widder im Frühling, jetzt bei der Waage im Herbst.

Während im Frühling aus diesem Gleichgewicht etwas »Neues« entsteht, geht die Natur im Herbst von dem Übergang zum eigentlichen Absterben noch einmal in die Warteschleife, in die Kontemplation und das Abwägen dessen, was bisher war. Es ist ein letztes Aufblühen, die Menschen nennen die Zeit den »goldenen Oktober« – mit vollen, goldenen und satten Farben.

Es ist die Zeit, in der sich die Seele neu orientiert. Sie sucht das Gleichgewicht der Waage zwischen Vernunft auf der einen und Gefühl auf der anderen Seite. Beide brauchen einander. Vernunft ohne Gefühl ist unfruchtbar und herzlos, das Gefühl ohne korrigierenden Verstand lediglich sentimental, und es verursacht Chaos. Beide sind ohne ihren Gegenpol unvollständig, die Waagschale verliert sanft die Mitte und kommt aus dem Gleichgewicht zwischen Erkenntnis und Handlung.

Ich setze den impulsiven, ungestümen und eher unreflektierten Ausbrüchen meines Achsenzeichens Widder (das Ego/das Ich) das »Du« entgegen in der Fähigkeit, distanziert und unparteiisch Gegensätze zu vereinen und Gegenpole zu integrieren. Es geht um das (ge)rechte Verhältnis zueinander, ich strebe die genussvolle und ästhetische Betrachtungsweise an, wie es der »goldene Schnitt« in der Kunst vortrefflich zeigt: Alle Dinge besitzen ein bestimmtes und ausgewogenes Verhältnis zueinander.

Ich flirte gern, bin luftig-leicht, forsch und kokett und habe Verlangen nach Zuneigung, die ich mir raffiniert ergattere. Wie die Sonne liebe ich den Beifall und bin auf der Suche nach Vollkommenheit und Ausdruck nach der harmonischen Ganzheit in der Liebe. Ehrlich gesagt, habe ich schon manchem Mann den Kopf verdreht, sodass er den klaren Blick nach vorn verloren hat; und nicht jeder bekam dabei das zurück, was er sich erwartet hatte. Aber so ist das eben mit falschen Ideen und Vorstellungen, auf die Täuschung folgt die Enttäuschung.

Meine Schattenseiten
Ich bin das einzige Sternzeichen, welches nicht in seiner Symbolik durch ein lebendiges Wesen dargestellt wird. Die Waage

an sich ist ein toter mechanischer Gegenstand, welcher erst dadurch in Bewegung gesetzt wird, dass von der Außenwelt »etwas« in die Waagschale(n) hineingelegt wird. Diese Tatsache macht mich auch davon abhängig, ob ich mich in Harmonie oder Disharmonie befinde.

Weil jede Disharmonie mir Leid verursacht, versuche ich, zum Teil krankhaft, zwischen beiden Polen abzuwägen, wohl wissend, dass immer dann ein Ungleichgewicht entsteht, wenn ich mich für eine Seite entscheide. Das ist ein gefährlicher Spagat und *ein* Grund für meine Entscheidungs- und Handlungsschwäche.

Im schlimmsten Fall verwandle ich mich doch noch in ein Tier, in das Chamäleon, das sich je nach Bedarf der Umwelt anpasst, um ja mit allem in Harmonie zu sein.

Die Tiefenpsychologie meint, dass die Waage auf das »Du« den eigenen Schatten projiziert. Also kann eine wirkliche Harmonie mit dem idealen Partner, den ich mein ganzes Leben suche, nur dann gelingen, wenn ich mich mit meinem eigenen Schatten versöhne. Im »Schatten« bin ich gar nicht harmonisch, sondern bisweilen aggressiv und kompromisslos; ich lebe in einer übertünchten Scheinharmonie, gesehen durch eine rosarote Brille, um mich »durchzumogeln« und Entscheidungen nicht selbst fällen zu müssen.

Schließlich ist nach einer (heißen) Phase nicht einmal die Liebe auf Ewigkeit formvollendet und ästhetisch perfekt. Vor der unausweichlichen Ernüchterung habe ich panische Angst, deshalb baue ich mir eine »Scheinwelt« auf, in die ich mich zurückziehe, um nicht der rauen, brutalen Realität ins Auge sehen zu müssen, die ich so sehr fürchte.

In meinem Schatten flüchte ich mich auch in Krankheiten und Blockaden, in Nieren- und Blasenkrankheiten, Hautkrankheiten, Diabetes (»die Süße des Lebens« wird zum Problem), venerische Krankheiten (Geschlechtskrankheiten, u. a. Syphilis), Venenerkrankungen, Depression und Essstörungen als Folge von Liebeskummer, Gleichgewichtsstörungen im makroskopischen Bereich (Morbus Menière) und im biochemischen Bereich (Azidose [Senkung des pH-Werts] und Alkalose [Anstieg des pH-Werts]): Störungen im Säure-Basen-Gleichgewicht.

Die Analogien im körperlichen Umfeld lauten Nieren, Harnleiter, Bauchspeicheldrüse (innensekretorischer Anteil), Venen, Lendenwirbel sowie Lendenmuskulatur.

Die Integration des Schattens – die Heilung
Die ungelebten Persönlichkeitsanteile kennen zu lernen macht den Menschen ganz, macht ihn »heil«. Damit sich Mann und Frau frei und unverkrampft im Hier und Jetzt begegnen können, ist es wichtig, dass sie sich ihrer Anima (weibliche Anteile) und ihres Animus (männliche Anteile) bewusst sind und nicht den Partner mit Projektion beladen, um sich selbst zu entlasten. Viele der Leiden und krampfhaften Partnerschaftsprobleme ergeben sich aus den nicht bewussten, aus den unbewussten Verknotungen zwischen Ich und Du, zwischen Mann und Frau.

Wichtig ist es für den Mann, seine eigene Anima (den Yin-Anteil) zu erkennen und anzunehmen. Und umgekehrt ist es für die Frau mit dem Animus (Yang-Anteil). So muss sie nicht mehr krampfhaft in der Außenwelt, bei ihrem Partner, all jene Eigenschaften und Qualitäten suchen, die im Grunde ihre eigenen männlichen Anteile wären. Umgekehrt lässt der Mann oft seinen weiblichen Persönlichkeitsanteil von seiner Frau leben, statt ihn sich bewusst zu machen und zu befreien. Letzteres würde dazu führen, dass nicht mehr zwei »bessere Hälften« zusammenleben, sondern zwei »ganze Menschen«, die sich gegenseitig anerkennen, ergänzen und »brauchen«, frei von Abhängigkeit und »Scheinwelten«.

Einen großen Teil seines Wegs als Waage-Charakter ist der gegangen, der im »Du« das »Ich« erkennt und umgekehrt, dies voller Bewusstheit und frei von Projektionen. Dann lebt er das Ideal, das er als geistiges Luftzeichen unbewusst in sich trägt, bewusst.

Zur Förderung der Harmonie und des Strebens danach bietet sich u. a. die Venus-Stimmgabel an, die mit 221,23 Hertz im Ton A schwingt.[30]

Unterstützende heilende Maßnahmen sind vor allem die Kunsttherapie wie Mal-, Tanz- und Musiktherapie, leichte Gymnastik, gleichgewichtsbezogene Übungen, Hatha-Yoga, Arica, Hautbürstungen im Nierenbereich, Atemtherapien, die Trauben- und Obstkur, Hollywoodkur und die antiphlogistische (entzündungshemmende) Diät.

Von den homöopathischen Mitteln und den Bachblüten helfen die folgenden:

Pflanzlich:	Berberis, Gelsemium, Sarsaparilla
Tierisch:	Murex, Serum anguillae
Mineralisch:	Arsenicum album, Cuprum arsenicosum, Thallium
Nosoden:	Cystopyelonephritis
Bachblüten:	Walnut, White Chestnut

Bevor ich von der Rednerbühne als himmlische und luftige Venus entschwebe, möchte ich euch noch ein wohlgehütetes Geheimnis anvertrauen: Die Waagschalen zur Rechten und Linken, die am liebsten in Balance stehen, wurden aus den

30 Vgl. ebenda

Scheren des Skorpions gebildet. Dessen Herrscher, Pluto/Hades, wird nun zu euch sprechen.

Und immer schön dran denken: »Was sich liebt, das neckt sich.«

Pluto/Hades:
»Was für eine Raupe das Ende der Welt ist, nennt der Meister einen Schmetterling«
Achtes Sternzeichen Skorpion: 24. Oktober bis 22. November

Meine Lichtseiten
Auweia, das wird eine echte Herausforderung! Ich bin Pluto/Hades, der Gott der Unterwelt, und so beliebt wie Herpes oder Fußpilz. Ich werde von den Göttern und den Sterblichen gleichermaßen gemieden wie die Pest; wenn die Menschen mir ein Opfer darbringen, geschieht dies meist mit abgewandtem Gesicht. Heute haben sie in solchen Fällen einen »Imageberater«, der einen wie mich ins rechte und richtige Licht setzen kann.

Ich versuche das auf eigene Faust, vorab mit einem Zitat von Goethe, selbst Aszendent Skorpion (aus dem *Westöstlichen Diwan*):

»Und solang du das nicht hast,
Dieses: Stirb und werde!
Bist du nur ein trüber Gast
Auf der dunklen Erde.«

In einer fast reinen Männer-(Yang-)Gesellschaft, in der sich Frauen wie Männer (ver)kleiden, um Erfolg zu haben, in der die Menschen nur den Tag leben, das Leben und die Nachtseite (Yin), das Verblühen und Vergehen (den Tod) krampfhaft unterdrücken, da kann einer wie ich einem den ganzen »Spaß« verderben.

Nur: Dem Tod vermag keiner zu entfliehen. Er ist sicherer als das »Amen« in der Kirche. Nehmen wir Goethes Zitat, können wir aber eine wunderbare Chance in unser Bewusstsein und in unser Leben integrieren.

Ich bin die komplexe Kombination der Kräfte der Unterwelt, der Finsternis und des »Bösen« auf der einen Seite wie auch das Bewusstsein für die Sterblichkeit des Menschen und das zwangsläufige Vergehen aller materiellen Errungenschaften auf der anderen Seite. In diesem Sternzeichen liegt die Hinwendung zur überpersönlichen und spirituellen Zielsetzung, die in den unterschiedlichen persönlichen Thematiken zum Teil im Extrem bearbeitet wird, in einer Bandbreite vom Verbrecher bis hin zum Heiligen, vom selbstlosen Einsatz für eine Idee bis hin zur Rassenverfolgung und zum Fanatismus oder vom Demagogen bis zum tief religiösen Mystiker.

Ich wurde 1930 als Planet entdeckt. Schaut auf die Welt in dieser Zeit, da finden wir auch die beiden Extreme. Es gab den Faschismus und die Rassenverfolgung auf der einen Seite. Plutonium wurde eingesetzt zum Bau einer Atombombe. Und auf der anderen Seite Freud, Adler und Jung, die in die Tiefen der menschlichen Psyche eindrangen, in den Schatten der Menschheit, in das kollektive Unbewusste, das wie ein Mob durch die Straßen fegte.

Bis zu meiner Entdeckung verwendeten die Menschen Mars als Prinzip für den Skorpion. Mein Freund Mars war in der Antike sogar noch unbeliebter als ich, wenn das überhaupt geht!

Die plutonische Form der Energie ist wie die marsische aggressiv, ich bin die archetypische weibliche Form der Aggression (Element Wasser, Yin, fix).

Im Gegensatz zu meiner Gattin Persephone, die sich bisweilen barmherzig zeigt, habe ich eine klare, unwiderrufliche Vorstellung von Prinzip und Ordnung, mit meiner suggestiven Kraft setze ich gnadenlos meine Leitbilder um.

Ich bin ein »schlimmer Finger«. Ich erhalte die Unterwelt von meinem Vater Kronos, um hier über die Seelen der Toten zu richten; denn ich bin ohne Mitleid: Wer mein Reich betritt, hat fast keine Chance zur Rückkehr.

Meine Triebhaftigkeit ist der Motor für Seitensprünge, Entführungen und Erpressungen, bekanntestes Opfer ist Kore, die bildhübsche Tochter von Demeter, die ich zwar nicht ganz, aber zumindest zu einem Drittel ihrer Lebenszeit zur Herrschaft im Totenreich zwinge. Meine Sexualität ist die Kraft, die sich mit dem anderen Geschlecht vollkommen vereinigt, um mit ihm zu einem großen Ganzen zu verschmelzen. Die Wirklichkeit verändert sich in reine Triebkraft, in der die Grenzen vom Ich zum Du überschritten werden. Die Sexualität wird zum Tor des kosmischen Bewusstseins; auf höchster Ebene ist dies die vergeistigte Liebe, die Vereinigung mit Gott.

Ein Blick in die Natur spricht Bände: Die Blätter sind von den Bäumen gefallen und verbinden sich mit der ruhenden Erde. Die Früchte, der Ausdruck der Lebenskraft, die seit dem Frühling mit Widder/Mars in die Welt drängten, machen sich bereit, zu gehen, zu sterben, um im nächsten Frühjahr mit neuer Kraft wiederauferstehen zu können.

Ich bin nicht der Totengräber des Lebens, im Gegenteil: Ich führe die Menschen von einer Lebensform in die andere. Der Tod und das Absterben sind die Grundbedingung dafür, dass neues Leben entstehen kann, von Ewigkeit zu Ewigkeit.

Genau das ist das von Goethe gemeinte Stirb-und-werde-Prinzip, der Schmetterling kann erst fliegen, wenn die Raupe tot ist (Metamorphose).

Ich bin Phönix, der sagenhafte Vogel, der aus seiner eigenen Asche wieder aufersteht, ein Symbol für das Leben auf einer neuen, höheren Ebene, das erst durch das Verbrennen der alten Fesseln möglich ist. Es ist der Abstieg in die Unterwelt, in die Hölle, um wiederauferstehen zu können.

Ich bin in meiner erlösten Form der große Transformator, der zerstört, um Neues entstehen zu lassen, um den kraftvollen schöpferischen Willen in die Welt zu bringen.

Ich habe als Wasserzeichen eine hohe Sensibilität für die Schattenseite des Lebens, für die Bereiche, die gern »totgeschwiegen« werden.

Mit dem detektivischen Spürsinn eines Sherlock Holmes lege ich den Finger auf die dunkle, wunde Seite meiner Mitmenschen, mit meiner Tarnkappe aus Hundefell kann ich mich unsichtbar machen und im Verborgenen sehen.

Die Beschäftigung mit mir und meinem Urprinzip ist eine große Chance, *ganz* zu werden, die Nachtseite nicht zu verdrängen, sondern sie zu integrieren und als Bestandteil des Menschen und des Lebens zu verstehen. Denn das Leben ist polar: Yin *und* Yang, schwarz *und* weiß, gut *und* böse, Tag *und* Nacht, Leben *und* Tod.

Es ist eine Beschäftigung mit der Tiefe des Lebens, unter der Oberfläche, in der schmutzigen Unterwelt. »Wer [da] suchet, der findet«, schreibt die Bibel, wer in seiner eigenen Tiefe sucht, findet bei mir: tiefe Gefühle und Sehnsüchte, tiefe Leidenschaften und Willenskraft, tiefe Geduld, Ausdauer und Zähigkeit, tiefe Opferbereitschaft, tiefe Bindungen und Identifikationen mit Zielen und Ideen, tiefe Wandlungsfähigkeit.

Vom Tagesrhythmus der Sonne, des Lichts, aus betrachtet,

sieht es so aus: Sie geht in meinem Sternzeichen unter. Die Dunkelheit der Nacht regiert und wird auch noch bis zum Heiligen Abend die Oberhand behalten. Nicht nur die Nebel des Herbstes in der Außenwelt und die Verunsicherung und Verdunklungsgefahr in der Innenwelt haben mir also den zweifelhaften Ruf des »Krisenzeichens« im Tierkreis eingebracht.

Ich vermag sehr gut damit zu leben, denn Krise kann auch Umkehr bedeuten, Wandlung, Transformation, wie beim Bild der sich häutenden Schlange, der Gang durch das Fegefeuer des Lebens – oder beim indischen Gott Shiva, dem immer wieder Beine nachwachsen, nachdem sie ihm abgetrennt worden sind.

Meine Schattenseiten
Mein Hauptproblem liegt darin, dass ich so schlecht Maß halten kann. Alles Durchschnittliche, Lauwarme oder Normale ödet mich an. Für mich geht es um »alles oder nichts«, Sekt oder Selters, mein Thema ist das Überwinden von Begrenzungen, das Überschreiten von Grenzen, womit ich bei meinen Mitmenschen freilich manchmal auf Ablehnung und tiefes Misstrauen stoße.

Hier einige »Highlights«: Fanatismus, Dogmatik, masochistische oder sadistische Verhaltensweisen, zum Teil skurrile Fixierungen und Leitbilder, zwanghaftes Verhalten jeder Art von Extremen (vom Exzess bis zur Selbstaufgabe) und Machthunger. Im Krieg bin ich bekannt geworden als »Kamikazeflieger«, der sich aus Fanatismus (Vaterlandsliebe) auf feindliche Kriegsschiffe abstürzen lässt. Der Ehrenkodex oder die Form des Selbstmordterrorismus (andere und sich töten, ein Zeichen für die Nachwelt setzen) zeigt, dass mein Pluto-Prinzip über den (eigenen) Tod hinausgeht und auch nach dem Tod wirkt.

In dieser ideellen Vehemenz gehe ich weiter über den »körperlichen« Mars hinaus. Ich bin das geistige Prinzip, geleitet (oder fehlgeleitet) von einer geistigen Vorstellung, von einem Leitbild, einer Idee. Meinen eigentlichen körperlichen Tod kalkuliere ich mit ein, ich richte auch den Stachel gegen mich, wie es der Skorpion in Extremsituationen macht und sich dabei selbst tötet.

Skorpion-Charaktere tragen – mehr oder weniger ausgeprägt – immer eine (unbewusste) Tendenz zur Selbstbestrafung in sich. Ich habe Probleme damit, einfach »nur so« angenommen zu werden, »o. k.« zu sein. Auf der Suche nach einer Daseinsberechtigung auf diesem Planeten fehlt mir das »Urvertrauen«, und ich jage von Idee zu Idee, um mir eine Daseinsberechtigung zu erarbeiten, die mich von meinen quälenden und für die Außenwelt oft nur schwer begründbaren Schuldgefühlen erlöst.

Ich jage immer dem Glück hinterher und habe die größte Mühe, es anzunehmen, wenn es mir über den Weg läuft.

Meine Krankheiten sind Krankheiten, die tief in den Schatten gehen: Krebs, Autoaggressions-, Geschlechtskrankheiten, dramatische Erkrankungen des Immunsystems (z. B. Aids), Verwachsungen und Entartungen von Körperzellen, die Grundlage jeder Tumorbildung, Nasennebenhöhlenerkrankungen (Sinusitis).

Die betroffenen Analogien des Körpers sind: Harnblase, Mast-, Enddarm, Prostata, Nase, Harnröhre, After, Genitalorgane, Keimdrüsen, Beckenknochen (Schambein), Sitz-, Steißbein, Blasen- und Afterschließmuskeln, Genital- sowie die Scheidenmuskulatur.

Der Skorpion-Aszendent Goethe legt Mephisto die berühmten Worte in den Mund: »... ein Teil von jener Kraft, die stets das Böse will und stets das Gute schafft.« Goethes *Faust* ist eine wunderbare Reise in die Tiefe Plutos; nach den ganzen Irrungen und Wirrungen, den fixen Ideen des »alten Dr. Faustus«, der einen Bund mit dem Teufel eingeht, folgt die Verdammnis; erst jetzt lässt Faust eine innere Wandlung und Läuterung zu. Der »alte Dr. Faustus« muss sterben, um einen neuen, spirituellen Menschen zu gebären, damit ihm schließlich doch noch Erlösung zuteil wird.

Wenn die Menschen krankhaft im Mikrokosmos (bei sich selbst) und im Makrokosmos (soziales Umfeld, Gesellschaft) ihre Schatten, ihre dunkle, plutonische Seite verdrängen oder unter den Teppich kehren, kommen sie in die Projektion: Alle anderen sind schuld, nur man selbst nicht. Sündenböcke gibt es genug, der Schatten nimmt plötzlich menschliche Gestalt an und stammt (überwiegend) aus Minderheiten. Und plötzlich kann es zur Umkehr des Mephisto-Zitats kommen: Wir geben vor, das Gute zu wollen, und schaffen das Böse. Denn in der Außenwelt kann ich sichtbar meinen Schatten erschlagen. »Projektionen« nennen dies die Psychologen (Pluto-Charaktere können sehr gute Psychologen werden, »sie gehen in die Tiefe«). Ein Gang durch die Menschheitsgeschichte ist ein Gang durch die Projektion, offensichtlich ist Pluto also ein zentrales und wichtiges Menschheitsthema.

Menschen, die in die Untiefen ihrer eigenen Psyche hinabgestiegen sind, vermögen charismatische Persönlichkeiten zu werden, die für andere Suchende Vorbildfunktion haben können und die sich die Fähigkeiten erarbeitet haben, Krisen im eigenen wie im Leben der anderen in Kreativität umzuwandeln. Denn in der Unterwelt liegen unwahrscheinliche Schätze, auch in der materiellen Welt finden wir dort Edelsteine, wertvolle Metalle, Erdöl, Erdgas etc. Die wunderbare Lotusblume, der Inbegriff von Reinheit und Schönheit, wächst auf den stinkenden Kloaken dieser Welt. Diese Lotusblume kann auch beim Menschen blühen, wenn er bereit ist, in seine Kloake hinabzusteigen, bereit zur inneren Wandlung, vom kleinen,

»stinkenden« bewussten Ego, das er sterben lässt, um zum wahren Selbst aufzusteigen (Stirb-und-werde-Prozess).

»Wer nicht das Sterben gelernt hat, kann das Leben nicht lernen«, sagt das *Tibetanische Totenbuch*.

Auf meiner Reise ist u.a. die Pluto-Stimmgabel ein schwingungsvoller Begleiter. Sie schwingt mit 140,25 Hertz im Ton Cis.[31]

Hilfen an Therapien können sein: Sauna, Fangoschlamm, Hormontherapie, Sitzbäder, Dickdarmspülung, Fasten, Schröpfen, Blutegel, Aderlass, autogenes Training oder Hypnosetherapie, die Makrobiotik, die Schrothkur oder die Saftkur nach Preuß.

Als homöopathische Mittel bzw. Bachblüten kommen die folgenden infrage:

Pflanzlich:	Stramonium, Hyoscyamus, Asa foetida, Drosera, Nux vomica
Tierisch:	Tarantula, Latrodectus, Mygale
Mineralisch:	Platinum, Sulfur, Nitricum acidum
Nosoden:[32]	Luesinum, Medorrhinum, Pyrogenium, Sinusitis, Anthracinum
Bachblüten:	Holly, Cherry Plum, Rock Water, Pine, Mustard

Das Versöhnliche in euren Blicken freut mich sehr, in eurem Antlitz erkenne ich die Botschaft: »Anfang und Ende sind eins, der ewige Kreislauf von Auflösung und Erneuerung.«

Ich trete ab mit meinem erlösten Motto (Friedrich von Logau): »Sich selbst besiegen ist der schönste Sieg.«

---

31 Vgl. ebenda
32 Der Skorpion zeigt als infektionsanfälliger Typ starke Nosodenanalogien.

Jupiter/Zeus:
»Zu wissen, was die Welt im Innersten zusammenhält«
Neuntes Sternzeichen Schütze:
23. November bis 21. Dezember

Meine Lichtseiten

Ich bin Jupiter bzw. Zeus, der »Vater der Götter und Menschen«. Ihr kennt und schätzt mich wegen meines Großmuts und meiner Hilfsbereitschaft, meiner Güte, Toleranz und Gnade.

In unserem Kreis sitzen Merkur bzw. Hermes, mein Sohn, meine Brüder Pluto alias Hades und Neptun bzw. Poseidon, mein Vater Saturn/Kronos und Uranus, mein Großvater.

Seht mich an, vor euch steht ein Optimist. Meine Lebenseinstellung »Denk positiv, es gibt keine Probleme, nur Lösungen« ist mir zu allen Zeiten ein treuer Wegbegleiter geblieben. Erfolg, Glück und Zufriedenheit kann man mir vom Gesicht ablesen, mein Urvertrauen ist robust und führt mich sicher in den Sinn des Lebens. »Die Zeit heilt alle Wunden«, so lautet ein bekanntes Sprichwort.

Wir alle können uns nicht zuletzt deshalb in diesem (Familien-)Kreis in die Augen schauen, obwohl mir das Leben schon in frühester Kindheit übel mitspielte. Ich musste die Hölle auf Erden überwinden und tiefe Wunden heilen. Mein eigener Vater Kronos fing nämlich nach einer Prophezeiung von Opa Uranus an, seine Kinder zu verspeisen. Das Orakel hatte besagt, dass eins von ihnen ihn eines Tages entthronen werde. Und so geschah es letztlich auch. Mich konnte er im Exil des Idagebirges auf Kreta nicht finden. Ich befreite zunächst mit einer List meine verschlungenen Geschwister (Vater musste sie erbrechen) und dann die verbannten Kyklopen, die mir zum Dank den Blitz schenkten, mit dem ich Vater Saturn/Kronos für alle Zeiten entmachtete, aber nicht tötete.

Das Amt des Göttervaters, der die Welt der Götter und Sterblichen vom Olymp aus regiert, bekleide ich mit salomonischer Weisheit und tief empfundener Gerechtigkeit und Toleranz.

Mein Element ist das Feuer (männlich/Yang, labil-veränderlich), die Flamme, die mit ihrem Lodern wie ein Wegweiser die Richtung angibt (»nach oben«) und über die Grenzen hinausführt.

Das passt gut ins Bild zu meinem Drang nach Expansion, Reisen in die Welt, nach Weite, zum Blick in die Ferne, zur Fülle.

Als Feuerzeichen lodert auch in mir die Flamme, und so wurde das Zeugen neuer Götter und Halbgötter eine meiner Hauptbeschäftigungen im Olymp. Im Laufe der Zeit wurde ich nicht nur zum Herrscher über die Götter, sondern zu deren Vater, denn es sind immer mehr Zeus-Kinder, die den Olymp bevölkern.

Aber auch die sterblichen Frauen sind keineswegs vor mir sicher. Um sie zu verführen, verwandle ich mich bereitwillig in einen Hengst, Adler, Kuckuck oder in eine Schlange – oder sogar in den Gemahl der von mir begehrten Ehefrau.

Meine Liebe zu den Frauen und zu den Menschen allgemein bleibt aber nicht bei dieser anfänglichen Lust stehen; wo immer meine Hilfe gebraucht wird, werde ich diese gewähren.

Ich habe eine feste Moral und ein Wertesystem, Sinn für Gerechtigkeit. Ungehorsam gegen diese Gesetze bestrafe ich gerecht, zum Teil auch hart, wenn die Situation dies erfordert; nicht um den Bestraften zu demütigen, sondern um ihm die Möglichkeit zum Lernen zu geben.

In Weiterentwicklung zu meinem Bruder Pluto/Hades, der im Zeichen Skorpion ständig gegen das Tierhafte seines Wesens (an)kämpfen muss, werden diese Konflikte mit mir im Zeichen

Schütze harmonisch gelöst. Mein Thema ist die Synthese, ich verbinde das Instinktmäßige auf logische Art mit dem Geistigen.

Das Symbol des Tierkreiszeichens Schütze ist folglich auch eine Synthese – ein Wesen halb Pferd, halb Mensch, der Zentaur (lateinisch *sagittarius* = »Bogenschütze«), der den Bogen spannt, um seine Pfeile in den Himmel zu schicken. Als Zentaur mit meinen starken vier Beinen bleibe ich mit den Füßen fest auf der Erde. Aus dieser Verwurzelung hole ich mir die Kraft, in kosmische Bereiche vorzudringen, meine Pfeile zielen in die höheren Ebenen des Seins, in den übermenschlichen, allumfassenden Geist, das Göttliche. Wenn der Pfeil treffen soll, muss der Reiter sein Pferd ruhig halten, er muss seine Begierde und Triebhaftigkeit kontrollieren können, wie das im mythologischen Zentaur Chiron in Vollendung gelebt wird.

Im Laufe meines Lebens stellte ich oft die Sinnfrage: »Wo komme ich her? Wohin gehe ich?« Es ist die Frage der Religion, der *religio,* d. h. der Rückbindung an das All-Eine, an die Schöpfung und den Schöpfer.

In meiner erlösten Form finde ich hier wundervolle Worte für das menschliche Zusammenleben und das soziale Netz. In der Bibel (Tobit 4,15) steht die »goldene Regel« (sinngemäß): Was du nicht willst, das man dir tu, das füg auch keinem anderen zu. Immanuel Kant formuliert es in seinem kategorischen Imperativ so: »Handle so, dass die Maxime deines Willens jederzeit zugleich als Prinzip einer allgemeinen Gesetzgebung gelten könne.« Vereinfacht: »Leben und leben lassen.«

Als erlöster Schütze bin ich ein Vertreter für soziale Fragen und Vermittler von übergeordneten Ordnungsprinzipien. Ich bin Priester und Kirchenmann im religiösen Sinne. Ich bin Richter, der den einzelnen Menschen sieht – mehr als die Buchstaben des Gesetzes. Ich bin ein Heiler, der seine eigene Verletzlichkeit und Verletzung transformieren kann zum Wohle seiner

Mitmenschen. Ich bin Manager oder Unternehmensberater, verkörpere Charaktere mit Sinn für die (wirtschaftlichen) Zusammenhänge oder bin Hochschuldozent, der höhere Gesetze und das Zusammenspiel scheinbar konträrer Faktoren plausibel und verständlich machen kann.

Mein Urvertrauen, meine Verwurzelung in der Erde und mein Optimismus helfen mir auch in nahezu aussichtslos erscheinenden Situationen. Weniger positiv denkende Gemüter kann ich mit so viel Zuversicht zur Verzweiflung bringen: Ich zähle zu jenen Menschen, die wie eine Katze sieben Leben haben. Immer wenn mir das Wasser bis zum Halse steht, wenn ich unter der Last der Welt fast zusammenbreche, kommt das rettende Boot und nimmt mich mit.

»Immer wenn du denkst, es geht nicht mehr, kommt irgendwo ein Lichtlein her«, heißt ein Sprichwort.

So geht es auch der Natur in meinem Tierkreiszeichen, sie liegt in tiefem Schweigen, alles Leben hat sich in den Schoß der Erde zurückgezogen, das Gewicht der Schneemassen erwartend, die auf ihr lasten. Aber Hilfe ist auch hier in Sicht, die Wintersonnenwende naht, die Adventszeit kündet von der Ankunft des Lichts. »Advent« bedeutet »Ankunft«, und gemeint ist nicht nur die wieder erwachende Tagkraft, sondern die Geburt von Jesus Christus, des Welterlösers, der Inkarnation des Gottesgeistes im Menschen.

Meine Schattenseiten
Mit den anderen Feuerzeichen teile ich die Gemeinsamkeit, dass wir Probleme mit dem rechten Maß und dem Maßhalten haben. Beim ersten Feuerzeichen Widder/Mars könnte das heißen: zu heftig, zu schnell. Beim zweiten Feuerzeichen Löwe: zu selbstherrlich, zu bombastisch. Und bei mir, dem dritten (und letzten) Feuerzeichen Schütze: zu viel, zu groß, zu weit.

In mir steckt ein Cowboy: frei sein, neue Horizonte erforschen, rastlos umherwandern, reisen in innere und äußere Welten. Ein Problem der Cowboys ist sicher, dass sie zu Übertreibung und Maßlosigkeit neigen, und das in allen Bereichen. In Taten, Meinungen, Gefühlen, Stimmungen oder einfach im Konsum, ich liebe das Großzügige, Üppige, Opulente. Wenn ich nicht zu geistiger Fülle neige, dann vielleicht zu körperlicher, bis hin zu barocker Fettleibigkeit.

Die Schattenseite des positiven Denkens ist eine Verbohrtheit in Heilslehren, religiösem Wahn und utopischen Spekulationen. Wenn ich mir glaubhaft einrede, meinen Heilsweg gefunden zu haben, entwickle ich zum Leidwesen meiner Mitmenschen missionarische Fähigkeiten und Eifer, egal, ob die anderen dies wollen oder auch nicht.

Listig, wie ich bin, verstecke ich diesen Drang, die Welt (auf meine Weise) zu verbessern, geschickt unter dem Deckmantel einer Scheintoleranz, die manchmal jäh aufbricht: Zum Vorschein kommt dann in Wutausbrüchen mein sprunghaftes und explosives Naturell – ungerecht, rebellisch, widerspenstig.

Ganze Generationen (vor allem die Abhängigen in Beruf und Familie) leiden unter meiner beißenden Ironie bis hin zu verletzendem Sarkasmus, der die anderen an den Pranger ihrer Mittelmäßigkeit stellen soll. Da zeige ich mich in meiner Schattenseite in einer grenzenlosen Arroganz und Großspurigkeit, die ihresgleichen sucht.

In diesem Moment stehe ich nicht über den anderen Göttern und Menschen, im Gegenteil, ich bin bestenfalls der »Primus inter pares«, also der Erste unter Gleichen, eine Bezeichnung, die mir viel Kummer macht, aber die berechtigt ist.

Meine Schattenmanifestation neu in Form von Krankheiten zeigen sich in Schwellungen (wie Fettgewebserkrankungen, Übergewicht, Schwellungen bei Verletzungen und Entzündungen, Fettleber), bei Wucherungen (Wucherungsaspekte bei Krebs und auch bei gutartigen Tumoren), in Hüftleiden und Rheuma, Leberkrankheiten wie Gelbsucht oder Leberzirrhose, Lähmungen, Ischias, Wachstumsstörungen, Irritationen des Fettstoffwechsels, Erkrankungen der Thymusdrüse, Endorphinmangel und damit verbunden erhöhter Schmerzempfindlichkeit – Fehlfunktionen in der Bewertung der assimilierten Stoffe und in deren Entgiftung, Störungen im Aufbau und Wachstumsfunktionen in der Produktion und Synthese.

Die Körperanalogien des Schütze-Charakters lauten: Leber, (glatte) Muskulatur, Beckenknochen, insbesondere Hüftknochen, Darm- und Kreuzbein, Oberschenkelknochen, die Hüft- und Gesäß- sowie die Oberschenkelmuskulatur.

Die Integration des Schattens – die Heilung
Nach der treffenden Formulierung eines indischen Astrologen namens Kriyananda lebt die reife und erlöste Schütze-Persönlichkeit die Lebenshaltung »Verehrung nach oben und *Liebe* nach unten«, der unreife Schütze nach dem Motto »Verehrung nach oben und *Verachtung* nach unten«.

Das mystische Ereignis der Bewährung auf Erden als Voraussetzung für eine Aufnahme in höhere Regionen der Wirklichkeit ist essenzieller Bestandteil aller Religionen: »Per aspera ad astra.«[33] Es ist ein Kampf um das Verstehen und Wissen. Wir müssen erkennen, wer wir wirklich sind, den Blick auf die Welt des Materiellen hinaus gerichtet auf der Suche nach der *religio,* der Rückbindung an die Schöpfung, vor deren absoluter und letztendlicher Weisheit wir fassungslos und ehrfürchtig im Glauben allein dastehen, begleitet von der allumfassenden (selbstlosen) Liebe nach oben und nach unten.

---

33 Wörtlich »Durch Raues zu den Sternen«, im Sinne von »Auf steinigem Weg zur Vollkommenheit«

Im Jhana-Yoga (»das Yoga für die Starken«) gelten vier Hauptsätze, die diesen Pfad der Erkenntnis beleuchten:

- Begehre nichts als Erkenntnis.
- Beherrsche die Sinne vollkommen und ertrage alles.
- Wisse, dass alles unwirklich ist, außer dem kosmischen Bewusstsein.
- Empfinde ein unstillbares Verlangen nach Freiheit.

Jupiter und Schütze sind jene Kräfte im Menschen, die sich danach sehnen, dass alles seinen letztlich einsehbaren und berechtigten Grund hat und wir in unserer erlösten Form teilhaben an dieser Macht, die unsere Geschicke lenkt, als Pars pro Toto (Teil für das Ganze) oder nach dem Motto »Mikrokosmos gleich Makrokosmos«.

Als schwingender Helfer auf diesem Weg unterstützt uns u. a. die Jupiter-Stimmgabel mit 183,58 Hertz (im Ton Fis).[34]

Als Heilmaßnahmen eignen sich die energiebezogenen Therapien, vor allem die Elektroakupunktur, Laserakupunktur, Frischzellentherapie sowie bewegungsorientierte, sportliche Therapieformen. Bei den Diäten: die Öl-Eiweiß-Diät (nach Dr. Johanna Budwig), die eiweißreiche Aufbaudiät oder Mastkuren.

Passende homöopathische Mittel sowie Bachblüten:

Pflanzlich:	Chelidonium, Thuja, Hamamelis virginiana
Tierisch:	-
Mineralisch:	Stannum
Nosoden:	Arthritis urica, Hepatitis, Cirrhosis hepatis
Bachblüten:	Agrimony, Sweet Chestnut

---

34 Vgl. Cousto, a. a. O.

Euer Göttervater verabschiedet sich nun von euch, wir gehen gemeinsam in die dritte Quadrantenpause, bevor mein Vater Saturn/Kronos das Wort ergreift.

Bei aller Geistigkeit, die ich euch und den Menschen vermitteln will, dürfen wir aber allesamt eine Wahrheit nicht vergessen: »Wer nicht genießt, ist ungenießbar.«

Dritte Quadrantenpause
Kurzprotokoll Q3

Der dritte Quadrant symbolisiert das Geistige, unser Denken. Er steht für die Jahreszeit des Herbstes: Die Blätter fallen, die Tiere sinken allmählich in den Winterschlaf.

Es ist die Zeit des zu geistiger Freiheit erwachenden Menschen und auch die Jahreszeit der Verwirklichung, das Erwachen einer stärker werdenden Sehnsucht nach innerer Wachheit.

Die herbstlich schwere und depressive Gedankenarbeit ist die richtige Vorbereitung auf die weihnachtliche Geistgeburt, die (Wieder-)Geburt des Lichts.

Saturn/Kronos: »Nur wer die (inneren) Gesetze anerkennt, ist wirklich frei«
Zehntes Sternzeichen Steinbock: 22. Dezember bis 20. Januar

Meine Lichtseiten
Meine verehrten Kolleginnen und Kollegen, vertraute Gesichter meiner (zum Teil buckeligen) Verwandtschaft, in jeder Runde oder Gemeinschaft gibt es einen Spielverderber. Die Menschen haben zeitweilig ihr Zusammenleben eine »Spaßgesellschaft« genannt, in der Begriffe wie »Ernst des Lebens«, »Disziplin«, »Ordnung«, »Wirklichkeitssinn« oder gar »Pflichtgefühl« wie Schimpfwörter aus einer Welt der Spießer und »Korinthenkacker« herüberklingen, von Mahnern, die den Spaß des Lebens abschneiden wollen. Für viele bin ich deshalb der Buhmann. Das Abschneiden war schon früh ein Thema in meinem Leben; wie ihr wisst, habe ich meinen Vater Uranus mit einer Sichel entmannt und seine Genitalien ins Meer geschleudert. Aus dem Abgeschnittenen ist etwas wunderbares Neues geworden und sitzt vor euch: die schaumgeborene Aphrodite/Venus.

Wenn ihr Bilder von mir seht, bin ich häufig als Sensenmann abgebildet, der (erbarmungslos) abschneidet (einzelne Teile oder auch den ganzen Menschen, als Gevatter Tod).

Namen wie »Hüter der Schwelle« künden von einer Welt der Widerstände, von Begrenzung und Einschränkung, von Trennung, Einsamkeit und Isolation. Mephistos Worte in Goethes *Faust* zeigen die dunkle Seite meiner Medaille bzw. Polarität:

»Ich bin der Geist, der stets verneint
Und das mit Recht; denn alles, was entsteht,
Ist wert, dass es zugrunde geht;
Drum besser wär's, dass nichts entstünde.
So ist denn alles, was ihr Sünde,
Zerstörung, kurz das Böse nennt,
Mein eigentliches Element.«

Was uns hier so negativ entgegentönt, hat in der polaren Welt natürlich automatisch seine positive Entsprechung. Meine zwei Seiten zeigt der Mythos in der doppelgesichtigen Janusgestalt wie auch in den zwei Phasen meines Lebens: zu Anfang der harte, unbarmherzige Herrscher (der seinen Vater zuvor entmannt, auch seine Kinder auffrisst) und später der gute alte König, der sich dem Wohlergehen seines Volkes widmet.

Ich bin das Urprinzip der Verwurzelung auf dem Boden der Tatsachen (Erde, weiblich / Yin, kardinal). Als letztes der drei Erdzeichen eröffne ich den vierten Quadranten des Tierkreises, es geht nun nicht mehr primär um den Einzelnen, sondern um die Gesellschaft als Ganzes, das Individuelle wird zugunsten des Allgemeinwohls beschränkt.

An diesem Tisch sitzt mir Mond / Krebs direkt gegenüber, im Tierkreis sind wir die Achsenthemen Subjektivität (Krebs) und Objektivität (Steinbock). Das rein persönliche Empfinden, die subjektiven, ständig sich wandelnden Gefühle werden bei mir ersetzt durch realistische, präzise und langfristige Denkweise, durch Dauer, Verlässlichkeit und Disziplin.

Nüchternes und klares Denken ohne Schwärmerei oder Gefühlsduselei führen bei mir zielgerichtet zu einem Ergebnis, das der Allgemeinheit dient und mir Anerkennung in der hierarchischen Struktur vermittelt. Ich bin der kühle Kopf, der sich am Bewährten und Überlieferten orientiert, selbstgenügsam, sparsam und ökonomisch, auch im Einsatz der Mittel und Energien. Diese »Tugenden« machen Vertreter meines Zeichens zu gesuchten Mitarbeitern und erfolgreichen Selbstständigen.

Auch in der Natur geht es karg zu unter meiner Herrschaft: Der kalte Winter, der »kühle Kopf der Natur« ist endgültig da, die Erde liegt wie erstarrt unter einer Decke aus Schnee und Eis. Aber unter dieser Schneedecke tut sich was, wie bei der Sonne, deren Kraft langsam wieder zunimmt und die Neugeburt des Lebens in der Natur vorbereitet. So ist das Samenkorn ein Symbol des Tierkreiszeichens Steinbock. Es ruht tief in der kalten und trockenen Erde des Winters und überwindet den eisigen Tod durch die Sammlung und Konzentration seiner Kräfte im Verborgenen. So wie der Steinbock-Mensch, der langsam, aber ausdauernd und im Verborgenen reift, unter dem Schutz des »Kältemantels«, der ihn bisweilen von der Außenwelt trennt.

Verinnerlichung, Abschirmung, verhaltene Lebenskraft, Entsagung, Konzentration, das charakterisiert die Steinbock-Zeit in Natur und Mensch. Indem das vitale äußere Leben abgedämpft wird, erwacht im Menschen das innere geistige Leben. Das Geistlicht leuchtet auf in der Finsternis.[35] Die Menschen feiern in dieser Zeit den Heiligen Abend und Weihnachten als das Fest der Geburt Christi, des Lichts. Gottes Sohn weist den Weg von

---

[35] Vgl. Artur Schult: *Astrosophie. Lehre der klassischen Astrologie*, Bietigheim 1994

der irdischen zur göttlichen Ebene, er ist das Licht, das in der tiefsten Nacht zu brennen beginnt. In der Dunkelheit sieht man das Licht am besten, es ist das Symbol, das den Menschen zu seinem wahren Wesen weist und ihn in die Erkenntnis führt, dass seine irdische Persönlichkeit nur Maske ist, ein Werkzeug für sein höheres, göttliches Selbst sozusagen.

Und nun, meine Lieben, wird sich der Kreis schließen. Ich zeige euch, dass ich gern der Spielverderber bin, um den Menschen den Widerstand zu zeigen.

Das Licht erklärt uns dies auf wunderbare Weise: Auf seinem weiten Weg von der Leben spendenden Sonne zur empfangenden Erde muss das Licht viele, viele Kilometer zurücklegen. Auf dieser Reise ist es nicht wahrnehmbar, es ist nicht sichtbar! Erst durch einen Widerstand (die Erde, den Mond oder andere Himmelskörper) zeigt es sich als Licht (und Schatten), wir können Licht nun wahrnehmen.

Ist das nicht toll? Das ist eine wunderbare Entdeckung und macht mich glücklich, weil es für die Menschen, die es verstehen wollen, eine einmalige Chance für das Bearbeiten der eigenen Widerstände darstellt. Erst ein Widerstand macht Licht (und Schatten) sichtbar, Leben ohne Widerstand ist ein Leben in der kompletten Dunkelheit!

Dann wird aus vermutlich Negativem nun unendlich viel Positives für den Einzelnen und die Gemeinschaft, denn aus Begrenzung und Einschränkung entstehen jetzt Struktur und Ordnung, Langsamkeit und Verzögerung werden zu Geduld und Ausdauer, Geiz zu Beschränkung auf das Wesentliche usw.

Diese Widerstände zeigen sich somit in meiner doppelgesichtigen Janusgestalt, es macht mich vom Spielverderber zum Schiedsrichter eines Spiels des Lebens, in dem die einen zu ihrem Spiel finden und die anderen verletzt vom Platz getragen werden.

Meine Schattenseiten
Als Gott Kronos/Saturn bin ich auch der Gott des Schicksals und der Zeit, der das Stundenglas in der Hand hält (kommt Zeit, kommt Rat). Auf meiner Schattenseite hege und pflege ich Krankheiten, die lange Zeit brauchen, bis sie ausbrechen, und lange Zeit, bis sie gehen, es sind die chronischen Krankheiten, wie der Name schon sagt. In meiner Kindheit bin ich oft altklug, wie kleine Erwachsene, und schon oft von einer Ernsthaftigkeit, die wenig Kindliches hat.

Bereits früh erfordern die äußeren Umstände (Widerstände in Form von Pflichten, Einspringen für »ausgefallene« Familienmitglieder etc.) ein Heranwachsen in Verantwortung, Verpflichtung und Selbstbeschränkung bis zur Askese, die kaum Raum zulassen für Gefühle oder das Ausleben eigener Seelenanteile. Träumereien, Illusionen, spontanes, absichtsloses Handeln wie Verspieltheit, die eine unbeschwerte Kindheit ausmachen, werden rigoros ersetzt durch die blanke und zum Teil grausame Realität.

Hier entsteht die berechtigte Gefahr, dass der Mensch seine Individualität aufgibt oder erst gar nicht herausfindet, was diese ausmacht. Die Gefahr der Verkümmerung auf der seelischen und emotionalen Seite liegt nahe, der Mensch versteinert, verhärtet sich und baut einen Panzer um sich auf, um ja so wenig Gefühle wie möglich an sich heranzulassen (oder schlimmer noch: aus sich herauszulassen). Es entstehen gefühlskalte, misstrauische und pedantische Sonderlinge, die sich hinter Traditionen und kollektiven Wertmaßstäben verschanzen (»Das hat ›man‹ schon immer so gemacht!«), die die anderen kompromisslos mit der Härte von Moral und Gesetzen konfrontieren, die starr geworden sind wie ein Stein oder wie »Betonköpfe«, so flexibel wie ein Stahlträger. Hieraus spricht die Bitterkeit der »vom Leben Betrogenen«. Der Rest an Gefühl rutscht dann häufig ab in die Schattenwelt, in die Melancholie und die Depression, verbunden mit einem großen Mangel an Eigenwärme und Eigenliebe (»Ich bin es nicht wert, dass man mich liebt«).

Meine Beschwerden sind folglich häufig Mangelerscheinungen wie Vitamin-, Mineral- und Eiweißdefizite, Haarausfall und die bereits erwähnten chronischen Krankheiten, aber auch Verschlusskrankheiten (Magen-, Darmverschluss, Thrombosen), Schrumpfungs-, Alterungsprozesse, Sklerosen (Verhärtungen), Steinleiden (Nieren-, Blasen- und Gallensteine) sowie Knochen- und Knorpelerkrankungen, Hautkrankheiten wie Schuppenflechte, Ichthyosis (extreme Hautverhornung), die Erkrankungen der Stütz- und Haltefunktionen (Knochen- und Bandapparat), Speicherungsfunktionen des Körpers, Funktionsstörungen der Hypophyse sowie Erkältungen.

Die entsprechenden Analogien im Körper sind Knochen, Skelett, Haut, Sehnen und Bänder, die Zähne (der Zahnschmelz ist die härteste Substanz im Körper), Haare, Milz (Saturn/Kronos frisst seine Kinder: Erythrozytenbildung und -vernichtung; Abwehrfunktion), die Kniescheibe und die Kniegelenksknochen, allgemein die Knochen unter dem Aspekt der Festigkeit und Härte, die auf das Kniegelenk wirkenden Muskeln (Musculus popliteus [Kniekehlenmuskel]).

Die Integration des Schattens – die Heilung
Als »Hüter der Schwelle« hüte ich die Schwelle zu einer tieferen Erfahrung des Menschen, der auch die Gefahr in sich bannen kann, in den von ihm mit Ehrgeiz und »langem Atem« verfolgten und erreichten Zielen zu erstarren; es ist darüber hinaus die Erfahrung mit den »transsaturnischen« Urprinzipien, also mit den Planeten jenseits meiner Umlaufbahn – die Auseinandersetzung des Menschen mit Uranus, Neptun und Pluto.

Die Materie (Erde) findet in meinem Tierkreiszeichen ihren letzten, aber auch den dichtesten und konkretesten Ausdruck. Der Mensch im Zeichen Steinbock hat zu lernen, dass es nicht um starre weltliche Machtausübung geht, sondern dass der Geist über die Materie siegen muss.

Das ist die lohnende und hilfreiche Lebenserfahrung, dass die Lasten und Pflichten im Laufe der Zeit immer leichter werden auf dem Weg zum Gipfel.

Was in der Jugend noch frühreif und altklug wirkte, bleibt mit zunehmendem Alter häufig jugendlich, gepaart mit der Klarheit und Weisheit der im Leben gemachten Erfahrungen. Diese Menschen strahlen Ruhe und Geborgenheit, Vertrauen und Würde trotz harter Zeiten aus: Konrad Adenauer war z. B. ein solcher Mann, »ein erster Diener seines Staates«.

Eine paradoxe Weisheit des Lebens lautet: Nur wer unter dem Gesetz steht, ist wirklich frei. Diese Wahrheit schmeckt dem menschlichen Ego nicht sehr gut. Man will viel lieber die Freiheit durch Willkür ohne vorgeschriebene Bahnen erreichen: Diese Grundhaltung ist verantwortlich für viel Leid und führt auf direktem Wege in die Unfreiheit, Leid ist Reibung, die zwischen den Menschen und dem Gesetz dieser Welt entsteht.

Wie es bei Thorwald Dethlefsen nachzulesen ist, heißt das Gesetz zu erfüllen, keine Reibung mehr wahrzunehmen. So lauten dann die goldenen Regeln zur Erlangung absoluter Freiheit:

- Erkenne dich selbst (den Mikrokosmos)!
- Erkenne die Gesetzmäßigkeit dieses Universums (den Makrokosmos)!
- Erkenne, dass die Gesetzmäßigkeit gut ist (in Harmonie gehen)!
- Stell dich freiwillig und vollständig unter die als gut erkannte Gesetzmäßigkeit.

Wer diese vier Schritte vollziehe, ernte von selbst die Quinta Essentia, die da lautet: Freiheit.[36]

So und nicht anders geht es uns auch, den Planeten der Urprinzipien. Wir sind frei, solange wir unsere Bahn ziehen. Die Unfreiheit und die Probleme begännen sofort mit dem Verlassen der vorgeschriebenen Bahn.

Die Stimmgabel, die dem Menschen hilft, sich auf Saturn einzuschwingen, ist die Saturn-Gabel mit 147,85 Hertz im Ton D; sie fördert das Konzentrationsvermögen auf das Wesentliche sowie den Bewusstwerdungsprozess des Menschen.[37]

Therapien, die den Steinbock-Charakteren eine heilsame Wegbegleitung sind: die Hautreflexzonenaktivierung, das Baunscheidtverfahren, Fasten, Chiropraktik, Trockenschröpfen, Rolfing, Edelsteintherapie, Arbeit und Bergsteigen als Therapie.

Bei den Ernährungsformen (Diäten): Fasten (Reduktionsdiäten [800-bis-1 000-Kalorien-Kost]), Entziehungsdiät (kohlehydratarm bei Diabetes, zellarm bei Gicht, kochsalzarm bei hohem Blutdruck, Herzkrankheiten; eiweißarm bei Nierenschäden usw.).

Die helfenden homöopathischen Mittel und die geeigneten Bachblüten lauten:

Pflanzlich:	Ledum, Ruta, Lycopodium, Symphytum
Mineralisch:	Plumbum, Alumina, Carbo vegetabilis, Petroleum
Nosoden:	Psorinum, Cerumen, Otitis media, Pyodermie
Bachblüten:	Oak, Beech, Honeysuckle

36 Vgl. Dethlefsen, a. a. O.
37 Vgl. Cousto, a. a. O.

Ja, meine Lieben, ich bin (zwar) Kronos (= die Zeit), aber auch (oder gerade) die Zeit muss wissen, wann sie abgelaufen ist.

Ich gebe gern weiter, das Wort bleibt ja in der Familie; mein Vater Uranus wird als Herrscher des Tierkreiszeichens Wassermann zu euch sprechen.

Und immer schön an mein Motto denken: »Erst die Arbeit, dann das Vergnügen!«

Uranus: »Freiheit, Gleichheit, Brüderlichkeit«
Elftes Sternzeichen Wassermann: 21. Januar bis 18. Februar

Meine Lichtseiten
Meine »Schwestern und Brüder«, Kinder und Wahlverwandte, aus tiefstem Herzen spricht nun ein Revoluzzer zu euch, der neues Leben und neue »Power« in die vor Erstarrung bedrohte Entwicklung bringen will.

Die Natur liegt in kühler Klarheit, der Wechsel von sternenklaren Winternächten in klirrender Kälte mit ersten Ausbruchsversuchen, die Starre des Winters zu sprengen, Krokusse, die ans Licht streben, sobald die ersten Sonnenstrahlen ihr Leben erwecken. Plötzliche peitschende Schneeregen im scheinbaren Gegensatz zu aufmüpfigen Frühlingsboten, es ist so, als ob Polaritäten abgeschliffen würden bzw. sich gegenseitig aufheben oder umpolen wollten.

Noch nie war der Anspruch auf Freiheit so riesengroß wie unter meiner Herrschaft; es geht um die Befreiung vom Ego, vom Ich (nicht vom Individuum), um der Welt im Gemeinschaftsbewusstsein zu dienen.

Die Kämpfer der Französischen Revolution brüllten: »Freiheit, Gleichheit, Brüderlichkeit!« Voller wassermännischer Sehnsucht nach einer neuen Form der Gesellschaft, in der die starren und unmenschlichen Schranken und Beschränkungen unter den Menschen zum Einsturz gebracht werden.

Ich bin Uranus, der Urvater der Schöpfung, und ich verfüge über jene unerschöpfliche Schöpfungskraft, die aus sich selbst schöpft und erschafft – vielleicht bin ich sogar mein eigener Schöpfer, denn mein Vater ist nicht bekannt. Wohl aber meine Mutter Gaia, die Erde, die mich, ohne fremde Mithilfe im Schlaf, ja, ohne es selbst zu merken, »zur Welt« bringt. Aus Liebe und Dankbarkeit schenke ich der Welt Regen aus dem Himmel (Uranus = Himmel), es entsteht ein fruchtbares Gleichgewicht, aus dem die Mutter Erde alle Pflanzen bis hin zu den mächtigsten Bäumen und alle Tiere der Erde, des Meeres und des Himmels gebiert. Mutter Erde (Gaia) und Sohn Himmel (Uranus) befruchten sich ständig gegenseitig, ich habe viel Spaß an der Rolle des Schöpfervaters und kann gar nicht mehr damit aufhören, mit dem bizarren Riesen fängt es an, es folgen die seltsamen Kyklopen und die Titanen sowie viele sonderbare, verrückte Wesen, plötzlich geschaffen aus dem Nichts, unerwartet und unvorhergesehen, unnormal und ungewöhnlich, genau wie mein Wesen und das meiner Wassermann-Schützlinge.

Ich bin anders als andere, ich tanze aus der Reihe, ich bin intuitiv und originell, freiheitsliebend und unabhängig, idealistisch und humanitär, der Schwimmer gegen den Strom, meine Vision ist der »Himmel (Uranus) auf Erden (Gaia)«, der Zustand der Vollkommenheit, der die Einschränkungen und Niederungen des Irdischen und materiellen Daseins überwunden hat.

Ich bin Wolfgang Amadeus Mozart, der mit seinen musikalischen Geistesblitzen die musikalische Welt aus den Angeln hebt und dem Menschen die lieblichsten und göttlichsten Kompositionen schenkt. Ich bin der Maler Paul Cézanne, der eine vollkommen neue Sichtweise der Natur auf die Leinwand und den Stein der Abstraktion ins Rollen bringt. Ich bin Abraham Lincoln, der Kämpfer für das Selbstbestimmungsrecht. Ich bin das Prinzip Pippi Langstrumpf, die glücklich und zufrieden in ihrer eigenen skurrilen, verrückten Welt lebt. Ich bin der Clown, der Narr. Treffenderweise fällt in die Wassermann-Zeit der Karneval, in dem man für einen klar definierten Zeitraum über die Stränge schlagen darf, Tabus überwindet und gemeinsam feiert, seine wahre Identität unter der Maske verborgen, Standesunterschiede werden vorübergehend außer Kraft gesetzt.

Ich hasse Einschränkungen und Mauern, ich gehe neue Wege, ich bin das Prinzip des Christoph Columbus, der Indien sucht und Amerika entdeckt, ich bin das Prinzip des Johann Friedrich Böttger, der für seinen Auftraggeber Gold herstellen soll und dabei Anfang des 18. Jahrhunderts Porzellan erschafft.

Ich fühle mich in den Berufen wohl, die Platz lassen für Individualität, die Teamgeist erfordern, aber gleichzeitig ein gewisses Maß an Freiheit und Unabhängigkeit garantieren; in meiner Arbeit versuche ich einen Beitrag zur Verbesserung der Welt in verschiedenen Bereichen zu leisten: Ich bin tätig in technischen Berufen (Computerfreak, Ingenieur, Elektroniker, Techniker, Informatiker), in meinem Element Luft als Pilot, Astronaut, Stewardess oder Flugzeugtechniker, im sozialen Bereich im weiten Spektrum des Sozialarbeiters, Neurologen, Psychiaters, Astrologen, im Verlagswesen, beim Film und Fernsehen oder bei der Presse. Was auch gut passt (aber es ist zugegebenermaßen ein seltener Beruf): Sprengmeister!

Ich bin das letzte Luftzeichen im Tierkreis (männlich / Yang, aktiv, fix). Wie das Symbol Luft symbolisiere ich Erweiterung, lasse mich nur schwer in Grenzen halten, urplötzlich habe ich mich auch in Luft aufgelöst und Grenzen gesprengt. In der Abbildung des Wassermanns bin ich dieser reife alte Mann, der Wasser aus einem Krug gießt. Es ist ein schönes Bild, in dem sich die Elemente Luft (Tierkreiszeichen Wassermann) und Wasser verbinden, als Auflösung der Ichbezogenheit im Wasser und Erweiterung in der Luft. Indem der Wassermann das Wasser aus seinem Krug gießt, bringt er es mit Luft, dem Geist, in Verbindung. So vereinigen sich hier symbolisch menschliche und kosmische Energie, es ist die harmonische Integration von Mikrokosmos (Mensch) und Makrokosmos (Universum).

Meine Schattenseiten
O. k., die Story um meine Kastration hat eine Vorgeschichte, die ich euch nicht verschweigen darf, wenn wir über meine dunklen Seiten, meinen Schatten, sprechen wollen.

In meinem ungezügelten Schöpferdrang habe ich erschaffen, was das Zeug hält. Wenn ich ehrlich bin, muss ich mir und euch eingestehen, dass dabei nicht »alles Gold ist, was glänzt«. Einige meiner erschaffenen Kreaturen sind potthässlich und abstoßend. Sie sind in keiner Weise das, was ich mir im Geiste vorgestellt habe. Eigentlich sind diese Geschöpfe nicht zum Vorzeigen, sondern höchstens zum Verstecken geeignet. Deswegen schiebe ich eine Zeitlang meine missratenen Kinder immer wieder in den Leib von Mutter Erde (Gaia) zurück, was diese mit Recht erzürnt und sie zur Rache durch Saturn / Kronos treibt. Den Rest der Geschichte kennt ihr: Saturn / Kronos kastriert den eigenen Vater! Da war es vorbei mit dem Zeugen von neuen Monstern, die Sichel hat den ungleichen Kampf gegen meinen Phallus klar für sich entschieden.

In dieser Geschichte liegt auch mein Schatten klar auf der Hand: die Unzufriedenheit mit dem Geschaffenen, das (immer) zumindest ein wenig weniger ideal ist als das ursprünglich

Konzipierte, die »fixe« Idee. Es ist der uralte Kampf zwischen dem Alten und dem Neuen, zwischen Beharren und Verändern, der Kampf zwischen der allgemein gültigen Konvention der entsprechenden Zeitepoche und der Individualität des Einzelnen, es ist das Ringen zwischen Realität und Vision, das häufig zu einer heftigen Reibung mit der äußeren materiellen Gegebenheit führt.

Dann ist Schluss mit lustig, dann neige ich zu Starrheit, Unbeweglichkeit und moralischer, ideologischer Sackgasse. Oder ich werde krankhaft getrieben von der geistigen Vorstellung, anders sein zu müssen als die anderen, ich mache genau das Gegenteil von dem, was andere von mir erwarten. Dies geschieht nicht aus dem urprinzipiellen Gesetz der Umpolung heraus, sondern hierbei aus purer Opposition.

Oder ich ziehe mich ganz in meinen Kopf zurück, werde unglaublich elitär und verachte das niedrige Gewürm meiner Mitmenschen, die nur ihren Trieben nachgehen wie die Tiere. Dann werde ich kalt und arrogant, unnahbar oder fanatisch, zwanghaft anders eben, neige zu Unfällen, spontanen Entladungen oder Verkrampfungen.

Uranische Prinzipien zeigen sich auf der Schattenseite ebenso plötzlich »wie aus heiterem Himmel« wie auf der Lichtseite. Ich bin auch der Vater aller Katastrophen, des unvermutet hereinbrechenden Unglücks, des plötzlichen Unfalls. Ich befinde mich im Tierkreis auf der gegenüberliegenden Seite des Löwe-Prinzips Sonne, auf der so genannten Elektrizitätsachse. Entsprechend heftig und entladend verlaufen diese Vorgänge.

So korrespondieren mit dem elften Haus (Wassermann-Uranus-Haus) alle elektrischen Körperfunktionen, wie z.B. die Reizübertragung der Nervenbahnen. Alle nervösen Fehl*funktionen* finden sich hier, während die organische Entsprechung durch das dritte Haus (Zwillinge-Merkur-Haus) repräsentiert wird.

Nervöse Überreaktionen (angefangen von Tics wie das Zucken des Augenlides etc.) bis hin zu allen Formen der Nervenlähmungen oder Betäubungen gehören zu meinen Krankheits- und Schattenseiten, somit also auch das Krankheitsbild der Multiplen Sklerose.

Es ist die Neigung zu Krampfzuständen (von Wadenkrämpfen bis hin zur Epilepsie), zentralnervösen Erkrankungen (wie Veitstanz oder Chorea Huntington), Venenleiden, Krampfadern, offenen Beinen (Unterschenkelgeschwüre). Es sind weiter die Spasmen, Koliken (Wehen), Brüche (Knochen usw.) wie auch die Unfälle; Störungen der Kohlensäurebeseitigung aus dem Blut, Störungen im Bereich der Zellteilung und somit der Entsprechung in organischen Defekten und Funktionsstörungen der betroffenen Körperbereiche (z. B. Überbeine, Warzen und Kropfbildung).

Die entsprechenden Analogien im menschlichen Körper lauten: zentrales Nervensystem, Unterschenkelknochen (Schien- und Wadenbein), Sprunggelenk und Wadenmuskulatur.

Die Integration des Schattens – die Heilung
Der Zeitpunkt der Tagundnachtgleiche verändert sich sehr langsam, aber »er bewegt sich doch«. Für einen ganzen Tierkreisabschnitt von 30 Grad braucht er exakt 2 156 Jahre, um dann rückwärts in das nächste Zeichen einzutauchen.

Meine Lieben, es ist wieder so weit, die Menschen nennen das neue Zeitalter schon »Wassermann-Zeitalter«, und der eine oder andere spricht von einer neuen Ära, von einem neuen »Geist«.

Nun, bevor es losgeht, wollen wir erst Neptun/Poseidon auf das Herzlichste für seine »Herrschaft« im Fische-Zeitalter danken.

Kurz vor der Zeitrechnung der Menschen, die mit Christi Geburt bei null anfängt, entsteht die christliche Religion. Die

Fische-Symbolik im Christentum ist deutlich zu spüren, für Jesus Christus verwendet man in den ältesten Katakombenmalereien das Fischsymbol, die Bischofsmütze hat die Form eines Fischkopfes, die ersten Jünger waren Fischer, manche meinen, später seien sie dann Menschenfischer geworden. Die zwei Pole des Fische-Zeitalters waren auf der Lichtseite Ehrfurcht und Opferbereitschaft, Glaube, Hoffnung und Liebe wie auch Bescheidenheit, Demut und Sanftmut.

Auf der Schattenseite erreichte die Menschheit ihre schwärzeste Stunde durch Unduldsamkeit und Materialismus in Wissenschaft bis hinein in die Philosophie, Menschenverfolgung (Inquisition) bis Massenvernichtung (Drittes Reich), Kriege, wie sie die Welt noch nicht gesehen hat.

Alle diese Ereignisse sind wichtig und notwendig in der Entwicklung des Lebens und der Menschheit. Wie zum menschlichen Individuum Licht und Schatten gehören (Mikrokosmos), so gehören sie auch zum Lebewesen Erde (Makrokosmos); sie sind zum Teil deren Krankheiten und Blockaden.

Mit der Französischen Revolution gibt es ein allererstes zartes Pflänzlein einer neuen Geisteshaltung, ein Vorbote weit vor seiner Zeit. Das materielle dogmatische Weltbild bröckelt derzeit langsam, aber sicher in allen Bereichen ab, die sozialen Haltegriffe und Hängematten werden abgeschraubt. Der Mensch darf sich der Zeit stellen, es ist sein Weg zu Eigenverantwortung und Eigenliebe.

In der Wissenschaft bröckelt das mechanistische Weltbild von Mensch und Universum langsam zugunsten einer Betrachtungsweise der Energien, nicht zuletzt ausgelöst durch die Kernspaltung und die Feststellung, dass auch Atome nicht unteilbar sind: Es ist die Auflösung von Grenzen zwischen Energie und Materie, Körper und Geist.

Das ist meine Welt und mein Zeitalter, die Geburtswehen sind allerorten zu spüren und tun sicherlich bisweilen auch weh. Denkt aber immer daran, dass Uranus im archetypischen Entwicklungskreis eine sehr hohe Stufe darstellt! Doch davor müssen alle anderen Stufen bewältigt sein, wenn man sich auf dieser Höhe uneingeschränkt und auf gesunde Weise erfreuen will. So liegt etwa das Prinzip des Saturns, bei dem es um Selbstdisziplin, weise Beschränkung auf das Wesentliche und Reduktion der Ego-Ansprüche zugunsten des großen Uhrwerks der Schöpfung geht, noch davor. Um ein alter Weiser zu werden, ist Reifung notwendig, und sie kann nur im Reich Saturns geschehen.

Ein guter Wegbegleiter in die Wassermann-Ära ist u. a. die Uranus-Stimmgabel, die mit 207,36 Hertz schwingt (Ton Gis).[38]

Als Therapieformen empfehle ich: die Ozontherapie, Atemtherapie, Eurythmie, Neural-, Hochfrequenz-, Ultraschall-, Magnetfeld-, Kunstlichtbestrahlungs-, Orgon- und die Pyramidenenergietherapie. Als Diäten (Ernährungsformen): u. a. die willentliche Gewichtsreduktion, eventuell auch künstlich mittels Appetitzüglern (da auch beim Prinzip der Ernährung Richtlinien nur freiwillig oder gar nicht eingehalten werden können).

Bei den homöopathischen Mitteln verrichten gute Dienste:

Pflanzlich:	Colocynthis, Rhododendron, Hypericum, Ignatia
Tierisch:	–
Mineralisch:	Zincum, Phosphorus, Magnesium, Radium, Glonoinum
Nosoden:	Asthma, Malaria, Tetanus, Ulcus cruris
Bachblüten:	Scleranthus, Wild Oat, Chestnut Bud

38 Vgl. ebenda

Hermann Hesse formuliert in seinem Gedicht *Stufen*: »Und jedem Anfang wohnt ein Zauber inne.« Wir alle stehen gemeinsam an diesem Anfang; freuen wir uns auf den Zauber des Neuen, welches da kommen wird. Wir können es nicht aufhalten, so viel steht fest. Wir können jedoch unsere Schleusen öffnen für den neuen Zeitgeist, dann werden wir im Fluss sein mit uns und dem kosmischen Bewusstsein.

Denkt aber immer auch an mein Prinzip der Umpolung der Kräfte: »Wenn dies Kaffee ist, möchte ich Tee, aber wenn dies Tee ist, dann möchte ich Kaffee.«

Neptun/Poseidon:
»Alles ist in allem, und alles ist in mir«
Zwölftes Sternzeichen Fische: 19. Februar bis 20. März

Meine Lichtseiten
Hallo zusammen, ich bin Neptun/Poseidon, Sohn von Saturn/Kronos und Bruder von Pluto/Hades und Jupiter/Zeus.

Ich bin der Herr über das Meeresreich, über das Wasser, das Seelenelement Yin (weiblich-passiv, veränderlich-labil).

Der (Tier-)Kreis schließt sich mit mir, der Mensch und die Natur finden sich im ewigen Kreislauf des Lebens wieder: Meine Lieben, stellt euch einen einzigen Wassertropfen im Urmeer vor (Fische), der durch die Anziehung der Sonne als Regentropfen geboren wird und den Weg in das eigene Leben aufnimmt (Widder).

Mit dem Regen und der Rückkehr zur Erde macht er sich auf den Weg durch den Tierkreis, um schließlich wieder im

Schoß des Meeres zu versinken (Fische); ich nenne es: Anfang und Ende sind eins!

In der Natur bin ich die Übergangszeit vom Winter zum Frühling. Es ist die Zeit der großen Schneeschmelze, das Wasser schiebt das Geröll ins Tal und beseitigt die letzten Blockaden des Winters, es ist die Zeit der Auflösung des Alten und gleichzeitig der Wiedergeburt des Neuen, Reinigung und Taufe in einem.

Ich biete dem Leben die Loslösung von überholten Bindungen und trügerischen Sicherheiten an, und zwar in Form einer Umwandlung zu einem Bestandteil der Schöpfung, des großen Ganzen, des All-Eins-Seins mit Gott. Diese höchste Stufe der Erkenntnis ist dem normalen, analytischen und rationalen Verstand nicht zugänglich.

Wir finden Beschreibungen dieser Erfahrung in den Worten der christlichen Mystiker Meister Ekkehard oder Angelus Silesius; es ist das mystische Gefühl der Teilhaftigkeit am gesamten Universum und an allem, was je war und sein wird.

Ich bin Neptun/Poseidon, mit vielen bekannten Charakteren aus der Menschheitsgeschichte. Eine Zeitreise zu berühmten Fische-Geborenen vermittelt uns einen Hauch dieser Ausdrucksweise der Schöpfung. Nehmen wir Michelangelo, das Universalgenie der Renaissance, das der Welt durch seine Schöpferkraft unsterbliche Werke geschenkt hat.

Denken wir an die Wissenschaftler Kopernikus, Galileo Galilei oder Albert Einstein, die mit ihren Entdeckungen und Forschungen die Sicht der Welt und des Weltalls (Mikrokosmos-Makrokosmos) nicht nur relativiert, sondern auch unendlich erweitert haben.

Erkennen wir in der Anthroposophie von Rudolf Steiner eine erweiterte Denkweise, die den Menschen als »Bewohner zweier Welten« sieht, wie es Goethe formuliert (in der irdischen und geistigen Existenz). Deuten wir den Titel *Die Welt als Wille und Vorstellung* eines Hauptwerks des Philosophen Arthur Schopenhauer als Manifestation eines Fische-Geborenen und seiner Sicht von »Welt«. Lauschen wir der Musik von Giacomo Rossini, Frédéric Chopin oder Maurice Ravel, schauen wir auf die Bilder von Auguste Renoir, all dies vermittelt uns einen Geschmack des Fische-Prinzips, jenseits des gesprochenen Wortes in einer phantasievollen, fließenden, einfühlsamen, sensiblen, intuitiven und vielseitigen Welt der schwingenden Töne und Farben.

Wie die Natur im Zeitraum des Tierkreiszeichens Fische ist der Mensch auf der Suche nach Erlösung. Diese Erlösung hat im Fische-Zeitalter, das mein Freund Uranus treffend beschrieben hat, im Leidensweg von großen Religionsstiftern ihren Ausdruck gefunden.

Der »Vater« der Buddhisten, Buddha, hat die Leiden an der Welt und die Befreiung davon geschildert; Jesus Christus, der am Kreuz hängt, nimmt stellvertretend das Leid der Welt auf sich.

Wer wie ich von der Qualität der Fische geprägt ist, hat ein tiefes Mitgefühl mit der leidenden Kreatur. Die Offenheit für das Leiden und die Identifikation damit kann sowohl auf der Lichtseite in die Rolle des Helfers wie auch auf der Schattenseite, die ich später ausführen werde, in die Position des Opfers führen.

In meiner erlösten Lichtseite bin ich eine Hilfe für meine Mitmenschen als Arzt, Heilpraktiker, Therapeut, Psychologe, als Diakon, Mönch oder Nonne, Krankenschwester oder Krankenpfleger. Ich bin die »gute Seele« in Rettungsorganisationen, Asylen, Anstalten, Trinker-, Taubstummen- und Blindenheimen, ich bin das »Prinzip Mutter Teresa« für die Benachteiligten und Gestrandeten der rauen Wirklichkeit des materiellen Lebens.

Aus diesen erlösten Fische-Charakteren spricht die reinste und ideale Qualität der allumfassenden Liebe, selbstlos und altruistisch, für die Egoisten dieser Welt ein Fremdwort.

Die Einlösung des Fische-Prinzips ist das Loslassen von Egostrukturen, die immer nur »wollen« und in die Welt rufen: »Mein Wille geschehe!«

Es ist die Sicherheit, dass es keinerlei Sicherheit gibt, dass es vollkommen sinnlos ist, sich an die Welt der Materie zu klammern; es ist die Zerstörung der Illusion, der Abschied von sozialen Bindungen. In diesem Sinn ist alles Leben Opfer, denn opfern bedeutet Hingabe eines Lebens an ein höheres Leben, es ist das Jasagen zu Leid und Tod: Im Leiden liegt eine große, erlösende und befreiende Kraft, und nichts Großes in dieser Welt geschieht ohne Leiden.

Der erlöste Fische-Mensch macht sich auf den Weg, das letzte Stadium des Verhaftetseins und der geistigen Begrenztheit zu verlassen, es ist die Sehnsucht, der göttlichen Vollkommenheit ein wenig näher zu kommen – in Demut und Hingabe –, zu der Erkenntnis: »Dein Wille geschehe!«

Meine Schattenseiten
Ich bin Poseidon und werde sehr oft missverstanden. Die Menschen in Asien bezeichnen die Welt als »Maia«, als Täuschung. Die Menschen im Westen glauben häufig, sie müssen sich nur von der irdischen, materiellen Welt abwenden, um auf den Weg der Seligkeit und Erleuchtung zu gelangen.

Diese naive Vorstellung, »ichlos« zu sein, öffnet der Schattenseite Tür und Tor. Die Folge sind Orientierungs-, Haltlosigkeit, Selbstverleugnung und Verteufelung des materiellen Lebens und der körperlichen Bedürfnisse, die Schattenseite der Sehn-Sucht ist die Sucht, die sich in vielen Schattierungen zeigen kann.

Bei mir ist es die Sex-Sucht, die mir zahllose Nachkommen mit Göttinnen, Nymphen und Sterblichen beschert. Mit List und Täuschung, zum Teil unüberschaubaren, verworrenen, betrügerischen und verlogenen Intrigen zerre ich diese Frauen in mein Bett, um meine Sucht zu befriedigen. Bei vielen anderen Fische-Geborenen ist es eine andere Sucht: Sie sind arbeits-, drogen- oder alkohol-, tablettensüchtig etc. und entziehen sich damit der Auseinandersetzung mit der realen Welt, indem sie in eine Scheinwelt abdriften.

Der Weg zur Erlösung, so lehren uns auch die Religionen, führt erst durch das Tor der Bewältigung unserer tagtäglichen Pflichten, unserer Alltagsrealität und ihrer Aufgaben. Die Wirklichkeit, wenn wir ihr entfliehen wollen, holt uns früher oder später ein und führt uns dann häufig über das Leid zu einer umso größeren Anbindung an dieselbe.

Fische-Menschen leiden oft an Konturlosigkeit- und Gleichgültigkeit, vieles oder gar alles ist ihnen wurschtegal, zahlreiche von ihnen wollen erst gar nicht den warmen, schützenden Mutterleib verlassen, in dem sie sich um nichts zu kümmern brauchen, weil alles im Überfluss vorhanden ist, und das in der angenehmen Temperatur des Fruchtwassers (Wasser = Yin = Seele).

Das Abtrennen der Nabelschnur ist der erste große Schock, den einige ihr Leben lang nicht verkraften. Sie verweigern sich der Welt, verharren bis ins hohe Alter in einer Art seelischem Embryonalzustand, sie weigern sich, klare Ich-Grenzen zu ziehen im Sinne des »Das bin ich, das bin ich nicht, das ist jemand anderes«. Sie fühlen sich wie ein Sieb oder schlimmer: wie eine offene Wunde, durch die die Gefühle von jedermann und »jederfrau« nur so durchfließen. Es ist letztlich auch die Weigerung, den Weg des Egos und der Individualisierung überhaupt anzutreten; es ist die Weigerung, erwachsen, eine Persönlichkeit mit all ihren Stärken und Schwächen, mit Licht und Schatten zu werden.

Die Schattenmanifestation zeigt sich bei Menschen, die in dem Gefühl leben, nichts und niemandem verpflichtet oder verbunden zu sein, mit einer hohen betrügerischen und kriminellen Energie. Ich bin auch der Gott der schrulligen Sonderlinge, die abseits der Gesellschaft im Dunkeln munkeln: Es sind die Betrüger und Täuscher auf allen Ebenen des Lebens, die amoralischen, unehrlichen und schleimigen Kriminellen, korrupt bis auf die Knochen.

Ist das soziale Bewusstsein intakt, aber verschoben in der Realität, ergeben sich aus einem Cocktail von Leiden an der Welt und tiefem Einfühlungsvermögen bis zur Selbstaufgabe die Charaktere mit dem »Rettungs-« oder »Helfersyndrom«, die allen helfen können, nur sich selbst nicht.

Es sind die inneren Pantoffelhelden und Duckmäuser, die sich aufgrund ihrer Realitätsverschiebung in der Außenwelt als Draufgänger und »Mann/Frau von Welt« präsentieren.

Es sind die Schattenmanifestationen in Form von Blockaden und Krankheiten wie Infektionen (Seuchen), Vergiftungen, Lähmungen, Süchte, allgemein psychische Erkrankungen, Erkältungen, Lungenanfälligkeiten auf kaltfeuchte Reize, die Neigung zu Fußerkrankungen, Störungen der Schleimerzeugung, alle Formen der Hormonstörungen (mit körperlichen Konsequenzen), Störungen im Melatoninstoffwechsel (z. B. Winterdepression, Körperentgiftung durch Substanzabbau) sowie alle Krankheitsbilder, die zu einer übertriebenen Wasserabspeicherung im Körper führen.

In der körperlichen Analogie können darüber hinaus betroffen sein: Knochen des Fußgewölbes und Zehenknochen, die Fußmuskeln (Zehenbeuger und -strecker). Eine weitere Organzuordnung ist schwierig, da diese über den materiellen Körper hinausgeht in den Ätherkörper.

Die Integration des Schattens – die Heilung
Ich, Poseidon, möchte es allen klar sagen: Wir können nicht aufgeben, was wir nicht besitzen! Wenn wir kein Ego, kein Ich besitzen, von dem wir so ungefähr wissen, was es will und was es nicht will, woraus es besteht, was es an Licht- *und* Schattenseiten hat, welche Triebe und verborgene Leidenschaften in den Tiefen der ozeanischen Urseele lauern, was, bitte schön, wollen wir dann aufgeben? Und hier beißt sich die Katze in den eigenen Schwanz – oder: Anfang und Ende sind eins. Denn die Aufgabe des Egos führt immer ohne Ausnahme über den zuvor beschrittenen steinigen Weg der Individuation, durch das Tor, das mein Vater Saturn/Kronos bewacht, als »Hüter der Schwelle«. Die »alten« und weisen Astrologen sagen: »Nur wer Saturn eingelöst hat, erhält die Gnade des Jupiter!«

Schließlich bin ich das abschließende und dritte der drei Wasserzeichen, bei dem es um den weiblichen Anteil geht, um die Anima, um den Teil also, den die Menschen (heute) so gern verdrängen wollen.

Nicht zufällig (und auch zu meiner Freude) stehen mir zahlreiche Meeresjungfrauen und Nymphen zur Seite, um den weiblichen Pol im Menschen einzufordern.

Der leidgeprüfte Odysseus könnte euch ein langes Lied davon singen, von unzähligen Gefahren und Unglücken, Anfechtungen auf seinem Weg. Er muss all diese Opfer aufbringen, sie sind für ihn und seine Reifung notwendig, um schließlich nach Hause kommen zu können. Und siehe da: Der heimgekehrte Sohn, der durch die raue Prüfung des Lebens gegangen ist, scheint Gottvater Zeus lieber zu sein als der daheim gebliebene. Das ist auch das Bildnis des verlorenen Sohns in der Bibel, in dem der gütige und verzeihende Vater dem abgebrannten, vom Leben schwer gezeichneten Sohn ein rauschendes Fest ausrichtet, als er nach Hause zurückkehrt, und nicht seinem

Bruder, dem Nesthocker, der sich weigerte, in die Fremde zu gehen, sondern an »Vaters Rockzipfel« kleben blieb, frei von jeglicher eigener Persönlichkeit. Wenn wir unsere Hausaufgaben machen, das Leben als eine Schulklasse betrachten, in der wir weiterkommen oder sitzenbleiben können, dann begrüßt uns unser Vater (Gott) mit offenen Armen.

Ich, Neptun/Poseidon, möchte euch als Gott des Meeres und des Wassers das Gleichnis des Anglers erläutern, das all meine bisherigen Worte in einem Bild zusammenfasst, welches nicht nur für die Wasserzeichen Gültigkeit hat: Was macht ein guter Angler? Er verfügt über eine gute Ausrüstung, eine gut funktionierende Angel, angemessene und schützende Kleidung, er hat vielleicht (im Schweiße seines Angesichts) den Köder selbst aus der Erde gegraben, er ist zum richtigen Zeitpunkt am richtigen Ort, kurz, er hat alles für ihn Menschenmögliche getan, um das Angeln zum Erfolg zu führen (»Mein Wille geschehe«).

In dem Moment, in dem er die Angel auswirft, gibt er ab an eine »höhere Ordnung«, er kann durch sein Ego nichts mehr richten, er kann die Fische nicht zwingen anzubeißen. Er unterstellt sich dem kosmischen Gesetz (»Dein Wille geschehe«).

Ich möchte dieses Beispiel nicht durch meine Interpretation verwässern (was mir als Wassergott allzu leicht passiert), aber so viel sei gesagt: Es beantwortet auf einen Wurf sehr viele offene Fragen der Menschen.

Auf dem Fische-Weg hilft u. a. die Schwingung der Neptun-Stimmgabel mit 211,44 Hertz (im Ton Gis), welche neben anderem die Intuition, das Unbewusste und die Traumwelt fördert.[39]

---

39 Vgl. ebenda

Unterstützende Therapien arbeiten z. B. mit Wasser: Fußbäder (ansteigend), Güsse, kurzes Tautreten, weiter Musiktherapien, Fußreflexzonenmassage, Kinesiologie, Geistheilung, Meditation, Aromatherapie, Bachblüten, Homöopathie (oder Hochpotenzen), als Ernährungsform die vegetarische Diät und die »kosmische Ernährung«.

Bei den homöopathischen Mitteln und bei den Bachblüten helfen vor allem die folgenden:

Pflanzlich:	China, Conium, Colchicum, Opium, Helleborus
Tierisch:	Lachesis, Sepia
Mineralisch:	Kalium bichromicum, Jodum, Kalium phosphoricum
Nosoden:	Tuberculinum, Baccilinum, Coxsackievirus
Bachblüten:	Centaury, Wild Rose, Aspen

Bevor wir in die abschließende vierte Quadrantenpause gehen und uns im Anschluss daran fast 2200 Jahre nicht mehr in diesem (Tier-)Kreis sehen werden, möchte ich euch zu einer stillen Meditation einladen.

Wollen wir auf diese besinnliche Weise das Wassermann-Zeitalter auf seinen Weg bringen, meditiert mit mir über den Glaubenssatz der »Fische«: »Alle Menschen werden Brüder.«

Vierte Quadrantenpause
Kurzprotokoll Q4 – Abschluss

»Der vierte Quadrant zeigt primär unseren kosmischen Auftrag, das, was wir in diesem Leben an spiritueller Reife entwickeln können und sollen. Überpersönliche Themen, Schicksal und Gesellschaft sind hier dargestellt«.[40]

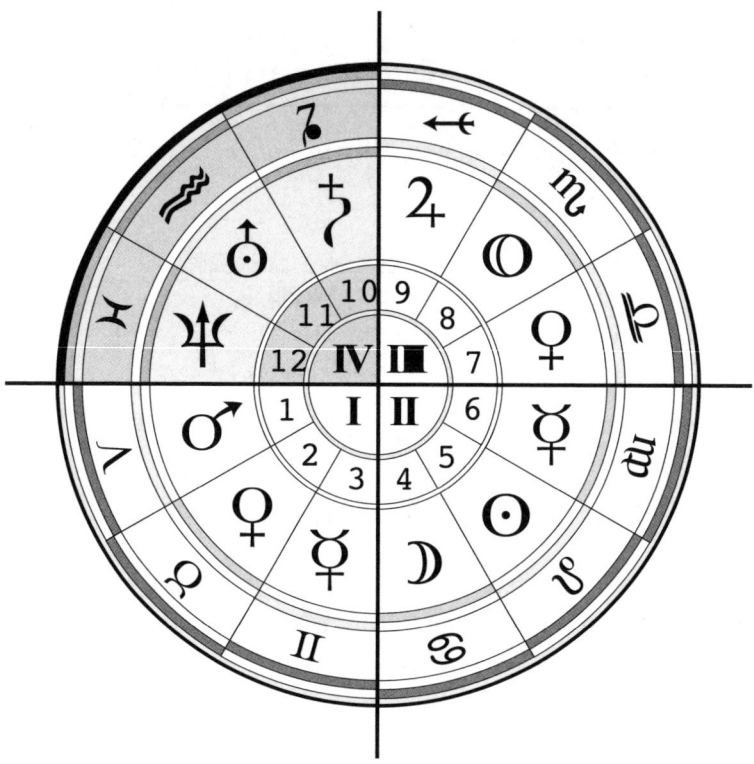

Es ist die Zeit der Minerale und Kristalle, des physischen Todes und des geistigen Lebens. Der Winter führt sein strenges Regiment, alles ist hart und gefroren, die Luft ist kalt und steht, die Elemente ruhen statisch.

Der Winter schließt den Menschen vom Außen ab, die Energie wandert nach innen. Es ist die Jahreszeit des Festen, Kalten, Toten.

---

40 Schäfer, a. a. O.

Teil II

Die Praxis der Phonophorese

Ein-Schwingung

»Der Worte sind genug gewechselt, lasst mich auch endlich Taten sehn«: Goethes Worte aus dem *Faust* schwingen uns in den praktischen Teil dieses Buches ein.

Erlauben Sie uns zuvor eine letzte kurze Reflexion über den theoretischen Teil: Stellen Sie sich einmal vor, Sie treffen eine(n) Unbekannte(n) und finden sich auf Anhieb sympathisch. Sie spüren, dass Sie sich gegenseitig guttun, dass Sie sozusagen auf einer »Wellenlänge« sind. Sie harmonieren auch ohne viele Worte.

Im Lauf der Zeit möchten Sie mehr vom Gegenüber wissen, nicht zuletzt, um noch besser auf den/die Betreffende(n) eingehen zu können und ein tieferes Verständnis seines/ihres Wesens zu erlangen. Sie sprechen über Ihren »Background«, Ihr (Vor-) Leben, Ihre Sichtweise der Welt etc.

Durch diesen Austausch erhält die eventuell primär körperlich-seelische Perspektive der »Beziehung« eine weitere (noch fehlende) Komponente: Wir sprechen von der *geistigen* Seite, die bisher im Sinne der Dreiteilung »Körper-Seele-Geist« noch nicht integriert wurde und zur Ganzheit, zur Vollkommenheit insgeheim vermisst wurde.

Wir sollten nämlich nicht vergessen, dass der Geist über der Materie steht (so heißt es bereits in der Bibel), dass die körperlich-seelischen Tierkreiszeichen (im ersten und zweiten Quadranten) ab dem dritten Quadranten durch die höheren, geistigen bereichert werden.

Was hat diese Metapher nun mit dem Verständnis der Phonophorese zu tun? Wir meinen, eine ganze Menge. Denn letztlich geht es bei all unserem Tun auch um Bewusstheit und Bewusstwerdung – oder wie Goethe sagte: »Der Mensch ist ein Wesen zweier Welten.« Gemeint ist die irdische *und* die geistige Welt.

Es ist richtig: Phonophorese »funktioniert« auch ohne Hintergrundwissen. Wie wir bereits erwähnten, ist der Apfel schon immer vom Baum gefallen, auch bevor wir Menschen dies durch die Gravitation erklären konnten.

Dennoch: Naturgemäß gilt für die Phonophorese das gleiche Prinzip wie in der oben dargestellten »Beziehung«. Es gibt Beziehungen zum »Wohle« (primär körperlich-seelisch), und es gibt Beziehungen zum »Heil« (Körper-Seele-Geist) mit Bewusstseinsarbeit, mit der Integration des Schattens.

Wertfrei gesehen, wollen wir sagen: »Viele Wege führen nach Rom.« Und ähnlich viele Wege gibt es auch, mit diesem Buch zu arbeiten, ob Sie nun mehr die praktischen Aspekte nutzen oder die geistigen Hintergründe betrachten.

Ihr Weg ist der *richtige* Weg für Sie!

Entscheidend ist: Jeder Weg (auch ein Marathon) fängt mit dem ersten Schritt an. Also laufen wir gemeinsam los, denn wie gesagt: »Der Worte sind genug gewechselt, lasst mich auch endlich Taten sehn.«

»Jede Figur und Aneinanderreihung von Zahlen und Zusammenfügung von harmonischen Klängen und die Übereinstimmung in den Umläufen der Gestirne – und jenes Eine als das Analoge für alles sich Darbietende – müssen hervorleuchtend klar werden demjenigen, der in rechter Weise forscht. Es wird aber ans Licht kommen das, was wir sagen, wenn jemand so recht auf das Eine schauend alles zu erlernen strebt. Dann wird nämlich ein verbindendes Band der genannten alle ans Licht treten.«
Platon

Die Wirkungsweise der Stimmgabeln nutzen

Schwingungen und Stimmgabeln

Die Planetenschwingung errechnen

Versuchen wir, das »verbindende Band«, wie Platon es nennt, zu knüpfen, indem wir erläutern, wie wir die (Ur-)Klänge der Himmelskörper überhaupt wahrnehmen können. Zwei Begriffe erscheinen wichtig für das Verständnis – Frequenz und Oktave. Hans Cousto schreibt dazu:

> »*Frequenz* (lateinisch *frequentia* = ›Häufigkeit‹) ist die Anzahl der Wiederholungen eines periodischen Phänomens innerhalb eines Zeitintervalls. Da die meisten periodischen Ereignisse wie z.B. Tage, die Jahre, die Mondumläufe Schwingungscharakter haben, wird die Frequenz in Schwingungen pro Zeiteinheit angegeben ... *Eine* Schwingung pro Sekunde nennt man ein Hertz (Hz) ... Die Maßzahl der Frequenz, die in Hertz (Hz) angegeben wird, ist die Anzahl von Schwingungen von 1 Sekunde (1 sec). Die Sekunde entspricht dem 86 400. Teil eines *mittleren Sonnentages*.«[41]

---

41 Cousto, a. a. O.

Wir sehen: Frequenz wird hier objektiv gemessen und beruht auf wissenschaftlichen Daten und Fakten.

Dass es auch eine subjektiv »gefühlte« Frequenz geben muss, zeigt beispielsweise eine Umfrage unter Ehepartnern nach der Häufigkeit (Frequenz) des gemeinsamen Geschlechtsverkehrs pro Monat. Mann und Frau wurden getrennt voneinander befragt – und, o Wunder: Die Männer hatten eindeutig häufiger Sex als die Frauen ...

Es ist schon klar: Nur die objektiv durchgeführten Messungen sind für die Phonophorese geeignet und relevant. Eine faszinierende Tatsache ist allerdings die, dass die (moderne) Wissenschaft mit ihren filigranen Messinstrumenten nicht selten zu denselben Ergebnissen gelangt wie Menschen aus weit früheren Epochen, die für ihre Berechnungen nicht viel mehr zur Verfügung hatten als Auge, Kopf und einige Messgeräte, die wir heute lebenden Menschen des »Hubble-Zeitalters« nur mit einem Kopfschütteln der Be- oder Verwunderung in den Museumsvitrinen bestaunen können.

Doch fahren wir fort mit dem zweiten Begriff, der Oktave. Dazu heißt es weiter bei Cousto:

> »*Oktave* (lateinisch *octava* = ›die Achte‹). Die Oktave ist die *achte* Stufe einer Tonleiter in diatonischer Folge, die mit demselben Tonbuchstaben bezeichnet wird wie der Ausgangston ... Physikalisch ist die aufsteigende Oktave der erste Oberton eines Grundtones und hat die doppelte Frequenz des Grundtones. Die absteigende Oktave eines Grundtones hat die halbe Frequenz des Grundtones. Oktavieren heißt eine Frequenz verdoppeln oder halbieren.«

Wie kann man nun dieses Wissen über Frequenz und Oktave in Verbindung mit den Planeten bringen?

Am Beispiel unseres Heimatplaneten Erde wollen wir Ihnen Schritt für Schritt demonstrieren, wie unkompliziert letztlich das Errechnen der entsprechenden Planetenfrequenz ist. Auch hier gilt die Pars-pro-Toto-Gesetzmäßigkeit. Das soll heißen: Was für die Erde gilt, gilt auch für andere Himmelskörper.

Und so einfach geht das, wenn man die richtigen »Zutaten« nimmt:

- Schritt 1: die Zeitdauer der Periode bestimmen
Schwingungsperiode = 1 Tag (= 24 Stunden), das ist die Zeit, in der sich die Erde einmal um die eigene Achse dreht (= Eigenrotation).
24 Stunden entsprechen 86 400 Sekunden (= 24 x 60 x 60).

- Schritt 2: die Frequenz der Erde errechnen
Die Frequenz errechnet sich aus dem Kehrwert der Periodendauer in Sekunden nach der allgemein gültigen Formel:

$$\text{Frequenz} = \frac{1}{\text{Zeitdauer der Periode in Sekunden (sec)}}$$

Auf unsere Erde angewandt, geht das so:

$$\text{Frequenz} = \frac{1}{86\,400}$$

Das ergibt eine Frequenz von 0,000 011 574 074 Hertz. Diese Frequenz ist für das menschliche Ohr vollkommen »unhörbar«.

- Schritt 3: das Oktavieren dieser Erdfrequenz in den hörbaren Bereich

Erst seit den Berechnungen und Forschungen von Hans Cousto kennen wir Möglichkeiten, die Planetenfrequenzen hörbar zu machen. Wie funktioniert das? Lassen wir Cousto wieder selbst zu Wort kommen:

»Jetzt muss diese Frequenz [von 0,000 011 574 074 Hertz] so oft mit 2 multipliziert werden, bis man in den hörbaren Bereich, der etwa bei 16 Hertz anfängt, gelangt, und schon hat man den analogen Ton zum Erdenton. Dies ist der Ton G, der im klassischen fünfzeiligen Notensystem vom Violinschlüssel angezeigt wird.«

»Nach 24-maligem Oktavieren der ›Basisfrequenz‹ von 0,000 011 574 074 Hertz erhalten wir die Frequenz 194,18 Hertz, den Ton G, nach klassischer musikalischer Definition: den *Tageston*.
In einem Satz zusammengefasst, können wir sagen: Der Ton G mit 194,18 Hertz ist nichts anderes als die 24. Oktave des Erdentages.«

Interessant zu erwähnen: Der Violinschlüssel zeigt in unserem fünfzeiligen Notensystem ein G an, weshalb er auch G-Schlüssel genannt wird.
»Violinschlüssel« heißt im Französischen übrigens *clef de sol;* »unser« Ton G heißt im französischen Sprachgebrauch *sol, le sol* heißt im Deutschen »der Boden«, und hier ist sie wieder: die Analogie zu unserer Mutter Erde. *Le soleil* heißt »die Sonne«, sie ist der Bezugspunkt.
Und schon ergibt sich die lautmalerische Namensgebung: Die Phonophorese-Stimmgabel in dieser Frequenz (194,18 Hertz, Ton G) trägt die Bezeichnung »Mittlerer Sonnentag«. Freuen Sie sich auf die dynamisierenden und Energie aufbauen-

den Schwingungen dieser Gabel, die wir im weiteren Verlauf des Buches noch beschreiben werden.

Dieses Wissen um die wohltuende, ja, nahezu magische Wirkung der Oktave im Allgemeinen scheint uralt zu sein. So lautet z. B. eine Inschrift an den Kapitellen der Abteikirche zu Cluny in Frankreich: »Octavus sanctos omnes docet esse beatos« (»Die Oktave lehrt alle Heiligen, glückselig zu sein«).

Was die Archetypen für das »kollektive Unbewusste« sind, scheint die Oktave für das »harmonische Empfinden« zu sein. Von allen Intervallen (Terz, Quart, Quint etc.) ist die Oktave dasjenige, welches bei gleichem Energieniveau die stärkste Resonanz aufweist. So ist es schon rein intuitiv zu verstehen, dass die »Jupiter-Symphonie« von Mozart uns wesentlich harmonischer stimmt als etwa ein Werk der Zwölftonmusik (auch Dodekaphonie genannt), sagen wir von Arnold Schönberg.

Es gibt aber noch eine andere Möglichkeit, die Erdfrequenz durch weitere Oktavierung in den für den Menschen *sichtbaren* Bereich zu bringen.

Zum Ton G gehört oktavanalog die Farbe Orangerot mit einer Wellenlänge von zirka 700 Nanometern (etwa 65-fache Oktavierung).

Zur Vervielfachung der Phonophorese-Wirkung bietet sich eine Kombination mit einer Farbtherapie geradezu an. Wenn Sie an dieser Stelle denken: »Wow, spannendes Thema, diese Oktave, da muss ich unbedingt mehr drüber wissen!«, dann sind Hans Coustos Werke[42] eine wahre Fundgrube für Sie.

Zum Thema »Farbe« und »Musik/Harmonie« empfehlen wir das Buch *Farb-Musik* von Fritz Dobretzberger und Johannes Paul.[43]

---

42 Hans Cousto: *Die Kosmische Oktave*, Essen 1984; *Die Töne der Kosmischen Oktave*, a. a. O.; *Die Oktave*, Berlin 1987
43 Fritz Dobretzberger und Johannes Paul: *Farb-Musik*, Berlin 1993

Die Stimmgabel wird zur heilsamen Schwingungsgabel

Blättert man in der einschlägigen Literatur und sucht man den »Erfinder« der Stimmgabeln, so fällt man immer wieder über einen Namen: John Shore. Dieser war englischer Trompeter und Lautenist, einer von 24 Musikern im Orchester von Queen Anne und ein Freund von Georg Friedrich Händel. Bei der Krönung von George I. spielte John Shore die Solotrompete. Er ließ sich 1711 die erste bekannte Stimmgabel anfertigen, um seine Laute besser einstimmen zu können.

Was war neu? Der Vorteil gegenüber den damals u. a. gebräuchlichen aufwändigen Monochords, einem System von schwingenden Metallzungen, lag in der Bedienerfreundlichkeit (Größe/Gewicht/sofortige Verfügbarkeit) sowie der fast vollkommenen Temperaturunabhängigkeit.

Im Laufe der Zeit hielt die Stimmgabel ihren Einzug dann auch in die Medizin: HNO-Ärzte verwenden sie zur Untersuchung der Luft- und Knochenleitung des Schalls, Neurologen setzen sie zur Feststellung eines gestörten Vibrationsempfindens, der Pallästhesie, ein. Sie dient zur Diagnose der Polyneuropathie (Nervenerkrankung), welche sich in einer Herabsetzung der Vibrationsempfindlichkeit äußert. Dieses Krankheitsbild findet man verstärkt bei Stoffwechselstörungen wie Diabetes, toxischen Nervenschädigungen wie Alkoholismus sowie bakteriellen Nervenentzündungen etc.

Sie sehen: Hier erfüllt die Stimmgabel eine reine *Diagnose*-Funktion.

Wie wir in Teil I dargestellt haben, befindet sich alles im Universum in Schwingung, alles hat eine Resonanzfrequenz, beim Menschen jeder Knochen, jedes Organ und auch jedes Gewebe. Zusammen ergeben die einzelnen Resonanzfrequenzen eine

Gesamtfrequenz, eine Harmonie, die unsere eigene und ganz persönliche Schwingung ist.

Wir können sagen: Wenn ein Organ oder Körperteil nicht mehr in der »richtigen« Frequenz schwingt, so liegt eine Blockade oder Krankheit vor. Durch das Aufsetzen der entsprechenden Stimmgabel werden der betroffenen Körperregion nun Schwingungen zugeführt; d. h. die Blockade wird dadurch gelindert oder gelöst, indem diese Region wieder »eingeschwungen« und die natürliche Frequenz wiederhergestellt wird.

Die Schwingungen im Einzelnen

Im theoretischen Teil haben Sie die Urprinzipien näher kennen gelernt. Wie Sie wissen, gibt es deren zehn (von sonnennah zu sonnenfern): Sonne, Merkur, Venus, Mond, Mars, Jupiter, Saturn, Uranus, Neptun und Pluto. Unsere Erde (mit Mond) befindet sich zwischen Venus und Mars.

In der Phonophorese arbeiten wir derzeit mit 25 verschiedenen Stimmgabeln (siehe Tabelle). Unser Heimatplanet Erde, die Mutter all unseres irdischen Lebens und unserer Verwurzelung, ist kein eigentliches Urprinzip, aber der Bezugspunkt in allen Formen unserer Existenz. Wie im ptolemäischen Weltbild sehen wir die Welt und das All von der Erde aus; die Astrologie arbeitet bis heute mit geozentrischen (= ptolemäischen) Ephemeriden.

So ist die Erde naturgemäß Repräsentant der Erdtöne, von denen wir neun verschiedene verwenden (wir haben Wasserstoffgamma hier mit zur Erde gerechnet, wohl wissend, dass Wasserstoff im gesamten Universum vorhanden ist).

Das widerspiegelnde Urprinzip, der Mond, ist mit sieben Stimmgabeln vertreten. »Ist es doch gerade das Mondhafte, Weibliche, das unserer vom männlichen Gegenpol beherrschten Zeit so mangelt.«[44] Der Mond (und damit das Weibliche, das Yin-Element) ist das Urprinzip, welches uns direkt mit unserer Seele in Kontakt bringt. Mittels Mondstimmgabeln können wir diesen so vernachlässigten Anteil in uns (wieder) entdecken, erleben und aus der Blockade »schwingen«.

---

44 Dahlke/Klein, a. a. O.

Die 25 Stimmgabeln		
Planetarische Entsprechung		*Frequenz in Hertz*
Sonne	Sonnenton	126,22
Erde	Meistergabel	128
	Jahreston Om	136,10
	Geomagnetfeld	149,74
	Wasserstoffgamma	157,04
	Platonisches Jahr	172,06
	Mittlerer Sonnentag	194,18
	Siderischer Tag	194,71
	Schumann-Resonanz I	250,56
	Schumann-Resonanz II	256
Mond	Kulminationsperiode	187,61
	Synodischer Monat	210,42
	Siderischer Monat	227,43
	Metonischer Zyklus	229,22
	Mondknotenumlauf	234,16
	Sarosperiode	241,56
	Apsidenumlauf	246,04
Planeten	Merkur	141,27
	Venus	221,23
	Mars	144,72
	Jupiter	183,58
	Saturn	147,85
	Uranus	207,36
	Neptun	211,44
	Pluto	140,25

Sonnenton

»Das Leben spendende Urprinzip«

Charakteristika

Frequenz:	126,22 Hertz
Ton:	H
Farbe:	Gelbgrün (komplementär Violettrot)
Körperliche Zuordnung:	Herz, Augen, körperliche Mitte, Kronenchakra
Meridiane:	Herz, Kreislauf, Dreifacher Erwärmer, Du-Mai
Chakren:	zweites (Svadhishthana-) und drittes (Manipura-)Chakra
Planetarische Zuordnung:	Sonne

Körperliche Ebene

In der archetypischen Medizin steht die Sonne u. a. für das Sehen mit den Augen (sinnliche Wahrnehmung des Lichts). Die Stimmgabel beeinflusst das Sehvermögen positiv; sie zeigt eine heilsame Wirkung bei Augenkrankheiten.

Im Bereich der Vitalität und des Kraftspendens hilft sie Männern bei Impotenz bzw. Potenzschwierigkeiten. Sie versorgt die Nieren mit Yang-Energie (Sonne = männlich = Yang). Ihre stärkende »Power« unterstützt die Tätigkeit des Herzens; sie unterstützt die körperliche Mitte.

Psychologische Ebene

Die Sonne ist der Lebensspender unseres Universums. Sie gibt Vitalität, sorgt für Expansion, Wachstum und Licht. Sie ist der Sieg über die Dunkelheit. Sie hilft uns, in unsere eigene Kraft (und Macht) zu kommen, (unser) Leben zu organisieren, uns zu zeigen.

Diese Gabel führt uns aus der Dunkelheit, aus der Depression, aus dem »Winterschlaf« in den aufkeimenden Frühling.

Sie gibt uns die Kraft, zu neuen Ufern zu segeln (in der Realität wie in der Imagination). Sie eröffnet neue Dimensionen, neue Begriffe von Raum und Zeit, sie macht unseren Horizont weiter, heller und leuchtender.

Spirituelle Ebene
Der Sonnenton ist die Grenze zwischen dem Yin und dem Yang, zwischen Diesseits und Jenseits. Er entspricht einer höheren Dimension und steht darum auch für das Magische und das Transzendentale, denn er entzieht sich dem rational Beobachtbaren.[45] Meditationen, die auf diesen Ton eingestimmt sind, sprengen alle Vorstellungen. Vielen ist der Ton fremd, ungewohnt, eventuell sogar bedrohlich. Er ist für Menschen zu empfehlen, deren Seele von Heiterkeit und deren Geist von Klarheit erfüllt ist. Er führt zum Loslassen ohne Wehmut.

Wir raten dazu, vor Anwendung des Sonnentons zunächst mit den Tönen der Erde, des Mondes und der Planeten Erfahrungen zu sammeln.

Wesensmerkmale des Sonnentons
Der Sonnenton ist der Ausdruck eines Grenzwertes. Er ist der einzige Ton, bei dem nicht eine vorhandene astronomische Periode hochoktaviert wird: »Ein gedachter Planet, der den Sonnenmittelpunkt in Abstand der Gravitationslänge mit annähernder Lichtgeschwindigkeit umkreisen würde, täte dies in der Sekunde gut 32 000-mal. Die achte Unteroktave hat dann die Frequenz von 126,22 Hertz.«[46] Dieser Sonnenton repräsentiert laut Cousto nicht die klassische Physik, sondern die moderne Quantenphysik und die Relativitätstheorie.

---

45 Vgl. Cousto: *Die Töne der Kosmischen Oktave*, a. a. O.
46 Ebenda

Meistergabel
»Die selbstlose Liebe«

Charakteristika

Frequenz:	128 Hertz
Ton:	C (nach Rudolf Steiner)
Farbe:	Grün (komplementär Rot)
Körperliche Zuordnung:	gesamter Körperbereich
Meridiane:	alle
Chakren:	alle
Planetarische Zuordnung:	Erde

Körperliche Ebene

Die Meistergabel balanciert und harmonisiert alle körperlichen und organischen Bereiche ohne festgelegte oder einschränkende Zuordnung: Sie korrespondiert mit »Mutter Erde«, dem mütterlichen Prinzip, somit eignet sie sich auch hervorragend für Babys und Kleinkinder (»Babygabel«). Ihre Schwingung erzeugt das wohlige Empfinden von selbstloser Liebe und Hingabe im körperlichen Bereich: geliebt werden, ohne etwas dafür leisten zu müssen.

Psychologische Ebene

Diese Gabel führt zur Beruhigung von Spannungszuständen und zur inneren Befreiung. Sie verbindet uns mit der wunderbaren Heilschwingung des Herzens, sprich der Liebe; sie macht uns »weiter« und löst die einschnürende Enge; sie führt aus der Angst in das Vertrauen, in das Urvertrauen zu sich selbst.

Angst und Vertrauen sind die zwei (konträren) Seiten derselben Medaille: Wo Vertrauen herrscht, kann die Angst nicht siegen.

Spirituelle Ebene
Die Schwingung dieser Gabel entspricht der Reiki-Energie und der Energie, mit der Heiler »arbeiten«. Sie kann die Aura stabilisieren, Lücken füllen und als Sterbebegleiter helfen, den Übergang zum Tod zu finden.

Unser »kollektives Unbewusstes« erkennt ihre archetypische Grundschwingung der selbstlosen Liebe, wir gehen mit einer »geliebten und fast vergessenen Bekannten« in Resonanz.

Wesensmerkmale der Meistergabel
Der 86400. Teil des Mittleren Sonnentages ist die Sekunde = 1; durch siebenfaches Oktavieren von 1 erhält man 128 (Hertz), für Rudolf Steiner die Empfehlung für die Tonhöhe C (= 432 Hertz entsprechen dem A). Er erkannte die stärkere therapeutische Wirkung dieser tieferen Schwingungszahl als der heute gebräuchlichen (Kammerton A = 440 Hertz). Wegen ihrer Weichheit und umhüllenden Zartheit nennen wir sie wie gesagt auch »Babygabel«.

Jahreston Om
»Die Entspannung der Seele«

Charakteristika

Frequenz:	136,10 Hertz
Ton:	Cis
Farbe:	Blaugrün (komplementär Orangerot), Türkis (komplementär Magenta)
Körperliche Zuordnung:	Herz
Meridiane:	alle, besonders Du-Mai, Ren-Mai, Herzmeridian
Chakren:	alle, besonders viertes (Anahata-)Chakra
Planetarische Zuordnung:	Erde

Körperliche Ebene
Der Jahreston Om hilft bei allen Problemen des »Herzens«. Er löst Krämpfe und Verspannungen, er macht »locker«. Seine Schwingung kann Kopfschmerzen lindern; er wirkt angenehm beruhigend auf den gesamten Körper, im medizinischen Sinn sedierend. Seine Anwendung ist jederzeit möglich – zur Beruhigung vor oder nach einer Tätigkeit, vor dem Ruhen oder Schlafen, zur Entspannung und Regeneration von Körper, Geist und Seele. Das Bedürfnis nach Schlaf- und Beruhigungsmitteln nimmt bei seiner Anwendung merklich ab.

Psychologische Ebene
Die beruhigende Wirkung dieser Gabel löst Ängste (vom Lampenfieber bis zu Prüfungsängsten). Sie führt in das Vertrauen zu sich selbst und zur universellen Energie, zur Herzensliebe und letztlich zum universellen Gesetz der Liebe.

Der Jahreston Om fördert das Selbstvertrauen, im richtigen Moment das Richtige zu tun oder Hilfe zu erkennen und auch annehmen zu können. Er führt in die Erkenntnis.

Spirituelle Ebene
Der Jahreston ist das »Om«, das dem »Amen«[47] in der christlichen Kultur entspricht. Die Schwingung dieser Stimmgabel eignet sich für jede Art der Meditation. Die Verbindung zum Herzchakra führt zu der Erkenntnis, dass die Liebe die höchste Macht ist; Meditation in dieser Schwingung führt zu Klarheit, Leichtigkeit, Gelöstheit, Helle, Fülle des Lebens, Dankbarkeit und Erleuchtung; sie führt ins Licht, in die Liebe des Herzens.

---

47 Das hebräische Wort *amen* heißt übersetzt »Wahrlich; es geschehe«.

Wesensmerkmale des Jahrestons Om
Mit 136,10 Hertz ist der Jahreston Cis (Om) die 32. Oktave unseres Erdenjahres. Die entsprechende Farbe ist das Blaugrün/Türkis. Das Erdenjahr umfasst die vier Jahreszeiten Frühling, Sommer, Herbst und Winter, die beim Menschen vor allem auf das »Gemüt«, die Bereiche des »Herzens«, wirken. Die heilige Silbe »Om« ist auf diesen Ton eingestimmt, die religiöse Tempelmusik der Hindus, die betenden Mönche in Nordindien und Tibet meditieren »Om«, sie singen diesen Ton der Seele und bringen sich in Einklang mit dem Lauf der (Seelen-)Welt. Somit ist diese Gabel eine »Allround-Gabel«.

Geomagnetfeld
»Die Entgiftung der Emotion«

Charakteristika

Frequenz:	149,74 Hertz
Ton:	Dis
Farbe:	Blauviolett/Indigo (komplementär Orangegelb/Violett-Rosa)
Körperliche Zuordnung:	hormonelle Drüsen, Dünndarm
Meridiane:	Dünndarm, Ileosakralbereich
Chakren:	zweites (Svadhishthana-)Chakra
Planetarische Zuordnung:	Erde

Körperliche Ebene
Mutter Erde ist weiblich, die Geomagnetfeldgabel steht dementsprechend für das weibliche Prinzip. Sie ist eine bevorzugte Gabel für die Harmonisierung des hormonellen Systems. Sie hilft beim Entgiften des Körpers und besitzt einen starken Bezug zum Liquor.

Ihre entgiftende und reinigende Wirkung findet ihre Umsetzung in stofflichen Ebenen (Körper, Essen, Nahrungsmitteln, Räumen) wie auch auf der feinstofflichen Ebene (Aura).

Psychologische Ebene
Die Geomagnetfeldgabel harmonisiert den Dünndarm. Dieser steht in der chinesischen Sichtweise für den emotionalen Filter, somit ist er auch der Beschützer des Herzens.

Das Geomagnetfeld hilft uns beim Verständnis dafür, dass alle Emotionen notwendig sind und auch sein dürfen. Wenn wir diese in Liebe annehmen, können sie zu Kraftquellen unseres Seins werden. Diese Kraft kann u. a. durch die Regulierung und Steuerung unseres Hormonsystems freigesetzt werden.

Spirituelle Ebene
Alle Lebewesen sind in ihrer Entwicklung immer natürlichen Magnetfeldern ausgesetzt. Sie sind Grundbedingung unserer Existenz wie Essen und Trinken. Wir stehen auf der Erdoberfläche unter dem Einfluss von »oben« (Vater Kosmos) und »unten« (Mutter Erde), von Yang und Yin. Was »oben« schwingt, schwingt »unten« mit – und umgekehrt.

Auf spiritueller Ebene kann uns diese Erkenntnis in unserer Sichtweise der »Welt« vertiefen (Mikrokosmos = Makrokosmos).

Wesensmerkmale des Geomagnetfelds
Das Magnetfeld unseres Heimatplaneten Erde weist neben einem starken Nordpol-Südpol-Anteil auch ein Mikropulsationsspektrum auf. Die kleine Terz über der Schumann-Resonanz I (siehe Gabel mit 250,56 Hertz) fällt mit ihrer Schwingung in exakt jenen Bereich dieser Stimmgabel, dem die Farbe Blauviolett/Indigo entspricht.

Wasserstoffgamma
»Die universelle Harmonie«

Charakteristika

Frequenz:	157,04 Hertz
Ton:	D
Farbe:	Wasserstoffblau (komplementär Terracotta)
Körperliche Zuordnung:	gesamter Körperbereich, vorzugsweise im Oberkörper ab Taille
Meridiane:	Dreifacher Erwärmer
Chakren:	alle
Planetarische Zuordnung:	gesamtes Universum, Erde

Körperliche Ebene

Der Verlust von Wasserstoff im Körper beschleunigt die Alterung, sorgt für Depression, chronische Erschöpfungszustände und Hormonungleichgewichte. Das Gewebe wird steif, Muskeln reißen leichter, Knochen werden spröde.

Ein gesunder Wasserstoffhaushalt schützt die Zellen vor freien Radikalen (die für den Alterungsprozess mitverantwortlich zeichnen), Wasserstoffbrücken halten die DNS-Doppelhelix unserer Chromosomen zusammen, steigern die Fähigkeit zur Zellteilung und die Regenerationsfähigkeit.

Die Wasserstoffgamma-Stimmgabel harmonisiert unsere Schwingung im Feld dieser Wasserstoffatome und löst Blockaden und Verstimmungen.

Psychologische Ebene

Die Gabel kommt zum Einsatz bei jeglicher Art von Schmerzen (körperlich und seelisch), sie hilft, den Schmerz als Freund und Lehrmeister anzunehmen, um zum einen Schlimmeres zu vermeiden und zum anderen auf anstehende Transformations- und Weiterentwicklungsprozesse aufmerksam zu machen. Ihre

Schwingung aktiviert eine tiefe Erkenntnis in uns, stellt den Kontakt zu höheren Welten her und lässt uns den Schmerz auf körperlich-seelischer Ebene überwinden bzw. überflüssig machen.

Spirituelle Ebene
»Im Anfang war der Wasserstoff.«[48] Wasserstoff ist das kleinste Atom und das erste Element im Periodensystem. Es ist das häufigste Element im gesamten Universum und damit in allen Seinsformen der Schöpfung vorhanden. Die Schwingungsstruktur dieser Gabel bringt uns in Verbindung mit »allem, was war« und »allem, was sein wird«, mit der universellen Harmoniestruktur des All-Eins. Es ist die zeitlose Schwingung ohne Vergangenheit und Zukunft, die Ewigkeit im Augenblick.

Wesensmerkmale des Wasserstoffgamma
Die Oktavierung der Wasserstoff-Spektrallinienfrequenzen führt zu verblüffenden Werten, die nahezu exakt im Einklang sind mit den Frequenzen von Uranus und Pluto; kein Wunder, wenn man weiß, dass Wasserstoff im Universum das am häufigsten anzutreffende Element ist. Die Schwingung dieser Gabel tönt von der universellen Harmonie, vom All-Eins, von der Schöpfung.

Platonisches Jahr
»Die Schwingung zur Erleuchtung«

Charakteristika

Frequenz:	172,06 Hertz
Ton:	F
Farbe:	Violett (komplementär Gelb)

---

[48] Vgl. von Ditfurth, a. a. O.

Körperliche Zuordnung:	Leber, Galle, Muskeln, Sehnen, Ischiasnerv, Rücken und Bandscheiben, Augen und Sehstörungen
Meridiane:	Leber, Galle
Chakren:	drittes (Manipura-) und siebtes (Sahasrara-)Chakra
Planetarische Zuordnung:	Erde

Körperliche Ebene

Diese Stimmgabel wird gegen alle Muskel- und Sehnenschmerzen empfohlen. Sie ist die Schmerzgabel in den Bereichen des Ischiasnervs und der Bandscheiben. Sie öffnet den so genannten Leber-Chi-Stau.

Sie aktiviert, reinigt und unterstützt die Leber und kann bei Gallenproblemen aller Art eingesetzt werden. Sie zeigt entgiftende Wirkung, Vitamine und Mineralien können nach vorgehender Entgiftung der Leber besser gespeichert werden.

Sie unterstützt unseren Sinn für das »Sehen«, auf körperlicher Ebene hilft sie bei Augen- bzw. Sehstörungen (siehe auch Sonnenton, 126,22 Hertz).

Psychologische Ebene

Dies ist eine optimale Gabel, um schneller in einen meditativen Zustand zu gelangen, und eine Hilfe, emotionale Blockaden aufzuspüren und ins Bewusstsein zu bringen. Sie öffnet uns im seelisch-psychologischen Bereich und führt einen Zustand der Entspannung herbei, vor allem bei Wut, Zorn und aggressivem Emotionsstau. Sie fördert das Heitere und die Klarheit des Erkennens, sie zeigt einen antidepressiven Einfluss auf unsere Seele.

Spirituelle Ebene

Diese Schwingung gehört zum Scheitelchakra, dem Sahasrara-Chakra, dem Punkt der kosmischen Einheit mit Gott, dem

Zentrum der göttlichen Eingebung. Sie öffnet uns nach oben zum Höheren Selbst und wird deshalb auch »Erleuchtungsgabel« genannt.

Sie finden den Punkt an dieser Stelle, etwa dort, wo beim Baby die Fontanellen auf der Schädeldecke zusammenlaufen. Es ist das obere Ende der Kundalini-Schlange (des »Schlangenkraft«-Energiekanals). Eine optimale Schwingung von 172,06 Hertz kann hier zur Aktivierung/Erleuchtung führen.

Wesensmerkmale des Platonischen Jahrs
Das Platonische Jahr (das »Große Jahr«) dauert 25 641 Jahre, es erklärt sich durch die kreisförmige Bewegung der Erdachse um die Ekliptik. Erste Überlegungen hierzu stammen aus der Antike, von Platon. Es ist die benötigte Zeit der Erdachse, einmal einen Umlauf um den Kegelmantel zu durchlaufen, der um den Pol der Ekliptik läuft. 172,06 Hertz ist die 48. Oktave dieser Erdachsenpräzession. Er entspricht dem Ton F, dem Ton des »Geistes«, nicht nur in China, sondern auch in der spirituellen Musik und der Musik zur Meditation.

Mittlerer Sonnentag
»Die durchströmende Lebenskraft«

Charakteristika

Frequenz:	194,18 Hertz
Ton:	G
Farbe:	Orangerot (komplementär Blaugrün)
Körperliche Zuordnung:	Blase, Niere
Meridiane:	Blase, Niere (ab Taille abwärts)
Chakren:	erstes (Muladhara-)Chakra
Planetarische Zuordnung:	Erde

Körperliche Ebene
Diese Gabel gibt Energie in den Körper hinein. Somit verhilft sie dem geschwächten Körper zur Regeneration bei allen langwierigen, Kräfte zehrenden und chronischen Krankheiten.

Sie kann bei Krebs zur Linderung und Kraftzufuhr eingesetzt werden, auch bei Immunkrankheiten (wie Aids), Verfallskrankheiten (wie Osteoporose) und bei alten Menschen (zur Dynamisierung und zum Energieaufbau).

Durch die Wirkung auf das erste Chakra steigert diese Gabel das Lustgefühl, die sexuelle Energie und hilft gegen Impotenz.

Psychologische Ebene
Organische und psychische Faktoren einer Blockade bzw. Krankheit sind die zwei Seiten derselben Medaille. Die Aktivierung des Ausgangspunktes der Kundalini (»Schlangenkraft«), der unterste Punkt der Wirbelsäule, durch die Stimmgabel mit 194,18 Hertz bringt *alle* Chakren in Schwingung, der Körper und die Psyche werden von vitalisierender Energie durchflutet, die Kraft des Feuers wird (wieder)erweckt. Durch das Wohlfühlen auf psychischer Ebene kann sich auch eine Entspannung auf körperlicher Ebene zeigen, was im Fall der Impotenz zu einem sichtbaren Ergebnis zu führen vermag.

Spirituelle Ebene
Der Ton G mit 194,18 Hertz ist nichts anderes als die 24. Oktave des Erdentages, der Kehrwert der Periodendauer von 86 400 Sekunden, die Zeitspanne eines Tages. Die Schwingung dieser Gabel verstärkt die Resonanz zwischen Tagesablauf und Mutter Erde. Sie bringt uns in Verbindung mit Sicherheit (fester Boden) und Energie (die Kraft des Morgens, des Frühlings). Verstärken kann man die Wirkung der Stimmgabel durch eine Meditation mit/über die Farbe Orangerot (erstes Chakra),

die belebende, aktivierende Wirkung auf den Körper-Seele-Geist wird auf diese Weise potenziert.

Wesensmerkmale des Mittleren Sonnentags
Die Gabel mit 194,18 Hertz hat eine starke dynamisierende und aktivierende Wirkung, man sollte sie nicht öfter als dreimal pro Tag setzen und höchstens 21 Minuten pro Sitzung, bitte nur bis in Höhe der Taille anwenden.

Die Anwendung geschieht am besten morgens (»Die Sonne geht auf«) oder vor einer Aktivität/Tätigkeit, die Energie, Kraft oder auch Aktivierung der Lust (Kundalini-Energie) voraussetzt.

Siderischer Tag
»In der Mitte liegt die Kraft«

Charakteristika

Frequenz:	194,71 Hertz
Ton:	G
Farbe:	Orangerot (komplementär Blaugrün)
Körperliche Zuordnung:	harmonisierend in allen Bereichen
Meridiane:	alle
Chakren:	alle
Planetarische Zuordnung:	Erde

Körperliche Ebene
Analog zum »Mittleren Sonnentag« ist diese Stimmgabel eine »Energiegabel«, die ins Ungleichgewicht geratene Körperfunktionen und -regionen stabilisiert, harmonisiert und balanciert; generell harmonisiert sie Yin und Yang im Menschen, ihre körperliche Zuordnung ist nicht auf eine Region beschränkt.

Bei den Energiezentren fördert diese Gabel beim dritten

(Manipura-)Chakra das Gefühl der Harmonie, der Sanftheit sowie das Gefühl für die eigene Mitte. Beim siebten (Sahasrara-)Chakra harmonisiert sie den Intellekt und die Klarheit des Denkens. Ihre Wirkungsweise auf alle anderen Chakren und Meridiane ist wohltuend und macht weich und sanft.

Psychologische Ebene
Diese Stimmgabel zeigt durch ihre harmonisierende Wirkung lindernden Einfluss bei Aggressionen. Sie lenkt diese wieder in die richtigen Bahnen und hat z. B. schon einen »Macho-Schläger-Typ« auf das »normale« Maß zurück und in die Harmonisierung und Entspannung geführt. Generell ist diese Gabel gut geeignet, den Menschen in die Sanftheit und Weichheit zu geleiten. Sie harmonisiert die Yin- und Yang-Anteile in uns; wo zu viel ist, da nimmt sie, wo zu wenig ist, da gibt sie.

Spirituelle Ebene
Die Planetenbahnen verlaufen nach festen Gesetzmäßigkeiten. Diese Gesetze zu akzeptieren und zu verinnerlichen macht frei. »Das Gesetz erfüllen heißt, keine Reibungen mehr wahrzunehmen.«[49]

Leid und Ungleichgewicht ergeben sich aus der Reibung, die zwischen den Menschen und dem Gesetz von Mikro- und Makrokosmos entsteht. Probleme, Leid und Unfreiheit sind häufig die Folge des Verlassens der »vorgeschriebenen« Bahn. Die Stimmgabel hilft, mit Körper, Seele und Geist auf ebenjene »vorgeschriebene« Bahn einzuschwingen.

Wesensmerkmale des Siderischen Tags
Ein Siderischer Tag entspricht exakt 23 Stunden, 56 Minuten und 4,09 Sekunden. Während der Mittlere Sonnentag (= 24

---

49 Dethlefsen, a. a. O.

Stunden) die Zeit beschreibt, die vergeht, bis die Sonne wieder am selben Punkt am Himmel steht, beschreibt ein Siderischer Tag die Zeit, die vergeht, bis ein Fixstern wieder am selben Punkt am Himmel steht. Der Unterschied entsteht dadurch, dass sich die Erde nicht nur um sich selbst, sondern auch um die Sonne dreht (gegen den Uhrzeigersinn). Der Siderische Tag wird auch »Sterntag« genannt und ist etwa 4 Minuten kürzer als der Mittlere Sonnentag.

Schumann-Resonanz I
»Entspannt im Hier und Jetzt«

Charakteristika

Frequenz:	250,56 Hertz
Ton:	H
Farbe:	Gelbgrün (komplementär Violettrot)
Körperliche Zuordnung:	Hormonsystem
Meridiane:	Du-Mai, Ren-Mai
Chakren:	siebtes (Sahasrara-)Chakra bzw. die Aura
Planetarische Zuordnung:	Erde

Körperliche Ebene
Die auf die »Schönwetter«-Frequenz getunte Stimmgabel schafft ein körperliches Wohlempfinden, indem sie durch emotionale Reinigung positiven Einfluss auf unser Hormonsystem nimmt. Auf der körperlichen Ebene fühlen wir uns in unserer Mitte, wir sind im Fluss des Lebens.

In dieser körperlichen Wohlfühlphase machen wir uns offen für eine meditative Grundhaltung, die vergleichbar ist mit einem Wohlfühltag in der Natur bei schönem Wetter. Wir sind harmonisch und entspannt im Hier und Jetzt.

Psychologische Ebene
Stressfaktoren werden durch Harmonisierung des Hormonsystems reduziert bzw. beseitigt. Somit werden wir offen für bewusstseinserweiternde Vorgänge, z. B. Meditation, wir kommen in die eigene Ruhe, in die eigene Mitte und sind somit auch bereit für das »Lernen«.

Die Schumann-Gabel kann als »Lernhilfe« eingesetzt werden, um das körperlich-seelische Umfeld bei Kindern wie Erwachsenen zu fördern. Sie führt zur Beruhigung (das ist auch hilfreich bei »zappeligen«, nervösen Kindern mit Aufmerksamkeitsdefizitsyndrom [ADS]).

Spirituelle Ebene
Jeder Blitz sendet – bei jedem Gewitter auf unserer »Mutter Erde« (bzw. in der Atmosphäre) – eine niederfrequente Radiowelle mit exakt 7,83 Hertz aus. Die Erde ist zu dieser Frequenz in Resonanz. (Die 250,56 Hertz liegen fünf Oktaven höher.)

Wie bei allen Erscheinungsformen auf unserem Planeten finden wir eine Polarität von schönem Wetter bis zu gigantischen Wellenfronten bei intensivem Hochschaukeln der Schumann-Wellen durch Resonanz (die Palette reicht von der Dürre bis zur Überschwemmung). Wenn wir, die Atmosphäre, die Erde in unserer Mitte sind, herrscht Harmonie. Bei einem Ungleichgewicht bzw. einer Übertreibung kommt es zu Blockaden, Entladungen, Störungen.

Wesensmerkmale der Schumann-Resonanz I
Diese Resonanzfrequenz wurde 1952 vom Münchner Physikprofessor Winfried Otto Schumann entdeckt. Sie gehört in die Gruppe der ELF-Atmospherics[50]. Vereinfacht kann man die

---

50 ELF = *extreme low frequencies*

Schumann-Frequenz als »Schönwetterfrequenz« bezeichnen, sie trägt zu unserem Wohlbefinden bei. Professor R. Wever zeigte in der Folge, dass wir Schumann-Wellen brauchen, sie werden heute als »biologisches Normal« bezeichnet.

Schumann-Resonanz II
»Das wache und entspannte Bewusstsein«

Charakteristika

Frequenz:	256 Hertz
Ton:	H
Farbe:	Gelbgrün (komplementär Violettrot)
Körperliche Zuordnung:	alle Organe
Meridiane:	Du-Mai, Ren-Mai, Dreifacher Erwärmer
Chakren:	siebtes (Sahasrara-)Chakra bzw. die Aura
Planetarische Zuordnung:	Erde

Körperliche Ebene
Die Gabel hat eine direkt entspannende Wirkung auf alle Körperfunktionen, sie vermittelt eine wohltuende Empfindung, ein ruhiges, fließendes Gefühl der Integration von Kopf und Körper. Diese Stimmgabel sollte man mit geschlossenen Augen anwenden, um äußere Reiz- und Stressfaktoren zu reduzieren; sie stärkt den Bereich der Selbstwahrnehmung und führt uns über ihre Schwingung die vertrauten Daten alltäglicher Prozesse zu, die wir zur Gesundheit und Stabilisierung benötigen. Es ist die bewusste, ruhige und entspannte Aufmerksamkeit, die Achtsamkeit.

Psychologische Ebene
Die Stimmgabel unterstützt uns bei der Rückführung und Rückbesinnung auf unsere Mitte, auf einen gesunden Zustand

und Einklang von Körper, Seele und Geist. Die Stimmung wird ausgeglichen, entspannt und zuversichtlich, kurz: lebensbejahend.

Die Seele spürt, wie sich ein gesundes, harmonisches Körperempfinden jenseits von Stressfaktoren, Umweltschädigungen sowie ungesundem Lebenswandel und falscher Ernährung anfühlt, und erfährt Momente der Gesundung und Einschwingung auf ein fast verdrängtes, aber nie vergessenes Wohlfühlen in der Mitte des Seins.

Spirituelle Ebene
Menschen als Kinder der Erde schwingen auf der gleichen Gehirnfrequenz wie die Resonanzfrequenz von Mutter Erde. Dies ist ein weiteres Beispiel der Gleichung »Mikrokosmos (Mensch) = Makrokosmos«. Sie liegt knapp an der unteren Grenze des Alpha-Bereiches (ab 8 Hertz), also an der magischen Grenze zwischen Wachen und Schlafen. In dieser Schwingung entfällt der einschläfernde und bewusstseinstreibende Effekt der Theta-Welle (4 bis 7 Hertz); wir erreichen einen meditativen Wachzustand, der uns an die kosmische Energie anbindet und uns mit dem All-Einen, mit der Schöpfung verbindet.

Wesensmerkmale der Schumann-Resonanz II
256 Hertz entstehen durch fünffaches Oktavieren der Alpha-Wellen (von 8 Hertz) bzw. einfaches Oktavieren der Meistergabel-Frequenz von 128 Hertz. Alpha-Wellen treten im entspannten Wachzustand auf, etwa in der Meditation, kurz vor dem Einschlafen bzw. unmittelbar nach dem Erwachen; ein Bewusstseinszustand der Wachheit und des Entspanntseins tritt ein.

Die Gabel führt uns direkt in diese Schwingung, die wir als sehr angenehm und wohltuend für Körper, Geist und Seele empfinden.

Kulminationsperiode
»In Harmonie loslassen«

Charakteristika

Frequenz:	187,61 Hertz
Ton:	Fis
Farbe:	Rot (komplementär Grün)
Körperliche Zuordnung:	Wasser- und Wärmehaushalt, Beschwerden der Wechseljahre
Meridiane:	Milz, Dick-, Dünndarm, Dreifacher Erwärmer
Chakren:	erstes (Muladhara-) und zweites (Svadhishthana-)Chakra
Planetarische Zuordnung:	Mond

Körperliche Ebene
Diese Gabel unterstützt den Körper bei der Regulation unseres Wärme- und Wasserhaushalts. Der menschliche Körper besteht über zwei Drittel aus Wasser; medizinisch bewiesen ist, dass der Mond unser Gemüt, unsere Seele beeinflusst. Seele ist Wasser (Yin), und Wasser ist Seele: Seelische »Ebbe« und »Flut« registrieren wir als Stimmungsschwankungen, die sich im körperlichen Geschehen manifestieren können. Blockaden in den Bereichen Milz (Filter der Lebenskraft), Dünndarm (Assimilation) oder z. B. Dickdarm (das Unbewusste) können durch diese Gabel gelindert werden.

Psychologische Ebene
Tag und Nacht, Leben und Sterben, Yin (Mond) und Yang (Sonne), Ebbe und Flut sind Zeugnisse von der Polarität des Lebens. Diese Gabel hilft uns dabei, Übergänge harmonisch und im positiven Licht zu erleben, wie z. B. Pubertät, Wechseljahre, Stirb-und-werde-Prozesse, das Lösen von symbiotischen Abhängigkeiten (etwa bei einer Mutterproblematik oder unguten

Partnerschaft). Sie unterstützt uns dabei, in Harmonie loszulassen. Außer dem Mondaspekt (das widerspiegelnde Prinzip) besitzt sie einen anteiligen Sonnenaspekt (das Leben spendende Prinzip), der aus dem Schatten ins Licht führen hilft.

Spirituelle Ebene
Neben der Sonne ist der Mond eine zentrale »Wurzel« des Menschen. Schön ist seine Bezeichnung »die nächtliche Sonne«. Ohne Rückbindung *(religio)* zu unseren Wurzeln sind wir nicht »geerdet«; die Stürme des Lebens können uns »entwurzeln« und uns dem eigenen Unbewussten, dem »Widerspiegelnden«, dem Schatten ausliefern.

Wasser und Spiegel sind in unzähligen mythischen Überlieferungen Metaphern für unsere innere Selbstbetrachtung. Beide finden ihre analoge Zuordnung im Mondprinzip. Die Beschäftigung mit der Mondqualität verwurzelt den Menschen mit seiner Seele; Yin (Mond) und Yang (Sonne) kommen in Einklang.

Wesensmerkmale der Kulminationsperiode
Die Kulminationsperiode des Mondes bezeichnet die Zeitspanne eines Monddurchgangs (von Süden bis Süden) pro Tag. Wir wissen, dass der Mond jeden Tag etwa durchschnittlich 50 Minuten später aufgeht als am jeweiligen Vortag. Diese tägliche Verzögerung ergibt in der Addition innerhalb eines (tropischen) Monats wiederum die Zeitspanne eines Mittleren Sonnentages (= ein Erdentag).

Synodischer Monat
»Austausch durch Liebe«

Charakteristika

Frequenz:	210,42 Hertz
Ton:	Gis
Farbe:	Orange (komplementär Blau)
Körperliche Zuordnung:	Nieren, Drüsen, Lymphsystem, Flüssigkeitshaushalt
Meridiane:	Nieren, Herz, Kreislauf, Ren-Mai, Milz
Chakren:	zweites (Svadhishthana-)Chakra
Planetarische Zuordnung:	Mond

Körperliche Ebene
Diese Gabel lindert Schmerzen und Blockaden bei Menstruationsbeschwerden. Sie wirkt regulierend auf den Flüssigkeitshaushalt des Menschen ein.

Die Mondphasen prägen den Blutungszyklus der Frau; sie unterstützen die Empfänglichkeit und die Fruchtbarkeit. Sie wirken auf seelische Prozesse ein. Diese Gabel öffnet den Menschen darüber hinaus für die Sexualität, für das Bewusstsein von Sexual- und Herzenergie, koppelt das Liebesgefühl mit der Orgasmusfähigkeit zu einem erfüllten Sexualleben. Die Gabel sorgt für Austausch im sinnlichen wie auch im kommunikativen Bereich.

Psychologische Ebene
Mit dieser Stimmgabel ist die Einschwingung und Meditation in das weibliche Element, in die Anima (Weiblichkeit) möglich. Dabei ist es egal, ob es sich um Mann oder Frau handelt. Es ist das Akzeptieren des Yin-Anteils im Menschen, das Annehmen von Liebe, Gefühl, Herz, Wärme, emotionaler, offener Kommunikation, das Hören und Eingehen auf leise Impulse, Sensibilität und Feinfühligkeit, Kreativität, das Einspüren und

Fühlen statt des Zerredens, die innere Kontemplation statt äußerer Aggression.

Spirituelle Ebene
Man sieht nur mit dem Herzen gut[51] – es ist der innere Aspekt des Menschseins, der uns mit unserer Eigenliebe und der Liebe zur Schöpfung verbindet, nicht der äußere. Es ist der weibliche Pol, Yin, der in unserer männlichen Yang-Welt und seinem nach außen orientierten Leistungsbewusstsein, rational betrachtet, zunächst keinen materiellen »Gewinn« bringt. Aber erst durch Verbinden von Yin und Yang wird der Mensch »ganz« im Sinne von Körper, Seele, Geist; ohne Yin (Mond) bleibt er ein Gefangener der Yang-Welt ohne Wärme und Liebe.

Wesensmerkmale des Synodischen Monats
Die Länge des Synodischen Monats beträgt 29 Tage, 12 Stunden, 44 Minuten und 29 Sekunden. Es ist die mittlere Zeit zwischen zwei Neumonden (Sonne und Mond stehen in Konjunktion). Ursprünglich bilden zwölf Synodische Monate (Kalender) das Mondjahr. Das Wort »Monat« stammt vom Begriff »Mond« ab. Die Schwingung des Synodischen Monats gilt als Ton der Frau und Mutter, der Anima.

Siderischer Monat
»Vom Unbewussten zum Bewussten«

Charakteristika

Frequenz:	227,43 Hertz
Ton:	B
Farbe:	Gelb (komplementär Violett)

---

51 Vgl. Antoine de Saint-Exupéry: *Der kleine Prinz,* Düsseldorf 1956

Körperliche Zuordnung:	männliche Geschlechtsorgane, Lymphe, Magen
Meridiane:	Milz, Leber
Chakren:	zweites (Svadhishthana-) und drittes (Manipura-) Chakra
Planetarische Zuordnung:	Mond

Körperliche Ebene
Diese Gabel unterstützt die Abwehrkräfte des Körpers bei bedrohlichen Faktoren von außen (siehe auch PE = perverser Einfluss, Seite 216) wie Viren, Bakterien, Krankheitserregern, Umwelteinflüssen, Emotionen etc. Sie bringt das Immunsystem in Fluss und entstaut. Daher kann sie bei Männern mit Potenzstörungen eingesetzt werden, um Blockaden zu lösen.

In der Analogie entspricht der Mond im Makrokosmos dem Magen im Mikrokosmos. Die Gabel unterstützt dieses Organ bei seiner Verdauungstätigkeit (auch im seelischen Bereich).

Psychologische Ebene
Die Behandlung mit dieser Gabel hilft uns, bevorstehende Aufgaben, Potenziale (oder Blockaden) bereits im Vorfeld wahrzunehmen und zu erkennen. Sie führt uns in einen Bewusstseinszustand, der uns mittels Intuition (Yin-Prinzip) in die Erkenntnis der anstehenden Thematik leitet. Alle Manifestationsprozesse dieser Schöpfung bewegen sich immer (und ausschließlich) von innen nach außen. Wirkliche Entspannung, das Loslassen, das Lösen von Blockaden erfolgt durch Hinwendung zum Yin-Pol (Mond), der Polarität des Yang (Sonne).

Spirituelle Ebene
Die Mondkraft ist die weibliche Urkraft, der »Urbrunnen der Seele«[52]. Es ist eine archetypische Energie, die sowohl in jeder

---

52 Randolf M. Schäfer: *Der Mond – Urbrunnen der Seele,* Neuhausen 2004

Frau als auch in jedem Mann zu finden ist. Sie allein deutet an, inwieweit der Mensch im Verbund mit dem Leben steht, wie er in sich, im Leben, im (Ur-)Vertrauen verwurzelt ist. Mit der Bearbeitung unserer Seelenlandschaften machen wir uns »heil«. Wir feiern Hochzeit mit unserem Schatten, unserem (kollektiven) Unbewussten, das wir durch Integration und wirkliches Empfinden aus der Blockade vom Dunkeln ins Licht führen.

Wesensmerkmale des Siderischen Monats
Der Siderische Monat ist etwa 2,25 Tage kürzer als der Synodische. Es ist die Zeitspanne eines Mondumlaufs, allerdings hier gemessen am Fixsternhimmel. Während die Sonne in einem Monat ein Sternzeichen durchläuft (zwölf pro Jahr), muss der Mond etwa dreizehn pro Monat durchwandern, um im Gleichklang mit der Ekliptik der Sonne zu sein. Kurz gesagt, ist der Siderische Monat exakt die Zeitspanne, die der Mond benötigt, um einmal um die Sonne zu laufen.

Metonischer Zyklus
»Der Weg zur inneren Wahrheit«

Charakteristika

Frequenz:	229,22 Hertz
Ton:	B
Farbe:	Gelb (komplementär Violett)
Körperliche Zuordnung:	Lymphsystem, Milz, Leber
Meridiane:	Alle Meridiane werden in Fluss gebracht, Milz-Leber-Meridian
Chakren:	zweites (Svadhishthana-) und drittes (Manipura-)Chakra
Planetarische Zuordnung:	Mond

Körperliche Ebene
Diese Gabel zeigt eine wohltuende Beeinflussung des menschlichen Lymphsystems, des dritten Gefäßsystems des Organismus, verantwortlich für den Rücktransport zum Herzen (organische und seelische Ebene), von Gewebsreinigung durch Ausschwemmung. Der Wasserhaushalt (Mond = Seele = Yin = Wasser) wird in Fluss gebracht, die Leber, das Organ der Analyse und seelischen Synthese, wird gereinigt. Durch die lösende und reinigende Wirkung eignet sich diese Gabel sehr gut bei Erkältungskrankheiten; sie hilft, den Schleim zu lösen, wenn der Mensch u. a. »die Nase voll hat«.

Psychologische Ebene
Bei Erkältungskrankheiten haben wir uns im Sinne des Wortes »erkältet«; d. h. das Leben »lässt uns kalt«, wir können uns nicht mehr dafür »erwärmen«. Es ist auch der Wunsch des Rückzugs oder der Flucht aus dem Alltag. »Decke über den Kopf, keinen sehen und hören müssen, nur noch ausruhen im Bett ...«
Auf der psychologischen Ebene hilft diese Gabel, Blockaden aufzulösen und in allen Bereichen wieder in den Fluss des Lebens zurückzukehren. Anstelle der Nase können wir dann wieder das Leben, den Lebensfluss, überfließen lassen.

Spirituelle Ebene
Diese Gabel hilft uns bei der Erkenntnis, wer wir wirklich sind. Sie schafft die Verbindungslinie zwischen Sonne (Yang) und Mond (Yin). Sie aktiviert unsere meditative, weibliche (Schatten-)Seite. Sie hilft, das Trübe vom Klaren zu unterscheiden – oder was für uns richtig und falsch ist. Der Metonische Zyklus bringt Wahrheit und Klarheit in unser Dasein und hilft uns dabei, das Wesentliche vom Unwesentlichen zu unterscheiden.

Wesensmerkmale des Metonischen Zyklus
Der griechische Astronom und Mathematiker Meton (um 440 v. Chr. in Athen) erforschte, dass erst alle neunzehn tropischen Jahre wieder die Stellung von Mond und Erde exakt gleich ist, weswegen man vom neunzehnjährigen Metonischen Zyklus (oder auch »Mondzyklus«) spricht. Somit ist ersichtlich, dass alle neunzehn Jahre die Mondphasen sich an einem bestimmten Datum wiederholen. Das Osterfest (»die Auferstehung«) wurde auf den ersten Sonntag und den ersten Vollmond im Frühling festgelegt; da dieser variabel ist (innerhalb des neunzehnjährigen Zyklus), ist auch Ostern ein variables Fest.

Mondknotenumlauf
»Vergangenheit und Zukunft reichen sich die Hand«

Charakteristika

Frequenz:	234,16 Hertz
Ton:	B
Farbe:	Gelb (komplementär Violett)
Körperliche Zuordnung:	Lunge, Ohren
Meridiane:	alle, Harmonisierung durch das Yin
Chakren:	zweites (Svadhishthana-) und drittes (Manipura-)Chakra
Planetarische Zuordnung:	Mond

Körperliche Ebene
Die Gabel des Mondknotenumlaufs lindert die Beschwerden bei allen Arten von Allergien, indem sie auf sanfte Yin-Art unterdrückte Vitalität oder Aggression ans Licht bringt und Verspannungen auflöst.

Die körperliche Zuordnung Lunge (Merkur-Prinzip der Kommunikation, des Kontakts mit der Außenwelt mittels Luft, des Austauschs) und der Ohren (das »Mitschwingen«, das Auf-das-Leben-Hören, das Ohr als passives Yin-Empfangsorgan) macht deutlich, dass es um die Synthese von Schwingung und Austausch geht, um sanfte Auflösung und Harmonisierung von (scheinbaren) Unverträglichkeiten.

Psychologische Ebene
Diese Gabel lüftet auf sanfte Art das psychologische Prinzip hinter Blockaden und Verspannungen. Sie führt uns in unseren weiblichen Anteil, in die Anima, in die Seele. Dadurch löst sie eventuelle Ungleichgewichte auf und verbindet liebevoll das Yang mit dem Yin. Sie zieht den Schleier vor dem Verborgenen weg, um uns klarer und deutlicher in die Kommunikation und den Austausch mit uns selbst und der Welt zu geleiten.

Spirituelle Ebene
Die Mondknoten ergeben sich aus den beiden Schnittpunkten von Sonne (bewusste, willentliche Schöpferkraft) und Mond (unbewusste, reaktive, empfängliche Seelenkraft), die aus vergangenen Erfahrungen schöpft und daraus ihre emotionalen Reaktionsmuster bildet.

Der Anspruch an den Menschen ist eine neue Synthese vom alten Muster (südlicher Knoten, Vergangenheit, Sicherheit durch Gewohnheit, unbewusster Automatismus) und neuen Qualitäten und Verhaltensweisen (nördlicher Mondknoten), die in dieser Inkarnation entwickelt werden sollen und können, um das Vorhandene auszugleichen, zu bereichern und komplett zu machen.

Wesensmerkmale des Mondknotenumlaufs
Beim Mondknoten handelt es sich nicht um einen Planeten wie Mond oder Venus, er ergibt sich aus Schnittpunkten von Umlaufbahnen. Wie die Umlaufbahn des Mondes verlaufen die beiden Mondknoten (der nördliche/aufsteigende, der Drachenkopf, und der südliche/absteigende, der Drachenschwanz) gegen den Uhrzeigersinn. Beide Mondknoten liegen auf einer Achse in einem Winkel von exakt 180 Grad polar gegenüber. Die Dauer des Mondknotenumlaufs beträgt 6 793,4 Tage oder 18,6 Jahre.

Sarosperiode
»Die Transformation des Schattens«

Charakteristika

Frequenz:	241,56 Hertz
Ton:	H
Farbe:	Gelbgrün (komplementär Violettrot)
Körperliche Zuordnung:	Hormonsystem
Meridiane:	Ren-Mai
Chakren:	erstes (Muladhara-) und zweites (Svadhishthana-)Chakra
Planetarische Zuordnung:	Mond

Körperliche Ebene
Diese Stimmgabel wird im Bereich der Schmerzpunkte des zweiten Chakras angesetzt. Ihre harmonisierende Wirkung bringt die Schwingung in diese Körperbereiche, die eine transformierende Wirkung zeigt und hilft, unnötig Festgehaltenes loszulassen; sie beeinflusst die zentrale Steuerung des Hormonsystems in der Hypophyse derart, dass der Körper zu seinem eigenen Rhythmus (zurück)findet, das Yin und das Yang har-

monisiert und aus dem eventuellen Chaos herausführt in die (Neu-)Strukturierung oder (Neu-)Orientierung.

Psychologische Ebene
Auf dieser Ebene ist die Sarosperiode eine Transformationsgabel, die zunächst in Bereiche der Tiefe hineinführt, um daraufhin wie Phönix aus der Asche herauszuführen; sie hilft, alte, abgestandene Dinge zu beenden, loszulassen, um etwas Neues beginnen zu können. Menschen, die ihren Rhythmus verloren haben, können zurückfinden in die eigene Schwingung des Lebens, freier von (äußeren) Zwängen und (gesellschaftlichen) Vorstellungen.

Spirituelle Ebene
»Was für eine Raupe das Ende der Welt ist, nennt der Meister einen Schmetterling.« Dieses Motto haben wir schon beim Prinzip Pluto/Hades genannt. Erst durch das Hinabsteigen in den eigenen (Mond-)Schatten ergeben sich die Chancen zur Transformation, »Verdunkeltes« kommt ans Tageslicht, wird sichtbar und rückt damit aus dem Unbewussten ins Bewusstsein. Der Geist steht über der Materie; es ergeben sich die Potenziale des Neuanfangs (nach der »Schattenarbeit«), wie nach jeder Finsternis das Licht zurückkehrt und vom Nichtleben zum Leben führt.

Wesensmerkmale der Sarosperiode
Die ältesten überlieferten Berechnungen der Sarosperiode gehen auf die Chaldäer zurück (zirka tausend Jahre vor Christus). Sie entdeckten, dass nach exakt achtzehn Jahren, elf Monaten, 33 Tagen (das sind 223 Synodische Monate) Sonne, Erde und Mond in eine Finsterstellung rücken. Sie liegen auf einer Linie, sodass der Schatten der Erde den Mond verdunkelt.

Apsidenumlauf
»Das Gleichgewicht der Energien«

Charakteristika

Frequenz:	246,04 Hertz
Ton:	H
Farbe:	Gelbgrün (komplementär Violettrot)
Körperliche Zuordnung:	Lymphsystem, Niere, Milz
Meridiane:	Niere, Milz, Dreifacher Erwärmer
Chakren:	zweites (Svadhishthana-) und drittes (Manipura-)Chakra
Planetarische Zuordnung:	Mond

Körperliche Ebene

Diese Gabel balanciert und glättet alle Energien im Körper und bringt diese über das Lymphsystem in Fluss. Es geschieht eine Harmonisierung der Nieren als Gleichgewichtsorgan zwischen sauren (männlichen) und basischen (weiblichen) Kräften (Yang und Yin), als Organe der Filterung und Balance von scheinbar Gegensätzlichem, der Milz als Filter der Lebenskraft, als Steuerungsorgan des Pranas, der Vitalkräfte. Zu viel wird wieder abgegeben, zu wenig wird aus dem Speicherdepot entnommen. Energien werden gehalten bzw. in ihre Mitte gebracht, somit erfährt unser Körper auch eine unterstützende und stabilisierende Wirkung durch diese Gabel.

Psychologische Ebene

Festgeschriebene Bahnen (im Leben, bei den Planeten) zeigen zunächst keine lebensbejahende Komponente. Auf den zweiten Blick geben sie aber die Stabilität und Sicherheit, ohne deren Existenz Chaos und Anarchie im Leben und im Universum regierten. Die Schwingung dieser Gabel bringt uns bei kleinen Kümmernissen und kleinem Chaos wieder auf unseren richtigen Weg. Sie vermittelt zwischen scheinbar Unvermittelbarem und befreit uns von Spleens und Hirngespinsten.

Spirituelle Ebene
Auf spiritueller Ebene geht es um die Reinigung der Lebenskraft, um das Transformieren von Ungleichgewichten zum Weg in die Mitte, die Überwindung von fixen Ideen (das Drehen um die eigene Achse), den Einklang von Geben und Nehmen, von Loslassen und Hereinholen, von Stabilisieren und Anerkennen von vorgeschriebenen Bahnen, um Sicherheit zu empfinden. Es geht darum, mit sich selbst (dem Ego) und der Welt (dem Du) in Kontakt zu treten, um die Begegnung als Spiegel des unbewussten Seelenaspekts (Schatten) zur Ganzheit zu filtern oder zu transformieren.

Wesensmerkmale des Apsidenumlaufs
Der Apsidenumlauf beschreibt die Dauer einer Drehung der Achse der Mondbahnellipse durch die Ekliptik. Der erdnächste Punkt der Mondbahn heißt Perigäum, der erdfernste Punkt heißt Apogäum. Beide Endpunkte bilden eine große Achse, die sich in einer Zeitspanne von etwa 8,85 Jahren einmal komplett dreht.

Merkur
»Austausch durch Kommunikation und Vermittlung«

Charakteristika

Frequenz:	141,27 Hertz
Ton:	Cis
Farbe:	Blaugrün (komplementär Orangerot)

Körperliche Zuordnung:	Lunge, Bronchien, Atmungsorgane, Haut, Kehlkopf
Meridiane:	Lunge
Chakren:	fünftes (Vishuddha-)Chakra
Planetarische Zuordnung:	Merkur

Körperliche Ebene
Die Atmung ist die Verbindung von innen nach außen, die Energiever- und -entsorgung. Die Lunge gilt als Organ der Kommunikation (Sprache als Modulation des Ausatmungsstroms) und des Austauschs von Luft: Alle atmen dieselbe Luft.

Diese Stimmgabel zeigt positive Einflüsse in der Sprachtherapie; sie hilft uns, uns über die Sprache auszudrücken, d. h. über intelligente Kommunikation, über die wir unser Denken und Handeln steuern. Sie unterstützt unsere Fähigkeit zum Begreifen und Erfassen der Welt durch den Intellekt, durch den Geist und Verstand. Sprache und Rhetorik, die auf flinker Intelligenz und Geistesgegenwart beruhen, spiegeln eine erlöste Form von Vermittlung.

Psychologische Ebene
Diese Gabel unterstützt die Kommunikation, die Vermittlung und den Austausch von innen nach außen (und umgekehrt in Interaktion). Damit ist sie eine hilfreiche Unterstützung im Aufbau und der Festigung des Sozialverhaltens, der wahrhaften Beziehung mit dem Ich und dem Nicht-Ich. Was wir zur »Sprache bringen«, kann gehört und verstanden werden. Wir können unsere Blockaden und Widerstände zum Ausdruck bringen, kommunizieren, und wir können diese über das Verstehen in Heilung verwandeln, in Freiheit, Wahrheit und Wahrhaftigkeit.

Spirituelle Ebene
Hermes/Merkur ist der Götterbote, der Vermittler zwischen »oben und unten«, zwischen den Göttern und den Menschen. Er steht im Tierkreiszeichen zweimal: als Luftzeichen (Yang/männlich) im Zeichen Zwillinge und als Erdzeichen (Yin/weiblich) im Zeichen Jungfrau. Das heißt auf den Jahresablauf bezogen: leicht und luftig, oberflächlich, anpassungsfähig, beweglich, geistig aktiv in der Zeit des Pollenfluges (Zwillinge: Mai/Juni), erdverbunden in der Zeit der Jungfrau (August/September), die Zeit der Ernte, des Trennens von »Spreu und Weizen«, der Analyse der für das Fortbestehen wichtigen Kriterien.

Wesensmerkmale Merkurs
Die astrologische Signatur des Merkur ist das einzige Planetensymbol, das sowohl Geist (= Kreis) als auch Seele (= Halbkreis) und den Körper (= Kreuz, also die Materie) zeigt. Es geht letztlich um die Interpretation und Vermittlung zwischen den Ebenen Körper, Seele und Geist, um die Veredlung des Denkens (in der Alchemie: Mercurius sublimatus).

Merkur (als sonnennächster Planet mit einer Umlaufzeit von zirka 88 Tagen) kann uns als Urprinzip die (Außen-)Welt immer wieder aufs Neue erschließen, getreu dem Motto »Sesam öffne dich«.

Venus
»All you need is love«

Charakteristika

Frequenz:	221,23 Hertz
Ton:	A
Farbe:	Gelborange (komplementär Violettblau)

Körperliche Zuordnung:	Kehlkopf, Mandeln, Speiseröhre, Schilddrüse, Nieren, Bauchspeicheldrüse
Meridiane:	Dünndarm, Herz, für alle Meridiane geeignet, Dreifacher Erwärmer
Chakren:	alle; sechstes (Ajna-) und viertes (Anahata-)Chakra nur bei gesunden Menschen
Planetarische Zuordnung:	Venus

Körperliche Ebene
Auf körperlicher Ebene geht es um die Aufnahmemöglichkeit des Süßen (Venus-Prinzip) mittels Insulin der Bauchspeicheldrüse, um Lebens- und Liebesenergie verfügbar zu machen; diese Gabel hilft uns, unsere Einflüsse zu verdauen und zu verarbeiten. Sie vermittelt einen liebevollen Kontakt und Austausch mit dem Ich und mit dem Du. Sie unterstützt die Körperfunktionen der Regelung des Wachstums, der körperlichen (und seelischen) Weiterentwicklung, der Vitalität und Aktivität, der Stressregulierung sowie unseres körperlichen Austauschs (Geschlechtsleben).

Psychologische Ebene
Die Bandbreite dieser Schwingung reicht von der erdverbundenen körperlichen Sinnlichkeit bis zur himmlischen Ästhetik der göttlichen Liebe, von Opferbereitschaft, Hingabe und Sensibilität bis hin zu Eleganz und Schönheit in Kultiviertheit, zum Gleichgewicht zwischen Vernunft und Gefühl, zwischen Erkenntnis und Handlung. Diese Gabel hilft uns, ins Erleben zu gelangen, das Gefühl der wahren Liebe zu empfinden und annehmen zu können. Sie vermittelt zwischen Kopf und Herz, wobei das Herz eindeutig mehr angesprochen wird. Erst durch die Resonanz mit der Eigenliebe kann wahre Liebe im Außen entstehen.

Spirituelle Ebene
Diese Gabel harmonisiert die Gefühlskraft und Harmonie, die Liebe und Liebeskraft. Venus, die Liebesgöttin, aktiviert die Anziehungskraft und erotische Ausstrahlung. Diese basiert in der reifen, erlösten Form auf Eigenliebe und Eigenverantwortung. Sie führt in die Erkenntnis, dass es eigentlich keine Polarität gibt, sondern alles aus der Einheit, aus der göttlichen Liebe entspringt. So entsteht nach außen eine Anziehungskraft, die als Erotik wahrgenommen wird und im Innern auf einem Ruhen in der eigenen Mitte ihr Fundament begründet. Sie hilft, unser Leben aus dem höheren Blickwinkel der Liebe heraus zu betrachten und zu leben.

Wesensmerkmale der Venus
Die Venus wird als Morgenstern dem Sternzeichen Stier zugeordnet, als Abendstern der Waage. Sie besitzt etwa den gleichen Durchmesser wie unsere Erde (zirka 12 000 Kilometer), befindet sich zwischen Erde und Sonne und umläuft diese in 225 Tagen. Venus/Aphrodite (die Schaumgeborene) ist als Liebesgöttin die Herrscherin der Sternzeichen Stier und Waage.

Mars
»Der lebhafte und aggressive Krieger«

Charakteristika

Frequenz:	144,72 Hertz
Ton:	D
Farbe:	Blau (komplementär Orange)
Körperliche Zuordnung:	Gallenblase, quer gestreifte Muskulatur, Arterien, Nägel, Zähne
Meridiane:	generell in allen Bereichen der Muskeln und Sexualität, Blase, Niere

Chakren:	erstes (Muladhara-), zweites (Svadhishthana-) und sechstes (Ajna-)Chakra
Planetarische Zuordnung:	Mars

Körperliche Ebene
Diese Gabel versorgt den Körper mit starker, männlicher Energie (Yang), die kraftvoll wie Mars (der Kriegsgott) die Energien beim Menschen aufbaut und bereit macht für den »Kampf des Lebens«. Sie unterstützt die Motoren unseres Körpers (Muskeln) bei der Kraftentwicklung. Sie hilft der Galle, die Aggression zu wandeln (in Verdauung von Fetten), statt aus Bitterkeit »Gift und Galle zu spucken«. Sie fördert die Energieverteilung sowie den Energietransport mittels Arterien und reinigt die Infrastruktur der Körperkraft; sie hilft, sich im Leben durchzubeißen (Zähne) und, wenn nötig, die Krallen zu zeigen (Nägel: Angriff und Abwehr).

Psychologische Ebene
Diese Gabel versorgt den Energiekörper mit Mars-Energie, der Energie eines jeden Anfangs, mit dem jede Form des Lebens beginnt (Frühling, Geburt, Eroberung aller Art).

Mars-Energie ist Aggression. Aggression aus der Welt schaffen (oder schlimmer noch: in den Schatten verdrängen) zu wollen, ist der Versuch, das Leben abzuschaffen. Leben ohne Mars ist nicht möglich. Aggression an sich ist wertfrei (das lateinische Wort *aggredi* heißt nicht nur »angreifen«, sondern auch »herangehen«). Sie ist der Impuls, der einen Anfang erst möglich macht.

Diese Gabel fördert unsere Willenskraft sowie die Energie, die auf ein Ziel gerichtet ist. Es ist die Kraft der »Initialzündung«, der Schöpfung, des Urknalls.

Spirituelle Ebene

In der Polarität des Lebens können wir ohne Mars nicht als Ego existieren, auch nicht, wenn wir uns für unendlich friedlich halten, pazifistisch quasi. Es geht darum, Mars in der erlösten Form zu leben und nicht in den Schatten oder die Blockade abzuschieben. Mars ist ein Urprinzip und will gelebt werden. Es geht um die Aggression als Möglichkeit und Herausforderung, neue Impulse zu setzen, Pioniergeist zu entwickeln, »heiße Eisen« (Eisen als Element gehört zum Urprinzip Mars) anzupacken, Neuland auf allen Bereichen des Lebens zu erobern, das Wunder des aufkeimenden Lebens (im Frühling Sternzeichen Widder/Urprinzip Mars) immer wieder zu erspüren und zu erleben.

Wesensmerkmale des Mars

Mars ist der erste äußere Planet unseres Sonnensystems mit einer Umlaufzeit von knapp zwei Jahren. Sein Durchmesser (zirka 6 800 Kilometer) ist etwa halb so groß wie der unserer Erde, die Temperaturen reichen von plus 28 Grad Celsius am Tag bis minus 100 Grad in der Nacht. Wie auf der Erde gibt es verschiedene Jahreszeiten. Die rote Farbe des Mars deckt sich mit der des Urprinzips Mars/Ares, Rot gilt als Synonym für Aggression und Kampfgeist (so soll ja z. B. auch das rote Tuch den Stier zum Rasen bringen).

Jupiter
»Wo komme ich her, wo gehe ich hin?«

Charakteristika

Frequenz:	183,58 Hertz
Ton:	Fis
Farbe:	Rot (komplementär Grün)

Körperliche Zuordnung:	Leber, Hüfte, glatte Muskulatur, Becken, Gesäß, Oberschenkel
Meridiane:	Leber, Galle, Magen
Chakren:	drittes (Manipura-)Chakra
Planetarische Zuordnung:	Jupiter

Körperliche Ebene
Diese Gabel unterstützt die Leber, das Labor unseres Körpers, dabei, den Verdauungssaft zu produzieren. Sie wirkt harmonisierend und ausgleichend, hilft, fremdes Eiweiß ab- und eigenes aufzubauen, macht das Fette verdaulich und hilft der Leber beim Entgiften sowie dabei, Aggressionen und Ekel in vernünftige Bahnen zu lenken, bevor wir »Gift und Galle spucken« oder uns »grün und gelb ärgern«. Sie vermittelt zwischen den Polaritäten Spannung und Entspannung, innen und außen, oben und unten, deren Bindeglied beim Menschen die Hüfte bildet, die Basis unseres Fort-Schritts und unseres aufrechten/aufrichtigen Gangs sowie unseres Aktionsradius bei der inneren und äußeren Reise.

Psychologische Ebene
Jupiter macht uns großzügig, ohne verschwenderisch zu sein. Er lässt uns universelle Gesetze verstehen und leben; er bringt (göttliche) Harmonie und Entspannung, und er vermittelt die Hoffnung auf einen positiven Weg oder Ausgang. Diese Gabel hilft, realistische Visionen von unrealistischen zu unterscheiden. Jupiter führt uns ins Verständnis, dass es so, wie es ist, gut ist und dass sich hinter jedem Schatten oder Widerstand ein göttliches Geschenk verbirgt. Jupiters Schwingung führt uns in die Gerechtigkeit zu uns selbst, zur Welt und zur Schöpfung; er führt uns in unsere Harmonie und Mitte.

Spirituelle Ebene
Eine erlöste Jupiter-Schütze-Persönlichkeit lebt und verkörpert die Lebenshaltung »Verehrung nach oben und Liebe nach unten«, eine unerlöste, unreife dagegen das Motto »Verehrung nach oben und Verachtung nach unten«. Diese Gabel hilft bei der *religio,* bei unserer Rückbindung an die Schöpfung, an das All-Eins, begleitet von allumfassender (selbstloser) Liebe nach oben und unten. Erst dann kann die (göttliche) Energie durch uns fließen und aus uns heraus in die Resonanz zur Welt gehen.

Wesensmerkmale Jupiters
Jupiter ist neben der Sonne der zweitgrößte Planet in unserem Sonnensystem, ein Riese mit zirka 143 000 Kilometern Durchmesser (über elfmal so viel wie der Erddurchmesser), sechzig eigenen Monden, einer Umlaufzeit von knapp zwölf Jahren und einer mittleren Temperatur von minus 120 Grad Celsius. Im Tierkreis ist er dem Sternzeichen Schütze zugeordnet, als drittes Feuerzeichen (aktiv, Yang) neben Widder und Löwe, als Abschluss des dritten Quadranten, des geistigen Quadranten.

Saturn
»Konzentration auf das Wesentliche«

Charakteristika

Frequenz:	147,85 Hertz
Ton:	D
Farbe:	Blau (komplementär Orange)
Körperliche Zuordnung:	Milz, Knochen, Sehnen und Bänder, Knie
Meridiane:	Blase, Niere
Chakren:	erstes (Muladhara-)Chakra
Planetarische Zuordnung:	Saturn

Körperliche Ebene
Unsere Knochen sorgen für Halt und Stabilität, das Skelett in seiner Gerüstfunktion lässt uns fest im Leben stehen. Diese Gabel unterstützt unsere Standhaftigkeit, filtert unsere Lebenskraft (Milz) und sortiert Subjektives vom Objektiven, die Spreu vom Weizen. Sie fördert zugleich die Blockadenlösung (Saturn = Grenze/Abgrenzung), löst Hemmungen (z.B. in der Sexualität), sie verbindet Körper und Geist, balanciert das Physische mit dem Mentalen.

Sie lindert bei chronischen Krankheiten, also bei solchen, die lange Zeit brauchen, um auszubrechen, und ebenso lange, um wieder zu gehen (die Übersetzung des griechischen Pendants zu Saturn, Kronos, bedeutet ja »Zeit«). Sie hilft, neue Wege zu gehen.

Psychologische Ebene
Diese Gabel macht uns an all den Stellen »eng«, wo wir »nicht hinsehen« wollen, an denen wir etwas verdrängen und in den Schatten abrutschen. Durch diese Begrenzung hilft sie uns, über den Widerstand ebenjene Schattenthemen bewusst anzugehen, Licht ins Dunkel zu bringen. Sie unterstützt uns dabei, uns auf das Wesentliche zu konzentrieren, realistisch und klar, selbstgenügsam, sparsam statt verschwenderisch und damit ökonomisch. Sie zeigt uns den Weg aus der Enge, aus der Isolation, aus der Abgrenzung – und führt uns dazu, dass wir Erfahrungen verarbeiten und letztlich loslassen können, um uns auf unseren Weg zu machen.

Spirituelle Ebene
»Nur wer die (inneren) Gesetze anerkennt, ist wirklich frei.« Das ist eine viel zitierte Weisheit. Leben ohne Widerstand ist ein Leben in der vollkommenen Dunkelheit. Das Licht erklärt uns

dies auf wunderbare Weise, denn das (Sonnen-)Licht ist auf seiner weiten Reise nicht wahrnehmbar, es ist nicht sichtbar. Erst durch einen Widerstand (Erde, Mond oder andere Himmelskörper) zeigt es sich als Licht (und Schatten), wir können es erkennen. Diese wunderbare Entdeckung bietet für den Menschen eine einmalige Chance, die eigenen Widerstände und Blockaden zu bearbeiten. Und die Gabel Saturns hilft uns dabei, durch Bewusstsein unsere Schattenthemen ins Licht zu führen.

Wesensmerkmale Saturns
Saturn ist der letzte Planet, den wir mit dem bloßen Auge erkennen können; seine alte Bezeichnung »Hüter der Schwelle« spricht von einer Begrenzung und gleichzeitig von einer Tür zu etwas Dahinterliegendem. Seine Umlaufzeit beträgt knapp dreißig Jahre; Saturn ist dem Tierkreiszeichen Steinbock zugeordnet. Er ist die Zeit der längsten Nächte und kürzesten Tage, das Licht kommt langsam, aber sicher auf die Erde zurück (Wintersonnenwende). Das geistige Licht kommt mit Gottes Sohn an Weihnachten zu den Menschenkindern.

Uranus
»Freiheit, Gleichheit, Brüderlichkeit«

Charakteristika

Frequenz:	207,36 Hertz
Ton:	Gis
Farbe:	Orange (komplementär Blau)
Körperliche Zuordnung:	Zentralnervensystem, Hirnhaut, Hypophyse, Sprunggelenk
Meridiane:	alle (zur Aktivierung der Wahrheit)
Chakren:	fünftes (Vishuddha-)Chakra
Planetarische Zuordnung:	Uranus

Körperliche Ebene
Diese Gabel entspannt auf körperlicher Ebene bei Entladungs(re)aktionen – von Nervenzuckungen bis zu heftigen Ausbrüchen. Sie beruhigt bei kolikartigen Schmerzen, bei Knochenbrüchen und Gelenkschmerzen. Sie führt die Bahnen des Körpers auf neue Wege, in die Aufhebung von scheinbar unüberbrückbaren Polaritäten und Spannungssituationen, indem sie die Kraft des Uranus (Elektrizität) sinnvoll lenkt, in die Schöpfung statt in die Zerstörung. Ihre Frequenz kann zur Besänftigung von Nervenanspannungen, zur Umpolung führen.

Psychologische Ebene
Diese Gabel bringt die un(ter)bewussten Strukturen nach oben. Sie führt uns in die Wahrheit und lässt uns diese in Freiheit leben: Die Erkenntnisse kommen plötzlich und unerwartet.

Bisweilen erscheint uns dies wie eine Revolution. Sie deckt Bevormundung und Zwänge auf, die uns in die Unfreiheit führen, und macht uns bereit, in die Umpolung zu gehen, neue Wege einzuschlagen, in die eigene Identität zu kommen, in die eigene Schöpferkraft, intuitiv und originell, freiheitsliebend und unabhängig, idealistisch und humanitär, als Schwimmer gegen den Strom, der Himmel (Uranus) auf Erden (Gaia).

Spirituelle Ebene
Uranus hasst Einschränkungen und Mauern, es ist das Prinzip der Umpolung, das Prinzip des Neue-Wege-Gehens, es ist – wie schon bei der Round-Table-Konferenz gesagt wurde – das Prinzip des Columbus, der Indien sucht und Amerika entdeckt, es ist Böttger, der für seinen Auftraggeber Gold herstellen soll und dabei Porzellan erschafft. Es geht bei diesem höchsten Luftzeichen um Erweiterung, darum, Grenzen zu sprengen, um die Verbindung von menschlicher und kosmischer Energie, wie es

der alte weise Mann in der Darstellung des Tierkreises Wassermann (mit Uranus als Herrscher) zeigt, also Auflösung der Ich-Bezogenheit im Wasser und Erweiterung in der Luft.

Wesensmerkmale des Uranus
Nach der Erfindung des Fernrohrs wurde Uranus 1781 von Friedrich Wilhelm Herschel entdeckt. Die Umlaufzeit des Planeten um die Sonne beträgt 84 Jahre; Uranus ist dem Tierkreiszeichen Wassermann zugeordnet (21. Januar bis 19. Februar), der Zeit mit plötzlich peitschendem Schneeregen – im Gegensatz zum aufmüpfigen Frühlingsboten. Es ist also eine Zeit, in der Polaritäten abgeschliffen werden oder sich gegenseitig aufheben bzw. umpolen wollen. Es ist die Zeit des Karnevals, in der man kurzzeitig seine wahre Identität unter der Maske versteckt.

Neptun
»Dein Wille geschehe«

Charakteristika

Frequenz:	211,44 Hertz
Ton:	Gis
Farbe:	Orange (komplementär Blau)
Körperliche Zuordnung:	Leberreinigung »auf psychologischer Ebene«, Lymphsystem, Wasserhaushalt, Füße
Meridiane:	Kreislauf, Lunge, Leber, Dreifacher Erwärmer
Chakren:	sechstes (Ajna-)Chakra
Planetarische Zuordnung:	Neptun

Körperliche Ebene
Die Gabel lindert die Beschwerden bei neptunischen Erkrankungen wie Erkältungen, Infektionen, Suchtverhalten und auch bei psychischen Erkrankungen. Auf physischer Ebene

findet eine Reinigung der Meridiane und des Lymphsystems statt, was zur Aufrechterhaltung des energetischen Gleichgewichts beizutragen hilft.

Die Gabel reinigt die Leber, unser Organ der Wertung und Verwertung, der Sucht und Suche, unser Labor, das uns unterstützt, das rechte Maß und den Sinn des Lebens zu finden *(religio)*. Sie schafft die Verbindung nach unten (Anfang/ Ursprung) und nach oben (Sinnhaftigkeit).

Psychologische Ebene
Diese Stimmgabel hilft bei der Aufdeckung aller Arten von Verschleierung, der Selbstlüge, des Betrugs seiner selbst und anderer. Sie balanciert die Gratwanderung zwischen Sehnsucht und Sucht, sie zeigt uns über Enttäuschung unsere Selbsttäuschung. Sie führt uns in unsere wahren Träume und Visionen, aktiviert unsere Kreativität, die Inspiration und unsere Phantasie. Falsche Wünsche, die uns aus unserem Defizit bzw. Mangel an Eigenliebe und Eigenverantwortung in Abhängigkeiten (Sucht, Alkohol, Drogen u. dgl.) führen, werden entlarvt und können somit bearbeitet und geheilt werden.

Spirituelle Ebene
Der Beginn des Fische-Zeitalters (Neptun ist der Herrscher dieses Tierkreiszeichens) war geprägt von den Religionsstiftern wie Buddha oder Jesus Christus, der stellvertretend das Leid der ganzen Welt auf sich nimmt, indem er am Kreuz stirbt.

Aus den erlösten Fische-Charakteren spricht die reinste und ideale Qualität der allumfassenden Liebe, selbstlos und altruistisch, die Egostrukturen werden losgelassen in der Gewissheit, dass es keinerlei Sicherheit gibt. Es ist die Hingabe an ein höheres Leben, die Sehnsucht nach göttlicher Vollkommenheit in Demut und Hingabe.

Wesensmerkmale Neptuns

Die Schwingung von Neptun ist nahezu oktavanalog zu der des Mondes. Die Sternzeichen Fische (Herrscher Neptun) und Krebs (Herrscher Mond) sind beide Wasserzeichen (= Yin/Seele).

Neptun läuft in zirka 160 Jahren einmal um die Sonne, und zwar in einer Entfernung von 4 496 Millionen Kilometern. Mit einem Durchmesser von 49 200 Kilometern ist Neptun etwa viermal so groß wie die Erde.

Pluto
»Metamorphose durch ›Stirb und werde‹«

Charakteristika

Frequenz:	140,25 Hertz
Ton:	Cis
Farbe:	Blaugrün (komplementär Orangerot)
Körperliche Zuordnung:	Dick-, Mast-, Enddarm, After, Genitalorgane, Prostata
Meridiane:	Dickdarm, Leber
Chakren:	zweites (Svadhishthana-) und drittes (Manipura-)Chakra
Planetarische Zuordnung:	Pluto

Körperliche Ebene

Blockaden im plutonischen Bereich entstehen weniger an der Oberfläche (Pickel auf der Haut u. Ä.), es sind Manifestationen der Tiefe. Die entsprechenden Organe finden wir naturgemäß »unterhalb der Gürtellinie«, im »dunklen Bereich«, in unserer gärenden und verarbeitenden Innenwelt. Die Bedeutung des Darms als Auslöser für Krankheiten ist weithin bekannt.

Diese Gabel hilft dem »unteren« Bereich des Menschen bei seiner Arbeit des Loslassens und Regenerierens. Sie unterstützt den Prozess des freiwilligen Betrachtens und Bearbeitens unserer »Schattenanteile«, um sie bewusst zu (er)lösen, bevor es zu massiven plutonischen Blockaden kommen kann.

Psychologische Ebene
Diese Gabel holt tief liegende Gefühle an die Oberfläche und führt uns somit in unsere eigene »Unterwelt« des Unterdrückten, des ins Schattenreich Verbannten, der in die untere Körperhälfte abgeschobenen dunklen Seite unseres polaren Lebens.

Die Schätze der Unterwelt (Pluto) können transformiert werden, indem sie ans Licht gebracht, bewusst gemacht werden. Plutonische Prozesse sind solche der Wandlung, des »Stirb und werde«, der Regeneration, des Phönix aus der Asche, des Erkennens des eigenen Abgrundes, der eigenen dunklen Seite, der eigenen »Kloake« (die reine Lotusblume wächst wie gesagt auf den schlimmsten Kloaken dieser Welt).

Spirituelle Ebene
»Die Raupe muss tot sein, damit der Schmetterling fliegen kann.« Im Goethe'schen Sinne erleben wir bei Pluto/Skorpion »Stirb-und-werde«-Prozesse, die Natur blüht in Wehmut ein letztes Mal auf (leuchtender Blätterwald, »Indian Summer«), um dann abzufallen, abzusterben. Pluto ist nicht der Totengräber des Lebens, er ist der große Transformator, der zerstört und sterben lässt, um Neuem Platz zu machen und es zu erschaffen. Pluto führt von einer Lebensform in die andere, der Tod und das Absterben (Loslassen) sind die Grundbedingungen dafür, dass wieder (neues) Leben entstehen kann – von Ewigkeit zu Ewigkeit.

Wesensmerkmale Plutos

Als Planet wurde Pluto 1930 »entdeckt«, in einer polaren Zeit der »Tiefe« auf der Erde, und zwar im Extrem: Das kollektive Unbewusste kochte in der Hitler-Zeit aus dem Schatten der Projektion hoch und machte mobil gegen vermeintliche Feinde in der Außenwelt – die Juden, die Behinderten, die Randgruppen. Auf der anderen Seite drängte die Psychoanalyse in die Tiefen der menschlichen Seelenlandschaft ein. Pluto kann als »weiblicher Mars« (Wasserzeichen / Yin) angesehen werden. Mars war bis 1930 auch der Herrscher des Tierkreiszeichens Skorpion.

Die »Hardware« – welche Gabeln soll man kaufen?

»Viele Wege führen nach Rom«, haben wir bereits »den Volksmund zitiert«, denn er hat wie so oft Recht. Aber wir können nicht nur auf den verschiedensten Pfaden zur Ewigen Stadt reisen, sondern auch mit unterschiedlichen Fortbewegungsmitteln. Und wenn wir eine weitere – chinesische – Weisheit zu bedenken geben, markieren wir bereits die geeignete Einstellung für den Umgang mit den Stimmgabeln, nämlich: »Der Weg ist das Ziel.« – Naturgemäß ist die Qualität unserer inneren Haltung mindestens ebenso wichtig wie die Qualität der Stimmgabel selbst.

Schaut man auf das Angebot ebenjener »Hardware« der Phonophorese, so stellt man fest, dass sich viele Anbieter mit diversen Qualitäten auf dem Markt tummeln. Wenn Sie Stimmgabeln für therapeutische Anwendungen erwerben möchten, sollten Sie auf folgende Grundvoraussetzungen achten:

- Material: Standard-Stimmgabeln für die Phonophorese werden in der Regel aus hochwertigem Edelstahl gefertigt (vernickelt), die Oberfläche ist spiegelglatt. Extrem große Gabeln werden zum Teil auch aus Aluminium hergestellt, da sie ansonsten für einen längeren Einsatz zu schwer wären.
- Größe: Zu beachten ist hier zum einen die Gesamtlänge (zirka 190 bis 250 Millimeter) sowie die Länge und Form des Griffs (Halses). Längere Griffe (etwa 50 bis 60 Millimeter) eignen sich besser für Anwender mit größeren Händen; sie sind für diese leichter in der Handhabung.

- Hals (Schaft): Es gibt Stimmgabeln mit rundem und eckigem Hals; hier entscheidet der Geschmack oder auch die Geschicklichkeit über Eignung und Auswahl. Für sehr schlecht sehende oder blinde Anwender empfehlen wir den eckigen Hals, da die Richtung des Aufsetzens sofort mit den Fingern erspürt werden kann.
- Gewicht: Je nach Ausführung und Material sind die Gabeln unterschiedlich schwer. In der Edelstahlausführung wiegen sie 80 bis 140 Gramm. Für Anwender mit kleineren Händen werden Gabeln, die 100 Gramm überschreiten, bei einer längeren Behandlung in der Regel zu schwer, hier empfehlen wir die leichtere Variante.
- Präzision: Von seriösen Anbietern werden die Phonophorese-Stimmgabeln in Handarbeit elektronisch (bei 20 Grad Celsius) geeicht. Sie übertreffen bei Weitem die DIN-Norm mit einer zulässigen Abweichung von plus/minus 0,25 Hertz. Die entsprechende Tonfrequenz sollte gut sichtbar und lesbar (am Hals) eingeprägt sein.
- Schwingungsdauer: Schwere und längere Stimmgabeln schwingen bis zu 60 Prozent länger als die kürzere Version des gleichen Materials. Unterschiedliche Materialien schwingen unterschiedlich lange.
- Preise: Stimmgabeln aus Edelstahl kosten in Standardgröße zurzeit etwa 30 Euro, größere Stimmgabeln sind entprechend teurer. Zum Teil werden auch Sets angeboten, die die wichtigsten Gabeln für den Einstieg enthalten; möglicherweise sind sie als Set günstiger als einzeln.
- Händler: Hier gibt es eine Vielzahl hervorragender Anbieter. Der Kauf von Stimmgabeln ist sicher nicht so schwierig wie der eines Gebrauchtwagens, da die Standards vorgegeben sind, aber dennoch Vertrauenssache. Sie können sich beispielsweise selbst über das Internet informieren (einfach

bei einer Suchmaschine [z. B. Google] die Begriffe »Stimmgabel« und »Anbieter« eingeben, und es kann losgehen). Wir arbeiten seit Jahren perfekt mit zwei Anbietern zusammen, die ihr Handwerk verstehen, zuverlässig und schnell liefern sowie auch kompetente Ansprechpartner bei Fragen oder Anregungen sind. Sie können deren ausführliche Daten dem Anhang entnehmen, hier in aller Kürze die URLs: www.planetware.de und www.tuning-fork.com.

Eine besondere Empfehlung ist das Internetportal www.schwingung-als-weg.de; hier finden Sie die ideale Kombination von Hardware (Stimmgabeln und Zubehör) sowie Software (Schulung und Praxis).

Die optimale »Gabelung«

Wie wende ich die Stimmgabeln richtig an?

Die Stimmgabel besteht aus einer Zunge (Gabelform) und einem Hals (Schaft)

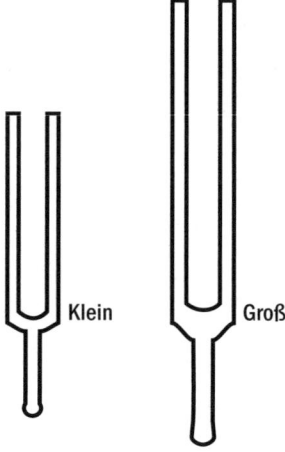

Handhabung

Zum Anschlagen werden Stimmgabeln ausschließlich am Hals (Schaft) gehalten (mittels Daumen, Zeigefinger und Mittelfinger).

Berührungen der Zunge, also des Vibrations-/Schwingungskörpers, reduzieren immer die Schwingung und damit die Wirkung der Gabel. Zu kräftiges Anschlagen bewirkt eine gegenseitige Berührung der beiden Zungenhälften. Dies ist nicht zu überhören.

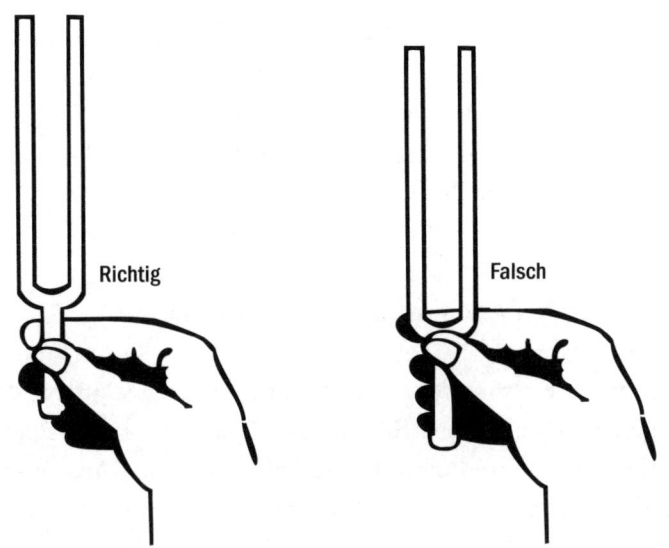

Achten Sie bitte darauf, dass Sie beim Anschlagen der Gabel an einem Körperteil (relativ) unempfindliche Körperpartien »verwenden«, wie z. B. den Handballen, den Daumenballen, den Bereich des Unterarms, das gebeugte Knie oder die Ferse.

Bedenken Sie, dass die Stimmgabel aus härterem Material besteht als Ihr Körper, sogar als Ihre Knochen.

Unsere Erfahrung zeigt, dass (sehr) schnell individuell die richtige Anschlagtechnik gefunden wird; erlauben Sie sich so viele Versuche, bis Sie das Gefühl haben: »Nun ist es ›stimmig‹ für mich.«

Zum Anschlagen kann man (außer dem eigenen Körper) Hilfsmittel verwenden, z. B. Hartgummikörper oder einen Klöppel, der aus einem Holzstab mit einem runden Gummiaufsatz besteht (beide im Handel erhältlich).

Ein Wort zu besonders langen Stimmgabeln (u. a. auch aus Aluminium): Diese werden in der Regel nicht angeschlagen, sondern durch ein leichtes Zusammendrücken der Zungenhälften zwischen Daumen und Zeige- oder Mittelfinger (und dann durch plötzliches Loslassen) aktiviert, sie kommen in Schwingung. Auch bei diesen Stimmgabeln ist es wichtig, dass sie am Hals gehalten werden und die Zunge nach dem Vibrationsbeginn nicht mehr berührt wird.

Welche Anwendung ist nun die »richtige«?

Antwort: Die »stimmige« Anwendung ist die geeignete; denn wie gesagt: »Viele Wege führen nach Rom.« Viel wichtiger als die Technik ist Ihre innere Einstellung, sich ohne Anspannung und Grübeln über die korrekte »Bedienungsanleitung« in die Vibration der Stimmgabel einschwingen zu wollen.

Kontakt zum Körper

Die Stimmgabel wird möglichst längs in der Körperachse gesetzt; ob die Zunge dabei zu den Füßen oder zum Kopf weist, ist nicht so wichtig. Kennen wir den Meridianverlauf, dann orientieren wir uns in der Ausrichtung der Gabel an diesem Verlauf.

Wie viel Schwingung braucht der Mensch?

Die mehr oder weniger liebevolle Frage eines Arztes: »Was fehlt Ihnen denn?«, ist ein deutlicher Hinweis auf eine Mangelsituation des Patienten, auf ein Ungleichgewicht, auf ein Defizit. Das kann wie die entscheidende Frage des Parzival, »Was fehlt dir, Oheim?«, sein, welche die Transformation ermöglicht.

Je weiter wir in einen Mangelzustand geraten sind, umso mehr sollten wir »investieren«, um dieses Defizit wieder auszugleichen:

- Sind wir sehr durstig, müssen wir viel trinken.
- Sind wir äußerst hungrig, werden wir entsprechend viel essen.
- Sind wir frisch verliebt und hungrig nach Liebe, werden wir ohne Unterlass am Partner »herumknabbern«.
- Ist unser Bankkonto in die roten Zahlen gerutscht, müssen wir wieder entsprechend viel einbezahlen, um das Konto auszugleichen und unsere Schulden zu tilgen.
- Sind wir krank, müssen wir umso mehr für unsere Gesundheit tun.
- Sind wir »verstimmt«, ist es an der Zeit, uns »einzustimmen«.

Wie gesagt, wenn wir großen Durst haben, uns »ausgetrocknet« fühlen, dann braucht es unter Umständen große Mengen Wassers o. dgl., bis wir das Gefühl haben: »Jetzt ist es genug!«

Nicht wirklich anders verhält es sich bei der Phonophorese: Sind wir in einem Bereich völlig verstimmt, so müssen wir viel Schwingung dareingeben, um die Blockade aufzulösen oder zu lindern.

Oder: Haben wir genug gegessen, sind wir satt. Wir haben so lange unser »Loch im Magen« gestopft, bis sich ein Völlegefühl eingestellt hat. Bei der Arbeit mit der Stimmgabel kann man ähnliche Kriterien beobachten, die sich so äußern: Eine »hungrige« Körperregion nimmt die Schwingungen der Stimmgabel zunächst (fast) gierig auf, ohne die Vibration merklich an benachbarte Stellen weiterzuleiten. Dies geschieht so lange, bis eine Sättigung erfolgt. Mit ein wenig Übung merkt man dies deutlich daran, dass die Schwingungen der Stimmgabel nicht mehr wie in einem Strudel oder »schwarzen Loch« verschwinden, sondern ganz allmählich wie die Wellen eines sanften Meers auf der Haut weitergegeben werden. Dann ist dieser Körperbereich wieder eingeschwungen und in Harmonie mit seiner Umgebung, er ist »satt«.

Ebenso wie uns das Defizit ein Zuwenig signalisiert, zeigt uns der Überfluss ein Zuviel an; es ist eine Art »Überenergie«, die ein Ungleichgewicht zugunsten einer Überfülle zeigt, ein »Mehr als genug«, mehr, als wir benötigen.

Wir bemerken dieses Zuviel durch eine nervöse Vibration der Stimmgabel, sie schwingt nicht gleichmäßig, sondern ungleich.

Wir setzen die Gabel wie beim Defizit so lange, bis die Schwingung »wie Butter« in die entsprechende Körperregion gleitet und sanfte Wellen um sich herum verbreitet.

Die richtige Körperregion

Wir können zwar meist auf der körperlichen Ebene deuten, wo uns »der Schuh drückt« bzw. der Schmerz quält; dennoch ist eine Kenntnis der Chakren und Meridianverläufe beim Setzen der Gabeln hilfreich. Diese werden im weiteren Verlauf des Buches jeweils dargestellt.

Die Lokalisierung des Problembereichs kann zunächst über die Wahrnehmung der Schmerzen erfolgen. Diese Region sowie angrenzende Körperareale werden wir zuallererst behandeln, weitere Bereiche, die wir durch unsere Intuition erspüren oder durch unser Wissen mit der Schmerzregion in Verbindung bringen können, beobachten wir gleichzeitig.

Sinnvoll ist auch die Einbeziehung der jeweils gegenüberliegenden Seite. Verspüren wir z. B. Schmerzen am linken

Knie, behandeln wir das rechte ebenfalls, um einen Ausgleich im Körper zu ermöglichen, oder: Wir ermöglichen das Einschwingen beider Seiten bzw. das der weniger gesunden auf die gesunde.

Durch das Setzen der Stimmgabel um den Schmerzpunkt herum können wir die Region ermitteln, die betroffen ist. Es ist sinnvoll, die freie Handfläche auf die Haut zu legen, und zwar in unmittelbarer Nähe der Region, die wir mit der anderen Hand und der schwingenden Stimmgabel gerade behandeln.

Mit der Handfläche können wir nun erspüren, ob eher ein Defizit oder eine Überenergie vorliegt. Bei Überenergie vibriert die Körperwand wie die Wand einer Lagerhalle, auf die ein Porsche gedonnert ist, beim Defizit spüren wir nichts außer Leere.

Überenergie und Defizit sind die zwei Seiten derselben Medaille. Sie signalisieren in jedem Fall ein Ungleichgewicht, das wir durch die Behandlung mit Stimmgabeln einjustieren können.

Generell ist es so, dass Phonophorese deutlicher auf knöchernen Körperbereichen wahrgenommen wird. Im Gewebe selbst wird gerade zu Beginn der Behandlung die Schwingung nicht oder kaum bemerkt bzw. erspürt. Das ist verständlich, da viele Menschen im Laufe ihres Lebens »verlernt« haben, ihren Körper wahrzunehmen. Letztlich hat diese (Fehl-)Einstellung ja dazu geführt, dass es zu der aktuellen Blockade überhaupt hatte kommen können. Im Laufe der Sitzung oder erst nach mehrmaligen Behandlungen kommt es allmählich zu einer Sensibilisierung, und die Körperregion »erinnert« sich an fast vergessen geglaubte Schwingungen. Ein Zeichen dafür ist, dass die Vibration der Gabel wahrgenommen wird.

Es kann durchaus auch vorkommen, dass die Frequenz der Gabel als unangenehm oder zu stark empfunden wird. Eine derartige Reaktion ist ein wertvolles Indiz zur Diagnostik, sie zeugt von einem undurchlässigen Bereich, einer Blockade. In diesem Fall empfehlen wir, die Gabel entweder sanfter anzuschlagen oder sie im Abstand von zirka 1 Zentimeter von der Haut zu setzen, also ohne die Haut zu berühren – im Bereich der Aura.

Meridiane und Chakren

Meridiane sind »feinstoffliche Energiestraßen mit der Aufgabe der energetischen Koordination und Steuerung des Körpers und seiner Organe«.[53] In der indischen Medizin werden sie auch »Nadis« genannt, sie bilden die Grundlage der chinesischen Energiemedizin, insbesondere der Akupunktur und -pressur. Sie dienen im Körper der Aufrechterhaltung des energetischen Gleichgewichts.

Meridiane liefern somit Signale zur Prophylaxe. Meridianbezogene Therapieformen wie die Phonophorese, Shiatsu, Akupunktur, Pencil usw. verhindern u. a. Blockaden, Schmerzen und Krankheiten, bevor sie überhaupt entstehen.

Chakren sind sieben übergeordnete Energiezentren (Hauptchakren) entlang der Wirbelsäule mit diversen Unterzentren (Nebenchakren), z. B. in Händen und Füßen.

Ruediger Dahlke bringt die Aufgabe und das Thema der Chakren auf den Punkt: Sie sind »zuständig« für die »Koordination der menschlichen Entwicklung auf feinstofflicher Ebene« und fungieren als »Mittler zwischen Seele und physischer Ebene«. Darüber hinaus ermöglichen sie »die Aufnahme kosmischer Energie (Prana = Lebenskraft)«.[54]

[53] Ruediger Dahlke: *Krankheit als Symbol,* München 1989
[54] Ebenda

Die symbolische Bedeutung der Chakren liegt in der Verbindung des Menschen zum Kosmos: innen wie außen, außen wie innen. Wie alle Vergleiche hinkt auch dieser, aber man kann sie sich als »Satellitenschüsseln« zum Empfangen (und Senden!) von Signalen vorstellen.

Wo befinden sich Akupunkturpunkte und Aura?

Das Wissen um die Akupunktur ist jahrtausendealt, es stammt aus der östlichen Welt, ursprünglich aus China. Erste belegte Erfahrungen in Europa gehen auf das 17. Jahrhundert zurück.

Akupunkturpunkte gibt es am menschlichen Körper wie »Sand am Meer«. Vereinfacht ausgedrückt, wollen wir sie als »Schaltstellen in den Meridianen« bezeichnen.

Mittels Akupunkturnadeln, Händen (z. B. Shiatsu) oder auch Schwingungen (Phonophorese) etc. kann man bestimmte Impulse auf die Akupunkturpunkte setzen, um diese entsprechend im Körper weiterzuleiten. Eine Gleichsetzung mit den Hauptchakren und ihren unzähligen Nebenchakren kann helfen, uns ein »Bild« von diesen Akupunkturpunkten zu machen.

Die Aura beschreibt das menschliche Energiefeld, es ist die Manifestation der universellen Energie auf der menschlichen Ebene. Die Aura kann man als unseren Lichtkörper (Energiekörper) bezeichnen, der unseren materiellen (physischen) Körper umgibt, durchdringt und über eine spezifische Ausstrahlung verfügt. Sie wird in verschiedene Schichten aufgeteilt, die in Korrelation zu den Chakren stehen. Aufsteigend von innen nach außen, bestehen diese Schichten aus einer zunehmend feineren »Substanz« und verfügen über höhere Schwingungen als der Körper, den sie umlagern und durchdringen.

Stimmungen, Emotionen, Blockaden und Krankheiten verändern Farbe und Zustand der Aura und signalisieren Ungleichgewichte des Menschen in seinem Energiefeld.

Der Liquor und das Wohlbefinden

Das Liquorsystem besteht aus dem Membransystem, welches »Meningen« genannt wird, der zerebrospinalen Flüssigkeit, die in diesem System fließt, sowie dem Regelsystem, welches das Ein- und Ausfließen der Systemflüssigkeit steuert. Es befindet sich in der Nähe der Hypophyse, der Hirnanhangsdrüse, »des Regierungssitzes der Hormone«.[55] Die Liquorflüssigkeit selbst befindet sich in der Dura Mater – das ist die harte Hirnhaut – in der äußeren Schicht der Meningen.

Diese Dura Mater finden wir am Schädelknochen, an den Wirbeln des oberes Halses, am Kreuzbein im unteren Rücken sowie an all den kleinen Öffnungen im Schädel und in der Wirbelsäule, die den größeren Nervenbahnen den Durchgang in alle erdenklichen Teile unseres Körpers ermöglichen.

Die Pulsation der Dura Mater ist im gesamten Körper zu finden, der Liquor pulsiert in der Regel zwischen sechs- und zehnmal pro Minute, genannt die Verschmelzungsphase.

Seit Urzeiten arbeiten Heiler in aller Welt bewusst oder unbewusst mit dieser Pulsation, um entsprechende Informationen bzw. Heilenergien in den Körper einfließen zu lassen. Bewusstes Arbeiten mit dem Liquor finden wir gegenwärtig u. a. bei der Craniosacraltherapie Dr. John E. Upledgers, bei Chris Griscom oder auch in der Osteopathie. Auf »unbewusstes« Arbeiten mit dem Liquor treffen wir in vielen körperorientierten Ansätzen, u. a. Reiki oder Shiatsu.

[55] Ebenda

Begriffliches

Das Ego

Es ist schon fast ein Allgemeinplatz der so genannten »spirituellen« oder auch »Eso-Szene«, dass es das Ziel sein muss, das Ego abzuschleifen, über Bord zu werfen oder an den Nagel zu hängen. Erst dann sei der Weg nach »oben« offen ...

So weit, so gut. Das Problem ist bisweilen jedoch: Wir können nicht aufgeben, was wir gar nicht besitzen. Wenn wir kein Ego, kein Ich haben, von dem wir so ungefähr wissen, was es will und was es nicht will, welche Licht- und Schattenseiten in unserer Natur (verborgen) liegen, welche Triebe und Leidenschaften in uns schlummern und sich nach Erlösung sehnen, was, bitte schön, wollen wir dann aufgeben?

Versuchen wir es mit folgender (neuer) Definition: Das Wertvollste, was ein Mensch besitzt, das ist er selbst, »mens sana in corpore sano« – ein gesunder Geist, ein gesundes Bewusstsein mit einem gesunden Körper als Heimat.

In dem Augenblick, in dem ich eine Handlung aus Liebe, Respekt und Achtung zu mir selbst und allen Lebewesen und Elementen der Schöpfung vollziehe, tritt das universelle Gesetz in Kraft: »Wie innen, so außen, wie oben, so unten.« Die Liebe, die in mir freigesetzt wird, trägt jede Entscheidung; wenn die Mitte meiner Welt aus Liebe besteht, gehe ich ins Vertrauen zu mir selbst und zur Welt.

Liebe ist eine Hochpotenz mit unermesslicher Kraft, ein liebevolles Wort am Tag kann Energien von nie geahntem Ausmaß freisetzen, es kann uns beflügeln. Liebe ist die höchste

Macht, es ist ein Zeichen eines wirklich erlösten Egos: Liebe für sich selbst annehmen können und selbst Liebe geben können, ohne Bedingungen und ohne Wenn und Aber.

In der Polarität des Lebens erkennen wir auf dieser Welt und bei uns selbst auch die andere Seite: das Leben im Defizit, in Missgunst, Depression, Müdigkeit, Aggression etc. pp.

Es besteht die Gefahr, dass unser unerlöstes Ego uns aus dieser Defizitsituation (»Mir fehlt etwas!«) in eine Erwartungshaltung hineinprojiziert, die nicht erfüllt werden kann. Es werden Ersatzbefriedigungen gesucht und vermeintlich gefunden, die häufig aber keine Energie liefern, sondern, im Gegenteil, Energie entziehen. Der Weg ist das Ziel; und Ziel ist, bestmögliche Energie beim Menschen zu aktivieren. Das funktioniert aber am besten dann, wenn alle Aspekte im Fluss sind, Energie und Liebe fließen können ohne Widerstände, ohne Blockaden, wenn wir aus der Fülle unseres eigenen Seins heraus leben und handeln, in Liebe, Respekt und Achtung. Dann haben wir das Ego unendlich bereichert.

Was ist ein »perverser Einfluss«?

Der perverse Einfluss (PE) ist ein Begriff aus der chinesischen Medizin. Die Asiaten sprechen von einem PE, wenn solche Informationen von außen in unser Energiesystem (u. a. Meridiane und Chakren) gelangen, die es schwächen und beeinträchtigen (z. B. Klima, Bakterien, Emotionen, Stress, Umwelteinflüsse, Strahlungen). Der PE sucht sich seinen Weg zunächst durch die Auraschichten, um dann in die Meridiane zu gelangen. In diesen setzt er spürbare Zeichen, die in der traditionellen Schulmedizin häufig als psychosomatische Beschwerden definiert werden. Von dort geht der PE weiter, beeinflusst die Chakren, um dann als weitere Folge Blockaden auszulösen oder sogar Organe zu schädigen.

Der positive Einfluss der Phonophorese besteht nun darin, das stets vorhandene Potenzial der Widerstandskräfte zu aktivieren, die Gesundheit zu stärken und den PE zu lindern oder abprallen zu lassen.

Auch wenn wir in den einzelnen Behandlungen nicht ständig auf den PE hinweisen, so ist er doch stets präsent.

Was ist ein Cun?

Unter einem Cun versteht man in der asiatischen Medizin ein Relativmaß zur Lokalisierung der Akupunkturpunkte. Die Hand des Klienten bildet hierbei die Grundlage der Bemessung (»relativ« deswegen, weil beispielsweise ein Baby ein anderes Handmaß als ein Erwachsener hat).

In den folgenden Abbildungen sehen Sie unter A und C jeweils dieses Relativmaß von 1 Cun. B steht für 2 Cun, D für 1,5 Cun, E für 3 Cun und F für 2,5 Cun..

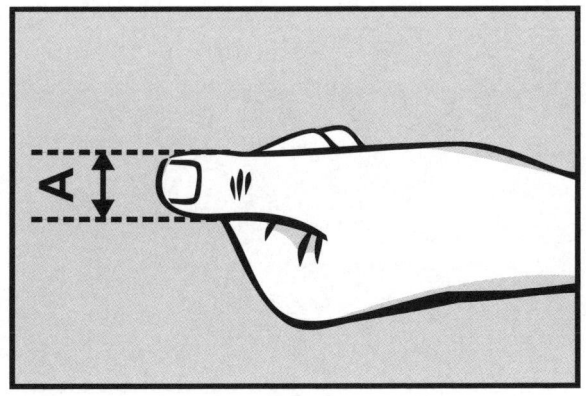

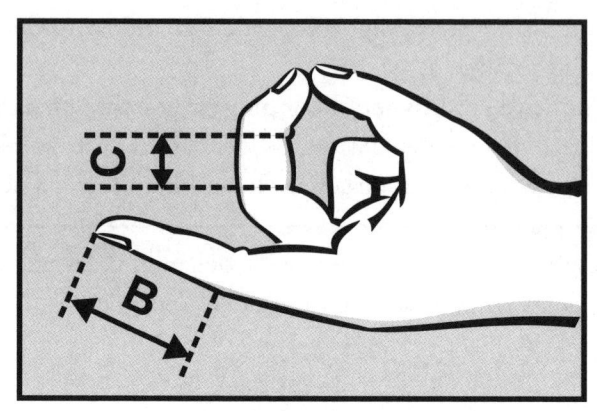

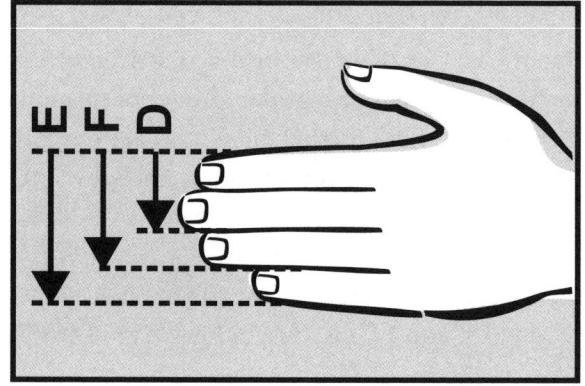

Phonophorese bei körperlich-seelischen Blockaden

»Die Seele sehnt sich nach einer Wirklichkeitserfahrung, die ihr nur das physische Leben geben kann. Der Körper sehnt sich nach einer Unsterblichkeitserfahrung, die ihm nur die Seele geben kann.«[56]

So gesehen sind Körper und Seele »zwei Seiten derselben Medaille«, Zwillinge, die einander ergänzen; und doch gibt es »Rivalitäten« unter den Brüdern: Es ist ein lebenslanger Kampf mit der dunklen, mit der Schattenseite, die der Mensch manchmal am liebsten abspalten würde. Sehr anschaulich ist dieses Ringen der beiden (An-)Teile in Goethes *Faust* ausgedrückt: »Zwei Seelen wohnen, ach! in meiner Brust, die eine will sich von der andern trennen ...« Der »leicht bewusste« Zwillingsbruder verschafft sich über Blockaden und Krankheiten Aufmerksamkeit.

Der Schriftsteller Peter Altenberg sagte einmal, Krankheit sei der Aufschrei einer beleidigten Seele. »Es gilt demnach herauszufinden, was die Seele beleidigt hat, und dazu gibt der Körper die notwendigen Hinweise. Er kann zur Bühne werden, auf der wir unsere Wachstums- und Lernaufgaben dargestellt finden.«[57]

Wie gesagt führen viele Wege nach Rom – ein Weg ist sicher, besonders beiden Anteilen, Körper *und* Seele, die Beachtung

---

56 Glenda Green: *Unendliche Liebe,* Burgrain 2002
57 Zit. n. Dahlke: *Krankheit als Symbol,* a. a. O.

zu schenken, die sie verdienen, sie in Ein-Klang miteinander zu bringen, zu Verbündeten und Gefährten zu machen – wie im »richtigen« Leben in einer Schulklasse, in der wir weiterkommen können oder sitzenbleiben.

Wie schon betont wurde: Es liegt an uns, an unserem Bewusst-Sein, ob wir die »Bälle« auffangen, die uns das Leben zuwirft, ob wir mitspielen – oder ob wir »verletzt« vom Platz getragen werden als Opfer eines Spiels, in dem uns oft genug die Gelbe Karte gezeigt wurde.

Die Behandlung mit schwingenden Stimmgabeln bringt uns mit unserem (kollektiven) Unbewussten in Kontakt, unser Körper und unsere Seele schwingen sich ein in die Klänge von »alten Bekannten«, den Urtönen der Planetenschwingung, die wir in jeder unserer Zellen abgespeichert haben und deren »Wahrnehmung« uns so viel über uns selbst, die Welt und die Harmonie der Schöpfung berichtet.

Die Denkweise »Körper und Seele – zwei Seiten der gleichen Medaille« geht von der uralten Tradition aus, dass alles, was eine Form hat, auch einen Inhalt haben muss. Über das Symboldenken erfahren wir, dass jedes Krankheitsbild, das sich im Körper manifestiert, auch eine seelische Bedeutung hat.[58]

---

58 Neben der Behandlung mit Stimmgabeln empfehlen wir die bewusste Bearbeitung der symbolischen Bedeutung der Blockade auf geistiger Ebene. Um sich darüber tiefer gehend zu informieren, bieten sich unseres Erachtens z. B. die Bücher von Ruediger Dahlke an. Die in der Folge kurz beschriebenen Krankheitsformen sind treffend etwa in seinem Werk *Krankheit als Symbol* erläutert.

Phonophorese bei körperlichen Blockaden

Unser Körper ist die Bühne, auf der das »Schauspiel der seelischen Zerwürfnisse« gespielt wird. Der Vorhang hebt sich, die Akteure sprechen zunächst in Form von überwiegend körperlichen Symptomen zu uns.

Durch unsere Behandlung mit den Stimmgabeln zeigen wir ihnen, dass sie auf unserer Lebensbühne nicht nur störende Statisten sind, die »überflüssig im Weg herumstehen«, sondern dass wir sie wahrnehmen, sie ernst nehmen und mit ihnen in Dialog und Austausch treten möchten.

Zusammen können wir dann das Stück mit dem Titel des bereits erwähnten Zitats von Ruediger Dahlke aufführen: »Lieber entspannt im Hier und Jetzt als verkrampft im Wenn und Aber.«

Verkrampfung und Verspannung

Rücken- und Menstruationsbeschwerden

Empfohlene Stimmgabeln:		Dauer der Behandlung
Wasserstoffgamma	157,04 Hertz	zirka 60 Minuten
Geomagnetfeld	149,74 Hertz	
Platonisches Jahr	172,06 Hertz	

Symbolische Bedeutung der Blockade

Schmerz ist der Ausdruck eines Widerstands gegen kosmische Gesetzmäßigkeiten, gegen den Fluss des Lebens. Im ersten Moment sehen wir im Schmerz einen Feind, der bei näherer Betrachtung aber unser Freund sein kann, weil er uns (»schmerzhaft«) darauf hinweisen möchte, dass wir uns im Leben verlaufen haben, »auf dem Holzweg sind« (Holz steht in der asiatischen Medizin für Leber/Galle = lösungsorientiertes Verhalten für Muskeln/Sehnen).

Der Schmerz soll uns helfen, unsere Situation zu überdenken, und uns weiter lehren, den Widerstand als unseren Freund und Helfer zu akzeptieren, sich eventuell neu auszurichten oder zu orientieren und uns in die Erkenntnis und Bewusstheit zu führen, ja zum eigenen Lebensweg zu sagen. So gesehen kann man Schmerz als »göttlichen Mahlstein für unser Ego« bezeichnen.

Symptome der Blockade

Schmerzen verweisen immer auf einen körperlichen und seelischen Anteil. Wer die Sprache der eigenen Schmerzen deuten lernt, ist auf dem Weg der Selbsterkenntnis. Hat ein Klient z. B. den Eindruck, »sein Rücken bricht durch«, so meint er im übertragenen Sinne häufig »ein emotionales Durchbrechen«.

»Falsche« Spannung erzeugt eine Ver-Spannung. Verkrampfung und Verspannung sind z. B. ein Zeichen von Erstarrung und Starrheit; sie zeigen das seelische Korsett, in dem man erstarrt und eingebettet lebt. Diese »Starrheit«, etwa in Bezug auf die Identifikation mit der eigenen Weiblichkeit bzw. der von der Gesellschaft geforderten Frauenrolle, kann sich u. a. in Menstruationsbeschwerden äußern.

Heilung der Blockade

Die Heilung besteht in den Bemühungen, am richtigen Ort zur richtigen Zeit das Spiel der Polarität in Spannung und Entspannung zu erkennen und zu durchschauen, beide Pole als natürliche Gegenpole des Energieflusses anzuerkennen.

Schritt 1 in Rückenlage

Empfohlene Stimmgabel:		Dauer Schritt 1:
Wasserstoffgamma	157,04 Hertz	zirka 6 Minuten

Bitte beachten Sie: Testen Sie hinter beiden Ohren, bearbeiten Sie bitte die schmerzhaftere Seite (Wasserstoffgamma als Antischmerzgabel).

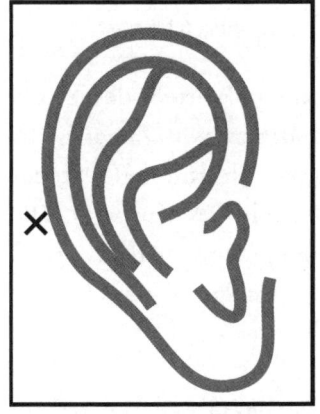

Der allgemeine Schmerzpunkt befindet sich im oberen Drittel hinter dem Ohr. Sie finden ihn, indem Sie die schmerzhafteste Stelle lokalisieren.

Setzen Sie die schwingende Stimmgabel Wasserstoffgamma in Längsrichtung zum Körper so lange auf die lokalisierte Zone, bis der Schmerz nachlässt und beim Klienten eine spürbare Harmonisierung eintritt.

Schritt 2 in Rückenlage

Empfohlene Stimmgabel:		Dauer Schritt 2:
Wasserstoffgamma	157,04 Hertz	zirka 4 Minuten, d. h. pro Punkt etwa 2 Minuten

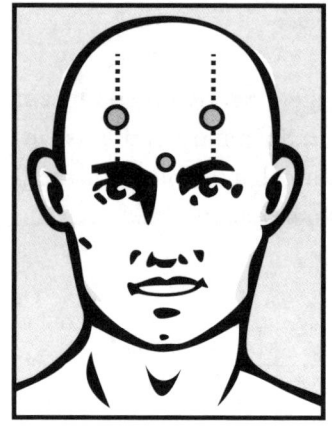

Diese Punkte finden Sie in der Mitte zwischen Haaransatz und Augenbrauen, auf der Pupillenlinie.

Die schwingende Stimmgabel Wasserstoffgamma wird in Längsrichtung zum Körper so lange auf diese beiden Punkte gesetzt, bis der Klient die Schwingung deutlich spürt und als angenehm empfindet.

Schritt 3 in Rückenlage

Empfohlene Stimmgabel:		Dauer Schritt 3:
Wasserstoffgamma	157,04 Hertz	zirka 6 Minuten

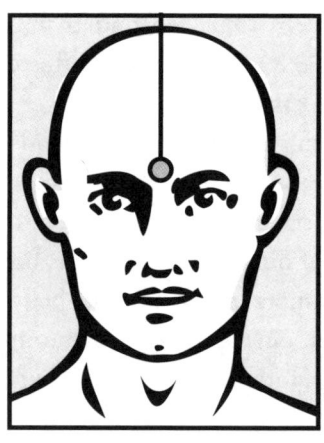

Anmerkung: Mittels des Stirnchakras haben wir Zugang zur Hypophyse (hormonelle Steuerungszentrale des Körpers). Die Schwingungsinformation wird hierüber im gesamten Körper »verteilt«.

Das Stirnchakra befindet sich in Höhe der Augenbrauen auf der Mittellinie.

Die schwingende Stimmgabel Wasserstoffgamma wird ein- bis dreimal in Längsrichtung zum Körper auf das Stirnchakra (sechstes Chakra) gesetzt.

Schritt 4 in Rückenlage

Empfohlene Stimmgabel:		Dauer Schritt 4:
Geomagnetfeld	149,74 Hertz	zirka 2 Minuten

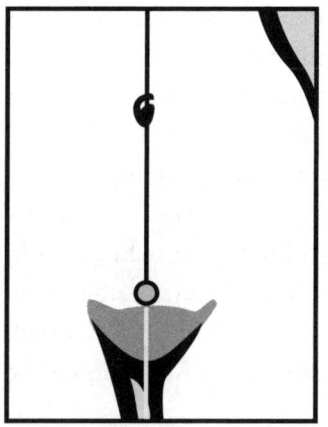

Ren 3 am Rand der Schambeinbehaarung in der Mitte

Setzen Sie die schwingende Stimmgabel Geomagnetfeld in Längsrichtung zum Körper auf Zone Ren 3 (siehe Abbildung).

Mit der freien Hand (Daumen und Mittelfinger) berühren Sie den Bereich links und rechts der Zone Ren 3. Die Stimmgabel wird so lange aufgesetzt, bis die Vibration für Sie und den Klienten gleichmäßig zu spüren ist.

Schritt 5 in Bauch- oder Seitenlage

Empfohlene Stimmgabeln:		Dauer Schritt 5:
Geomagnetfeld oder	149,74 Hertz	zirka 10 Minuten
Platonisches Jahr oder	172,06 Hertz	
Wasserstoffgamma	157,04 Hertz	

Die Kriterien für die Wahl der geeigneten Stimmgabel sind die folgenden:

- Geomagnetfeld primär bei Menstruationsbeschwerden,
- Platonisches Jahr primär bei Ischiasbeschwerden,
- Wasserstoffgamma primär bei allgemeinen Schmerzen.

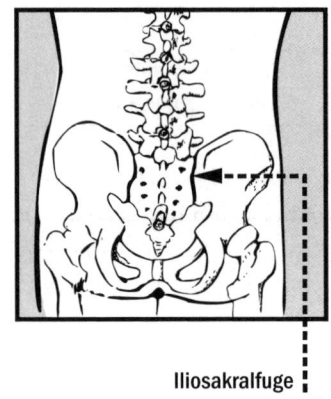

Iliosakralfuge

Lokalisation der Iliosakralfuge: Durch Abtasten können Sie im Gesäßbereich diese »Knochenkante« gut finden. Verzweifeln Sie nicht, wenn Sie sie nicht auf Anhieb ausmachen, sondern vertrauen Sie Ihrer Intuition und arbeiten Sie die für Sie spürbaren Verspannungen auf.

Die schwingende Stimmgabel wird in Schrägrichtung zum Verlauf der Iliosakralfuge aufgesetzt: Sie behandeln zum einen über die Schmerzlokalisation (durch Verbalisation des Klienten), des Weiteren über die »Staulokalisation« (d. h. Sie nehmen die Schwingung äußerst prägnant wahr).

Behandeln Sie abschließend über die Lokalisation der »Leere« (d. h. dort, wo Sie Schwingung kaum oder gar nicht wahrnehmen). Dieser Behandlungsschritt ist immer dann abgeschlossen, wenn der Mangel oder Überfluss sich harmonisiert.

Anmerkung: Bei »wandernden« Schmerzen »verfolgen« Sie diese mit der schwingenden Stimmgabel.

Die Fragestellung an den Klienten könnte lauten: »Ist es jetzt besser, schlechter, gleich oder gewandert?«

Die Behandlung erfolgt so lange, bis eine Linderung oder Heilung eintritt.

Schritt 6 in Bauchlage

Empfohlene Stimmgabel:		Dauer Schritt 6:
Wasserstoffgamma	157,04 Hertz	zirka 6 Minuten

Eine weitere wichtige Zone in der Schmerztherapie (primär Rücken) ist die Kniekehle.

Indem Sie die schwingende Antischmerzgabel (in Längsrichtung zum Körper) intuitiv in die Kniekehlenzone setzen, erreichen Sie eine Entspannung und Schmerzlinderung (hier: des Rückens).

Übrigens: Selbstverständlich ist dieser Behandlungsschritt hervorragend bei allen Arten von Knieproblemen einsetzbar.

Schritt 7 in Bauchlage

Empfohlene Stimmgabel:		Dauer Schritt 7:
Platonisches Jahr	172,06 Hertz	zirka 12 Minuten

Setzen Sie die schwingende Stimmgabel in Längsrichtung zum Körper auf den gesamten Rückenbereich, um die verspannte Muskulatur zu bearbeiten.

Hierbei gehen Sie wie folgt vor: Durch Befragung des Klienten oder Abtasten seines Rückens lokalisieren Sie die verspannten und eventuell schmerzhaften Zonen.

Dort setzen Sie die schwingende Stimmgabel so lange, bis die Muskulatur sich entkrampft und eine Schmerzlinderung in diesen Bereichen eintritt.

Aufsteigende Schmerzen

Kopf, Oberkörper, Verdauungstrakt

Empfohlene Stimmgabeln:		Dauer der Behandlung:
Metonischer Zyklus	229,22 Hertz	zirka 35 bis 40 Minuten
Geomagnetfeld	149,74 Hertz	
Platonisches Jahr	172,06 Hertz	
Jahreston Om	136,10 Hertz	

Symbolische Bedeutung der Blockade

Körperlicher Schmerz entsteht als Ausdruck eines inneren Widerstands, des »Neinsagens« zu Teilbereichen des eigenen Lebens, z. B. im Kopf (der »Hauptstadt« des Körpers, des männlichen Pols, des Verstands), u. a. auch im Magen (dem Organ des Gefühls und der Aufnahmefähigkeit → weiblicher Pol/Yin).

Der Volksmund macht es deutlich: Sprüche wie »Ich verliere den Boden unter den Füßen« oder auch »Ich bekomme kalte Füße« sind Anzeichen dafür, dass die Energie (z. B. Angst oder Unsicherheit) aufwärts in die oberen Körperbereiche aufsteigt und dabei das Gefühl entsteht, die Erdung zu verlieren.

Vor allem sensible und sehr emotionale Menschen neigen zu einem vermehrten Druck im Kopfbereich; in Extremfällen kann dies auch z. B. zu Haarausfall führen.

Überbelastung im Kopf sowie im Nacken- und Halsbereich sind häufig auch ein Ausdruck dafür, dass der betreffende

Mensch sich zu viel zugemutet hat. Wenn jemanden etwa das Gefühl nicht loslässt: »Ich muss doch die Welt auf meinen Schultern tragen«, so wird dies unter Umständen für die Außenwelt dadurch sichtbar, dass sich eine Verdickung um den siebten Halswirbel herum bildet (es entsteht der so genannte Witwenbuckel).

Symptome der Blockade

Erste Impulse werden blockiert: Es entsteht eine Reduktion primär auf einen Pol, der Schmerz fungiert als Warnung vor »falschem« Denken (Kopfschmerzen) oder »falschem« Fühlen (Magenschmerz), der Fluss des Lebens (u. a. des Bluts) ist blockiert, und das bereitet Schmerzen.

Druck und Schmerzen entstehen in den Stirn- und Nebenhöhlen (das bedeutet ein Festhalten von »Altlasten«). Des Weiteren hat man Kopfschmerzen, Migräne, Augen- und Ohrendisharmonien (z. B. Tinnitus [Ohrensausen]), Schleimbildung, Hals-Nacken-Disharmonien (u. a. spürbar an Kehlkopf und Schilddrüse), Beeinträchtigungen der Atemwege (Lunge und Bronchien), Herzprobleme, Bluthochdruck usw.

Heilung der Blockade

Lernen Sie die Schmerzen als »Anzeigeinstrumente« für die seelische Gestimmtheit kennen und schätzen, nehmen Sie ihre Botschaften ernst: als wahr und wichtig. Die Hingabe an den Fluss des Lebens statt der Blockade heilt, das Suchen und Finden der »Mitte« zwischen den Polen.

Schritt 1 in Rückenlage

Empfohlene Stimmgabel:		Dauer Schritt 1:
Metonischer Zyklus	229,22 Hertz	zirka 6 Minuten, pro Seite zirka 3 Minuten

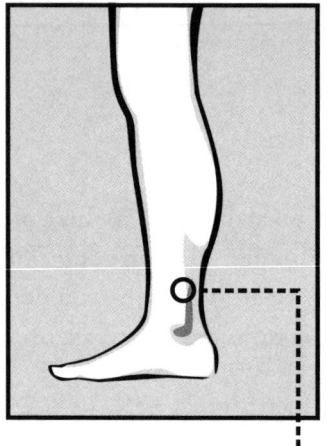

Zone 1 befindet sich etwa 4 Cun über dem Knöchel an der Innenseite des Unterschenkels

Bitte beachten Sie: Die Behandlung erfolgt beidseitig.

Beginnen Sie auf Zone 1. Die schwingende Stimmgabel Metonischer Zyklus wird in Längsrichtung zum Körper (auf Zone 1) gesetzt.

»Malen« Sie mit der schwingenden Stimmgabel Spiralen auf dieser Zone (das senkt die Energie und harmonisiert den Yin-Anteil).

Schritt 2 in Rückenlage

Empfohlene Stimmgabel:		Dauer Schritt 2:
Geomagnetfeld	149,74 Hertz	zirka 2 Minuten

Setzen Sie die schwingende Stimmgabel Geomagnetfeld in Längsrichtung zum Körper auf den Punkt Ren 3 (siehe Abbildung). Mit der freien Hand (Mittelfinger und Daumen) berühren Sie diese Zone links und rechts. Die Behandlung erfolgt so lange, bis Sie beidseitig unter Ihrem Mittelfinger und Daumen gleichmäßige Vibrationen spüren bzw. bis Sie das Gefühl haben, die Stimmgabel »geht wie Butter in den Körper«.

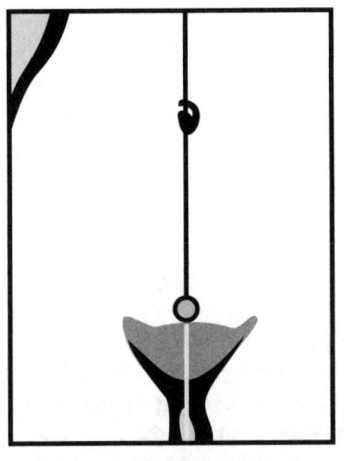

Ren 3 am Rand
der Schambeinbehaarung
in der Mitte

Schritt 3 in Rücken- oder Seitenlage

Empfohlene Stimmgabel:		Dauer Schritt 3:
Geomagnetfeld	149,74 Hertz	zirka 8 Minuten, pro Seite zirka 4 Minuten

Bitte beachten Sie: Behandeln Sie beide Seiten.

In Interaktion mit dem Klienten »finden« Sie durch sanftes Drücken mit dem Daumen die schmerzhaftesten Punkte am Beckenkammrand.

Anschließend setzen Sie die schwingende Stimmgabel Geomagnetfeld in Längsrichtung zum Körper auf die zuvor lokalisierten Schmerzpunkte, und zwar so lange, bis sich dieser Bereich harmonisiert.

Anmerkung: Dieser Bereich leitet die heilsame Schwingung

als Information in das Hormonsystem weiter. Wir empfehlen den Behandlungsschritt auch bei hormonellen Ungleichgewichten (z. B. nach dem Absetzen der Antibabypille).

Schritt 4 in Rückenlage

Empfohlene Stimmgabel:		Dauer Schritt 4:
Platonisches Jahr	172,06 Hertz	zirka 2 bis 6 Minuten

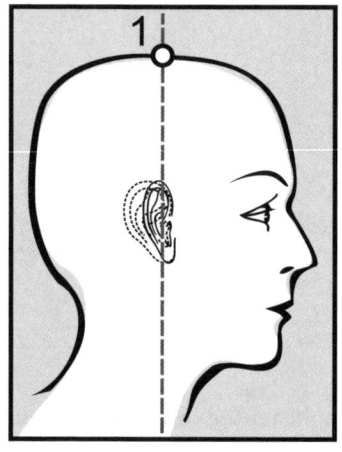

Den Punkt 1 Du-Mai 20 (Fontanelle) finden Sie, indem Sie die Ohren des Klienten nach vorne klappen und von den Ohrspitzen eine gerade Linie zum höchsten Punkt des Körpers ziehen (Scheitelmittellinie).

Die schwingende Stimmgabel Platonisches Jahr wird in Längsrichtung zum Körper auf den Punkt Du-Mai 20 (siehe Abbildung) aufgesetzt, und zwar so lange, bis für Sie die Vibration großflächig um die Gabel herum spürbar ist oder bis der Klient diese deutlich wahrnimmt.

Schritt 5 in Rückenlage[59]

Empfohlene Stimmgabel:		Dauer Schritt 5:
Geomagnetfeld	149,74 Hertz	zirka 2 bis 6 Minuten

Die Punkte 1 und 2 liegen links und rechts im Abstand von 1 Cun neben der Achselfalte. Punkt 3 finden Sie wie folgt: Messen Sie den Abstand zwischen Punkt 1 und 2. Übertragen Sie in Ihrer

---

[59] Inspiriert wurde diese Behandlung u.a. durch die Farbpunktur nach Peter Mandel.

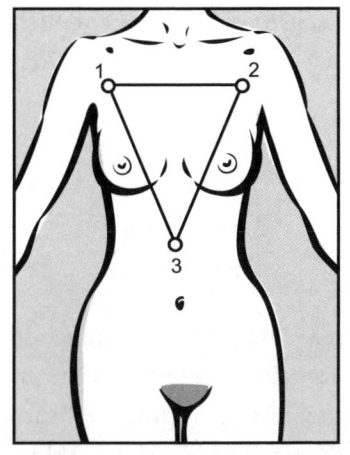

Imagination (oder auch mit einem Faden) die Länge dieses Abstands auf der Mittellinie nach unten (siehe Abbildung).

Die schwingende Stimmgabel Geomagnetfeld wird in Schrägrichtung zu Punkt 3 erst auf Punkt 1 und dann auf Punkt 2 gesetzt.

Die freie Hand ruht auf Punkt 3, und Sie setzen die schwingende Stimmgabel so lange auf die Punkte 1 und 2, bis Sie die Schwingung unter Ihrer freien Hand (auf Punkt 3) spüren können.

Danach setzen Sie die schwingende Stimmgabel Geomagnetfeld auf Punkt 3.

Anmerkung: Durch die Bearbeitung der Punkte 1 bis 3 entsteht ein »Trichter«, der die Energie nach unten zieht.

Schritt 6 in Rückenlage

Empfohlene Stimmgabel:		Dauer Schritt 6:
Platonisches Jahr	172,06 Hertz	zirka 2 Minuten

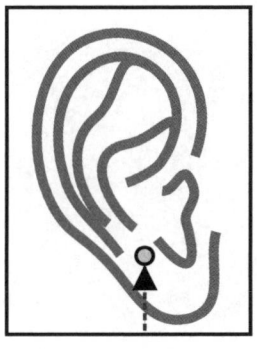

Zur Vorbereitung dieses Schritts können Sie ergänzend intuitiv die Ohren des Klienten massieren. Diese Zone liegt nicht im Gehörgang, sondern *im* Ohr (siehe Zeichnung). Die schwingende Stimmgabel Platonisches Jahr wird auf geradem Weg in den Innenbereich des rechten Ohrs gesetzt.

Anmerkung: Diesen Behandlungsschritt empfehlen wir auch bei allgemeinem Schockzustand sowie allen Formen von Ohrproblemen.

Schritt 7 in Rückenlage

Empfohlene Stimmgabel:		Dauer Schritt 7:
Jahreston Om	136,10 Hertz	zirka 2 Minuten

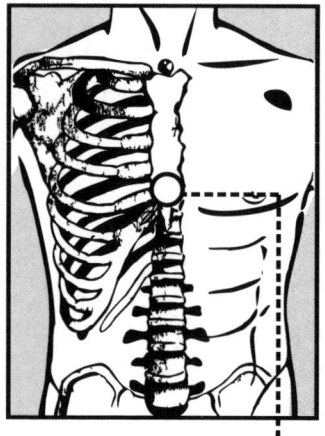

Setzen Sie die schwingende Stimmgabel Jahreston Om in Längsrichtung zum Körper auf Zone Ren 17 (siehe Abbildung), um die Behandlung abzuschließen.

Ren17 befindet sich auf der Mittellinie in Höhe der Brustwarzen (Herzchakra)

Erkältungskrankheiten

Loslassen von Verhaltensmustern

Empfohlene Stimmgabeln:		Dauer der Behandlung:
Metonischer Zyklus	229,22 Hertz	zirka 60 Minuten
Geomagnetfeld	149,74 Hertz	
Merkur	141,27 Hertz	
Uranus	207,36 Hertz	

Symbolische Bedeutung der Blockade

Die Blockade bedeutet eine Störung in den Bereichen Kopf, Nase, Hals, Lunge und Muskulatur, eine Beeinträchtigung des Austauschs (Kommunikation) in allen Lebensbereichen. Das innere Empfinden gleicht dem nach einer Schlägerei.

Diese Behandlung bringt den Schleim in Bewegung, damit dieser abfließen kann. Im Schleim sowie im Wasser halten wir alte Informationen fest.

Symptome der Blockade

Die gesamte Lebenssituation lässt einen »kalt«, man ist erkältet und kann sich für nichts erwärmen. Man hat die Nase voll, der Hals kratzt, man kann jemandem »etwas husten«, möchte nichts mehr hören und sehen, nur noch die Decke über den Kopf ziehen.

Im übertragenen Bereich lassen wir nicht los, halten fest und gehen in die Blockade (symbolisiert u. a. durch Neben- und Stirnhöhlenverschleimungen).

Heilung der Blockade

Wir müssen wieder im Fluss sein und festgefahrene Blockaden und Probleme bereinigen, das Leben überfließen lassen und nicht die Nase.

Diese Behandlung unterstützt das Loslassen auf allen Ebenen, z. B. in der Partnerschaft, im Beruf und beim Tod eines geliebten Menschen.

Schritt 1 in Rückenlage

Empfohlene Stimmgabel:		Dauer Schritt 1:
Geomagnetfeld	149,74 Hertz	zirka 3 Minuten

Empfehlung: Vor dieser Behandlung können Sie ergänzend auch eine Behandlung zum Aufbau der Fitness an den Wirbeln setzen, wobei es hierbei nicht erforderlich ist, jeden Wirbel einzeln zu behandeln. Auf diese Weise stärken Sie Ihr Immunsystem. Behandeln Sie in diesem Falle nur *die* Wirbelkörper, von denen Sie sich »angezogen« fühlen. Dabei ziehen Sie die schwingende Stimmgabel mehrmals von unten nach oben langsam über diese.

Bitte beachten Sie: immer beidseitig behandeln.

Beginnen Sie an den Füßen und ziehen Sie die schwingende Stimmgabel in Längsrichtung zum Körper langsam durch den Stresskörper (Mind-Körper), der sich im Abstand von 15 bis

30 Zentimetern zum materiellen Körper befindet. Wenn Sie Widerstände spüren, dann neutralisieren Sie diese mit einer rechtsdrehenden Spirale (mit der schwingenden Geomagnetfeld-Stimmgabel). Diese Abfolge können Sie bis zu dreimal wiederholen.

Schritt 2 in Rückenlage

Empfohlene Stimmgabel:		Dauer Schritt 2:
Geomagnetfeld	149,74 Hertz	zirka 12 Minuten, pro Seite etwa 6 Minuten

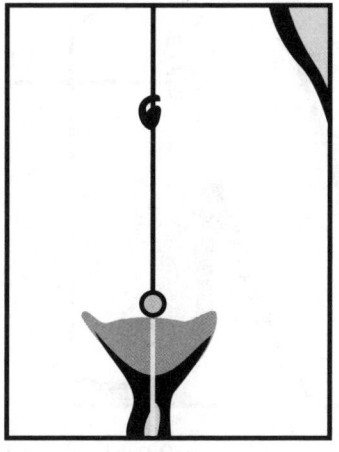

Ren 3 am Rand
der Schambeinbehaarung
in der Mitte

Setzen Sie die schwingende Stimmgabel in Längsrichtung zum Körper auf den Punkt Ren 3 (siehe Abbildung), und zwar so lange, bis Sie links und rechts von der Stimmgabel unter Ihrem Mittelfinger und Daumen gleichmäßige Vibrationen verspüren bzw. bis Sie das Gefühl haben: »Die Stimmgabel geht wie Butter in den Körper.«

Schritt 3 in Rückenlage

Empfohlene Stimmgabel:		Dauer Schritt 3:
Merkur	141,27 Hertz	zirka 12 Minuten, pro Seite zirka 6 Minuten

Bitte beachten Sie: Da die Stimmgabel einen großen Bereich abdeckt, ist es nicht notwendig, den Punkt *exakt* zu finden. Denken Sie bitte in Zonen. Die Benennung der Akupunkturpunkte ist überwiegend für Therapeuten gedacht, die mit diesen Bezeichnungen arbeiten.

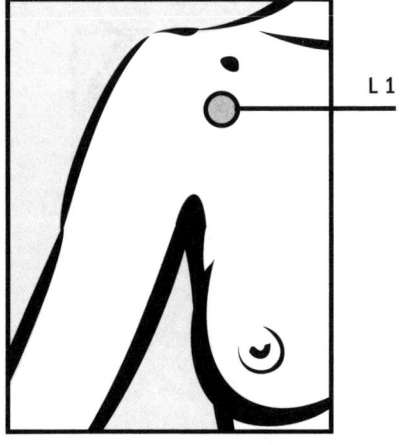

Lunge 1 liegt 6 Cun von der Mittellinie entfernt und 1 Cun unterhalb des Schlüsselbeins (siehe Abbildung). Setzen Sie die schwingende Stimmgabel in Längsrichtung zum Körper auf die Zone im Bereich Lunge 1.

Gleichzeitig halten Sie auf *der* Seite, auf der Sie die Stimmgabel (Lunge 1) gesetzt haben, mit der anderen Hand flächig den Brustkorb und spüren die Vibrationen unter Ihrer Hand.

An der Stelle, an der die Vibration besonders deutlich zu spüren ist, setzen Sie die Stimmgabel (Merkur) so lange, bis diese Blockade gelöst ist. An den Stellen, an denen Sie keine deutliche Vibration spüren, setzen Sie die Stimmgabel (Merkur) so lange, bis dieser Bereich schwingt (d. h. die ursprüngliche Leere [= Defizit] wird harmonisiert).

Sie testen immer wieder aufs Neue über Lunge 1, bis Sie das

Gefühl haben, die Vibration im Brustkorb gleichmäßig auf dieser bearbeiteten Seite zu spüren. Erst dann wechseln Sie auf die gegenüberliegende Seite und behandeln dort analog den Lungenbereich.

Schritt 4 in Rückenlage

Empfohlene Stimmgabeln:		Dauer Schritt 4:
Merkur oder	141,27 Hertz	zirka 3 Minuten
Uranus	207,36 Hertz	

Die Kriterien für die Auswahl der geeigneten Stimmgabel sind die folgenden:

- Merkur: wirkt harmonisierend,
- Uranus: bei psychologischer Ursache der Blockade.

Bitte beachten Sie: Entscheiden Sie in Absprache mit dem Klienten, ob Sie nun in der Folge lediglich *harmonisierend* mit der Merkur-Stimmgabel arbeiten oder ob Sie in der Tiefe die Ursache der Blockade ergründen wollen: Hierzu verwenden Sie bitte die Uranus-Stimmgabel.

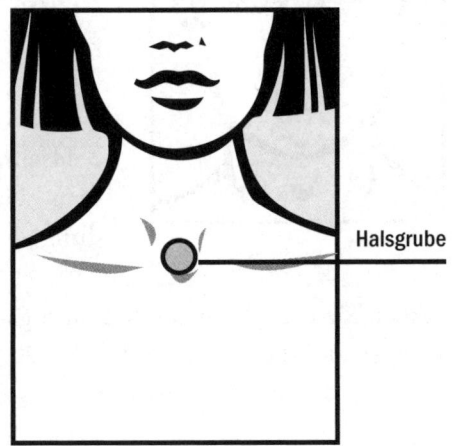

Halsgrube

Die ausgewählte und in Schwingung versetzte Stimmgabel wird nun langsam in Längsrichtung zum Körper über die Aura in direkter Linie zum fünften

Chakra nach unten geführt. Mit einer gewissen Übung werden Sie Blockaden in der Aura spüren und können auch dort einen Moment verweilen.

Empfehlenswert ist, dass der Klient dabei die Augen geschlossen hält. Des Weiteren schauen Sie auf die Halsgrube: Immer dann, wenn Sie dort eine verstärkte Pulsation wahrnehmen (z. B. auch Unruhe oder vermehrtes Schlucken), setzen Sie in der Folge die entsprechende schwingende Stimmgabel in der Halsgrube auf und lassen den Ton in diesen Bereich einwirken.

Schritt 5 in Rückenlage[60]

Empfohlene Stimmgabeln:		Dauer Schritt 5:
Metonischer Zyklus oder	229,22 Hertz	zirka 4 Minuten, pro Seite etwa 2 Minuten
Geomagnetfeld	149,74 Hertz	

Verwenden Sie die Gabel:

• Metonischer Zyklus eher zum Loslassen,
• Geomagnetfeld zum Reinigen.

Zone Dickdarm 20 befindet sich beidseitig, links und rechts neben dem Nasenflügel (siehe Abbildung).

Setzen Sie die schwingende Stimmgabel in Längsrichtung zum Körper auf die Zone Dickdarm 20. Parallel dazu halten Sie

---

60 Inspiriert wurde diese Behandlung u.a. durch die Farbpunktur nach Peter Mandel.

analog auf der gegenüberliegenden Seite (mit dem Mittelfinger) den Punkt (Dickdarm 20) so lange, bis Sie die Vibration unter Ihrem Mittelfinger wahrnehmen.

Schritt 6 in Rückenlage

Empfohlene Stimmgabeln:		Dauer Schritt 6:
Metonischer Zyklus oder	229,22 Hertz	zirka 4 Minuten, pro Seite zirka 2 Minuten
Geomagnetfeld	149,74 Hertz	

Verwenden Sie die Gabel:

- Metonischer Zyklus eher zum Loslassen,
- Geomagnetfeld zum Reinigen.

Setzen Sie die schwingende Stimmgabel in Längsrichtung zum Körper auf den mittleren Bereich des Nasenknochens (siehe Abbildung). Parallel dazu halten Sie analog auf der gegenüberliegenden Seite (mit dem Mittelfinger) den Punkt (mittleren Bereich des Nasenknochens) so lange, bis Sie die Vibration unter Ihrem Mittelfinger wahrnehmen.

Schritt 7 in Rückenlage

Empfohlene Stimmgabeln:		Dauer Schritt 7:
Metonischer Zyklus oder	229,22 Hertz	zirka 8 Minuten
Geomagnetfeld	149,74 Hertz	

Verwenden Sie die Gabel:

- Metonischer Zyklus eher zum Loslassen,
- Geomagnetfeld zum Reinigen.

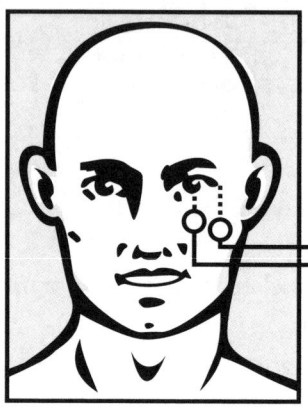

Zone Dünndarm 18
liegt in der Verlängerung des
Außenaugenwinkels
unter dem Wangenknochen

Zone Magen 3
liegt in der Verlängerung
der Pupille unter dem
Wangenknochen

Setzen Sie die schwingende Stimmgabel in Längsrichtung zum Körper auf die Zone Magen 3 (siehe Abbildung). Parallel dazu halten Sie analog auf der gegenüberliegenden Seite (mit dem Mittelfinger) den Punkt Magen 3 so lange, bis Sie die Vibration unter Ihrem Mittelfinger wahrnehmen. Genauso verfahren Sie bei der Harmonisierung der Zone Dünndarm 18.

Schritt 8 in Rückenlage

Empfohlene Stimmgabeln:		Dauer Schritt 8:
Metonischer Zyklus oder	229,22 Hertz	zirka 4 Minuten, pro Seite etwa 2 Minuten
Geomagnetfeld	149,74 Hertz	

Verwenden Sie die Gabel:

- Metonischer Zyklus eher zum Loslassen,
- Geomagnetfeld zum Reinigen.

Zone Blase 1

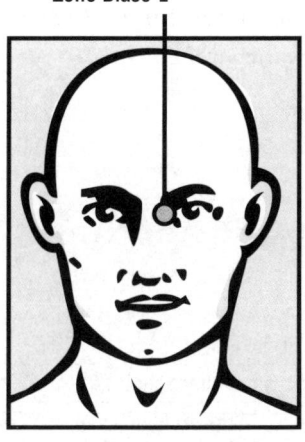

Die Zone Blase 1 liegt tief im Augeninnenwinkel (siehe Abbildung). Setzen Sie die schwingende Stimmgabel in Längsrichtung zum Körper auf Zone Blase 1. Parallel dazu halten Sie analog auf der gegenüberliegenden Seite (mit dem Mittelfinger) den Punkt Blase 1 so lange, bis Sie die Vibration unter Ihrem Mittelfinger wahrnehmen.

Schritt 9 in Rückenlage

Empfohlene Stimmgabeln:		Dauer Schritt 9:
Metonischer Zyklus oder	229,22 Hertz	zirka 4 Minuten, pro Seite etwa 2 Minuten
Geomagnetfeld	149,74 Hertz	

Verwenden Sie die Gabel:

- Metonischer Zyklus eher zum Loslassen,
- Geomagnetfeld zum Reinigen.

Die Zone Gallenblase 14 liegt 1 Cun oberhalb der Augenbrauenmitte, direkt über der Pupille (beim Blick geradeaus; siehe Abbildung). Setzen Sie die schwingende Stimmgabel in

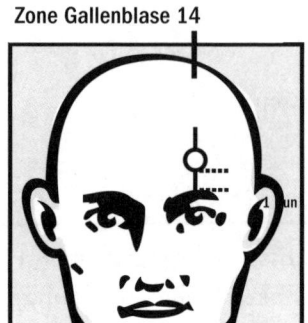

Längsrichtung zum Körper darauf. Parallel dazu halten Sie analog auf der gegenüberliegenden Seite (mit dem Mittelfinger) den Punkt so lange, bis Sie die Vibration unter Ihrem Mittelfinger wahrnehmen.

Schritt 10 in Rückenlage

Empfohlene Stimmgabeln:		Dauer Schritt 10:
Metonischer Zyklus oder	229,22 Hertz	zirka 6 Minuten, pro Seite etwa 3 Minuten
Geomagnetfeld	149,74 Hertz	

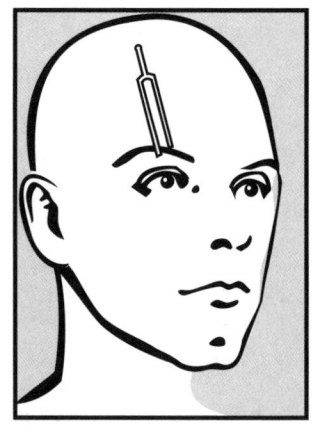

Verwenden Sie die Gabel:

- Metonischer Zyklus eher zum Loslassen,
- Geomagnetfeld zum Reinigen.

Für diesen Schritt drehen Sie die schwingende Stimmgabel um, sodass der Klangkörper (Zunge) auf den Klienten zeigt. Mit dieser Haltung der Stimmgabel ziehen Sie langsam den Bereich von Wangenknochen und Augenbrauen (von innen nach außen) so ab, dass Sie die Stimmgabel behutsam durch die Aura führen.

Schritt 11 in Rückenlage

Empfohlene Stimmgabel:		Dauer Schritt 11:
Jahreston Om	136,10 Hertz	zirka 2 Minuten

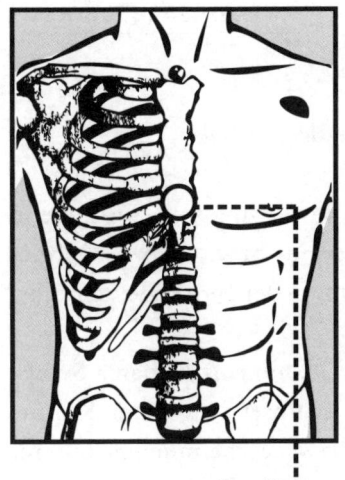

Ren 17 befindet sich auf der Mittellinie in Höhe der Brustwarzen (Herz-Chakra)

Setzen Sie nun abschließend die schwingende Stimmgabel in Längsrichtung zum Körper auf Zone Ren 17 (siehe Abbildung).

Empfehlung: Es liegt nun in Ihrem Ermessen, die komplette Behandlung (bei Bedarf) zu wiederholen. Bewährt hat sich auch die Wiederholung einzelner Schritte, an denen die Blockade besonders tief sitzt.

Lösen des Leber-Chi-Staus

Sich mit der eigenen Energiewelt versöhnen

Empfohlene Stimmgabel:		Dauer der Behandlung:
Platonisches Jahr	172,06 Hertz	zirka 10 bis 20 Minuten

Symbolische Bedeutung der Blockade

Die Leber als Organ der Analyse, Bewertung und Synthese in Verbindung mit Chi, das mit »Energie« bzw. »Lebensenergie« übersetzt wird, befindet sich im Stau, in der Blockade, der Fluss ist unterbrochen.

Wichtig erscheint uns hier, das Grundprinzip dieser Symptomatik zu erkennen: Zum einen ist unser westlicher Kulturkreis geprägt vom Unterdrücken bzw. Verheimlichen unserer eigentlichen Emotionen und Gefühle (»nicht legitim, nicht gesellschaftsfähig, nicht angepasst«), zum anderen »vergessen« wir durch zu viel Stress, Aufgaben und Verantwortung in der Außenwelt uns selbst und unser eigenes Wohlergehen.

Dadurch entsteht ein Ungleichgewicht, wir (und unsere Leber) sind nicht in Balance. Kurz: Wir befinden uns im Leber-Chi-Stau, die Energie (= Chi) ist in einem Gefängnis eingekerkert und sucht nach Entladungsmöglichkeiten. Diese Entladungen der (Lebens-)Energie tragen viele Namen und sind u. a. in folgenden Symptomatiken »verpackt«: im Kehlkopf- und Halsbereich, z. B. Räuspern, »Kloß im Hals«, Schluckbeschwerden, Schilddrüsenproblematiken, Hexenschuss, Bandscheibenvorfall, Rückenprobleme. Lunge (bis hin zu Asthmaanfall), Herz (u. a. Herzinfarkt, Herzrhythmusstörungen), Kopf (z.B. Gehirnschlag), Kopfschmerzen, Migräne, Tinnitus, Augenprobleme sowie Formen des Bluthochdrucks. Muskelverkrampfungen, Muskelzuckungen (»Tics«) wie auch blitzartig im Körper auftauchende, verschwindende und wandernde Schmerzen können vom Leber-Chi-Stau kommen.

Die Polarität zum Überfluss (Entladung) zeigt sich im Defizit (Mangel). Merkmale und Symptome dieser Mangelerscheinung sind: einschlafende Extremitäten, Unterversorgung von Verdauungstrakt und Unterleib, Impotenz. Auch hat die Leber mit den prämenstrualen Symptomen der Frau zu tun, z.B. Brustspannen, Aggression, Depression sowie allen Formen des »Unwohlseins« (vor und während der Menstruation). Schlafstörungen (nachts von 1.00 bis 3.00 Uhr), Unruhe des Körpers sowie extreme Müdigkeit, Absenzen (primär 13.00 bis 15.00 Uhr) können ihre Ursache im Leber-Chi-Stau haben.

Wichtig im Erkenntnisprozess: Ein aggressives Umfeld mit einer hohen Stressbelastung kann ebenfalls zu einem Leberungleichgewicht führen.

Symptome der Blockade

Die Blockade symbolisiert das Hinunterschlucken von Emotionen und Gefühlen. Die Leberfunktion im Ungleichgewicht bedeutet ein Zuviel (Überfluss an Giftigem, Alkohol, Fett, Eiweiß etc.) oder Zuwenig (Analyse, Mangel statt Konzentration auf das Wesentliche, Defizit). Aufgestaute Energie fließt in Schlafprobleme, plötzliche aggressive Ausbrüche oder Lustlosigkeit, Müdigkeit und Depression.

Heilung der Blockade

Es helfen ein Leben (= Leber) im rechten Maß, im Innen und Außen, bewusste und ehrliche Bearbeitung von allem Wesentlichen (Ernährung, Weltanschauung, Sinn des eigenen Lebens). Es ist wichtig, sich mit der eigenen Energiewelt zu konfrontieren, auszusöhnen und Ungleichgewichte zu harmonisieren.

Ein Mensch, der gelernt hat, sich selbst zu lieben und zu loben, ist nicht mehr primär über das »Außen« regierbar. Er lebt und entscheidet aus seinem freien Geist heraus. Diese Lebenseinstellung unterstützt den Fluss des Lebens (und der Leber wie auch der Galle).

Schritt 1 in Rückenlage

Empfohlene Stimmgabel:		Dauer Schritt 1:
Platonisches Jahr	172,06 Hertz	zirka 2 bis 6 Minuten

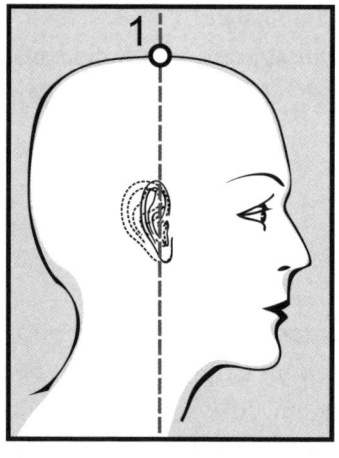

Punkt 1
Du-Mai 20 (Fontanelle)
finden Sie, indem Sie die Ohren des Klienten nach vorne klappen und von den Ohrspitzen eine gerade Linie zum höchsten Punkt des Kopfes ziehen (Scheitelmittellinie).

Beginnen Sie Ihre Behandlung am Punkt Du-Mai 20. Die schwingende Stimmgabel (Platonisches Jahr) wird in Längsrichtung zum Körper aufgesetzt. Wiederholen Sie diesen Schritt so lange, bis Ihr Klient die Vibration deutlich spürt bzw. bis Sie die Schwingung großflächig um die Stimmgabel herum wahrnehmen.

Schritt 2 in Rückenlage

Empfohlene Stimmgabel:		Dauer Schritt 2:
Platonisches Jahr	172,06 Hertz	zirka 2 bis 6 Minuten

Bitte beachten Sie: immer beidseitig behandeln, also den linken und den rechten Zeh.

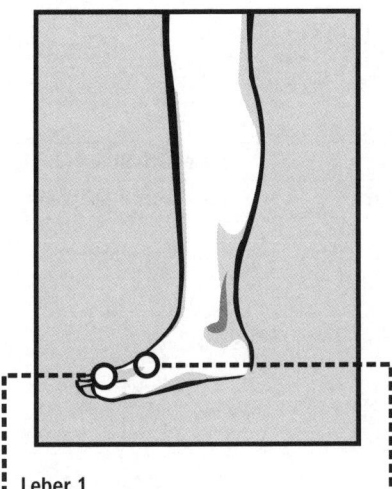

Leber 1
finden Sie an der
Nagelbett-Ecke des großen Zehs
zum zweiten Zeh

Beginnen Sie mit der Stimulation des Punkts Leber 1 (siehe Abbildung). Mit der einen Hand wird die schwingende Stimmgabel in Längsrichtung zum Körper aufgesetzt, mit dem Mittelfinger der anderen Hand berühren Sie die Zone um Leber 3. Setzen Sie die schwingende Stimmgabel so lange auf diesen Punkt, bis Sie eine deutliche Vibration wahrnehmen.

Leber 3
befindet sich an der Fortführung der Verbindungslinie zwischen großem Zeh und zweitem Zeh – von der »Talsenke« (Schwimmhaut zwischen den Zehen) Finger gleiten lassen bis zum Vereinigungspunkt von großem und zweitem Zeh auf dem Fußrücken

Schritt 3 in Rückenlage

Empfohlene Stimmgabel		Dauer Schritt 3:
Platonisches Jahr	172,06 Hertz	zirka 1 Minute

Bitte beachten: beidseitig behandeln.

Jetzt setzen Sie zirka 1 Minute lang die schwingende Stimmgabel in Längsrichtung auf den Punkt Leber 3.

Schritt 4 in Rückenlage

Empfohlene Stimmgabel:		Dauer Schritt 4:
Platonisches Jahr	172,06 Hertz	zirka 2 bis 6 Minuten

Wiederholen Sie Schritt 1.

Reinigung der Leber[61]

Richtig einschätzen, was nützlich oder schädlich ist

Empfohlene Stimmgabeln:		Dauer der Behandlung:
Platonisches Jahr	172,06 Hertz	zirka 20 Minuten
Pluto	140,25 Hertz	

Symbolische Bedeutung der Blockade

Die Leber ist das Organ der Unterscheidung und Wertung. Sie hilft uns, das rechte Maß und den Sinn des Lebens zu finden (der lateinische Begriff *religio* bedeutet wie gesagt »Rückverbindung [zum Urgrund, zur Schöpfung]«). Sie ist das Organ der Entgiftung, der (seelischen) Synthese, sie hilft uns, Fremdes ab- und Eigenes aufzubauen.

Leber und Galle gehören in der asiatischen Medizin zusammen und repräsentieren das so genannte Holz-Element, den Frühling. Die Leber ist hierbei der »Aggression« zugeordnet. Erstaunlicherweise kennen die Asiaten das Wort »Depression« nur als ungelebte bzw. unterdrückte Aggression.

»Dir ist wohl eine Laus über die Leber gelaufen!« ist eine Redewendung, in der eine Verstimmung im seelischen Bereich stark im Kontext mit der Leber steht (Analyse/Aggression/Reinigung) – wie auch »Sauer macht lustig« als »Gegenmittel«, z. B.

---

[61] Inspiriert wurde diese Behandlung u. a. durch die Farbpunktur nach Peter Mandel.

nach übermäßigem Alkoholgenuss; denn der saure Geschmack reinigt bekanntermaßen die Leber.

Die Blockadenbildung über viele Jahre hinweg führt zu einer »Versteinerung« des Menschen, u. a. sichtbar in Gallensteinen (»unterdrücktes Sein«), Nierensteinen (»Partnerschaft und Ängste«) oder auch Problemen des rechten Maßes (Schädigungen der Leber).

Symptome der Blockade

Es findet ein kräftezehrender Kampf um das »rechte« Maß statt, man hat Probleme bei der Einschätzung, was nützlich oder schädlich/giftig ist, die Leber wird ihrer Aufgabe der Analyse, Entgiftung und Synthese nicht mehr gerecht.

Heilung der Blockade

Angesagt ist die Expansion in Lebensthemen (Philosophie, Spiritualität, *religio*) statt auf korporaler Ebene. Es geht darum, zu erkennen, dass die Dosis das Gift macht (Paracelsus), sich mehr auf geistig-seelischer Ebene zuzumuten und damit die Leber zu entlasten.

Schritt 1 in Rückenlage

Empfohlene Stimmgabeln:		Dauer Schritt 1:
Platonisches Jahr oder	172,06 Hertz	zirka 3 Minuten pro Punkt
Pluto	140,25 Hertz	

Kriterien zur Auswahl der Stimmgabel:

- Das Platonische Jahr empfehlen wir zur Reinigung/Entgiftung.
- Die Pluto-Stimmgabel steht für die Bearbeitung der tief liegenden psychologischen Prozesse, die uns vom Schatten ins Licht der Erkenntnis führen können (»Transformation und Integration des Schattens«).

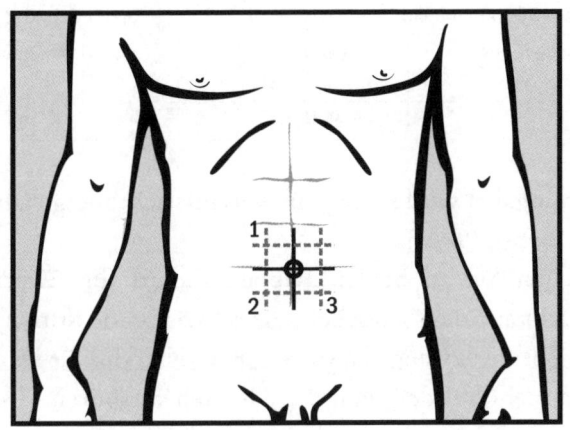

Die Zonen finden Sie 2 Cun über dem Bauchnabel und 2 Cun seitlich vom Bauchnabel nach rechts und links (siehe Abbildung). Dort, wo die beiden Linien sich im Rechteck treffen, befindet sich Punkt 1. Genauso lokalisieren wir den Punkt rechts und links unter dem Bauchnabel.

Beginnen Sie mit Punkt 1. Die entsprechende schwingende Stimmgabel wird in Längsrichtung zum Körper (auf den Punkt 1) gesetzt. Sie setzen dort die Stimmgabel so lange, bis der Klient sie wahrnimmt oder die Vibration unter Ihrer Hand großflächig zu spüren ist. Danach folgt auf dieselbe Art und Weise die Behandlung der Punkte 2 und 3.

Schritt 2 in Rückenlage

Empfohlene Stimmgabeln:		Dauer Schritt 2:
Platonisches Jahr oder	172,06 Hertz	zirka 8 Minuten
Pluto	140,25 Hertz	

Die Stimmgabel wird schräg zur Verlaufsrichtung gehalten (siehe Abbildung, Pfeile).

Streichen Sie an beiden Rippenrändern (im Weichteilbereich, nicht auf dem Knochen) die schwingende Stimmgabel in Schrägrichtung so lange langsam hin und her, bis Sie keinen Widerstand mehr auf der Haut des Klienten verspüren.

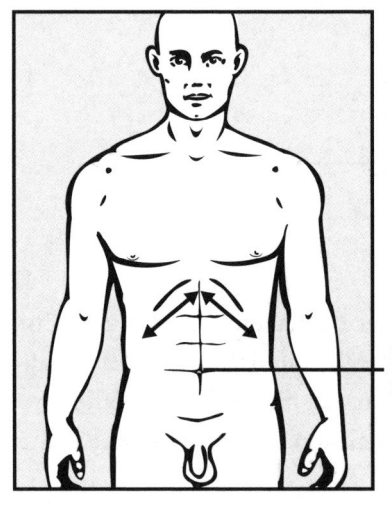

Bauchnabel

Empfehlung: Zunächst empfiehlt sich die Behandlung des Leber-Chi-Staus, dann die Reinigung der Leber.

Harmonisierung der Wirbelsäule

Die Lebensachse ins Lot bringen

Empfohlene Stimmgabeln:		Dauer der Behandlung:
Mars oder	144,72 Hertz	zirka 30 Minuten
Sonnenton	126,22 Hertz	

Symbolische Bedeutung der Blockade

Die Wirbelsäule gibt uns zugleich Dynamik und Statik; sie ist unsere polare Weltachse, Stoßdämpfer, Verbindungsachse von oben nach unten, Heimat der Kundalini-(Energie-)Schlange. Sie ist der Gradmesser unserer Aufrichtigkeit.

Symptome der Blockade

Die Last des Lebens drückt auf die Schultern, die Belastung sorgt für Schmerz, Verkrampfung bis zu Wirbel- und Bandscheibenverschiebung, die Lebensachse ist schmerzhaft aus dem Lot.

Heilung der Blockade

Es geht darum, die Polarität zu leben: abwechselnd und, wenn angemessen, Härte und Weichheit, Spannung und Entspannung. Angesagt sind Ehrlichkeit/Aufrichtigkeit, Aktivität und Demut statt Demütigung, bedingungslose Liebe statt Leistungszwang.

Anwendung in Bauch- oder Seitenlage

Empfohlene Stimmgabeln:		Dauer Schritt 1:
Mars oder	144,72 Hertz	zirka 30 Minuten
Sonnenton	126,22 Hertz	

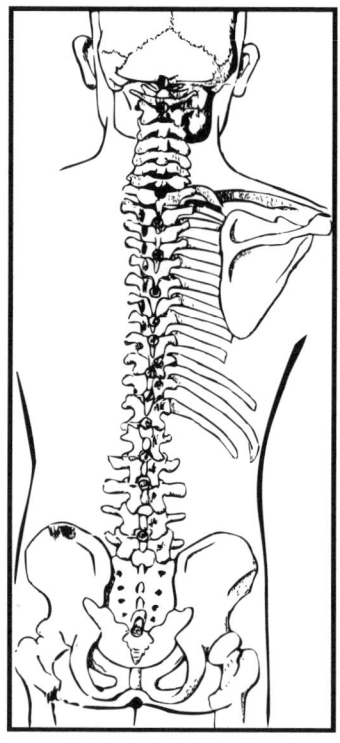

Kriterien für die Auswahl der Stimmgabeln:

- Mars: kurzfristige, starke Energie,
- Sonnenton: lang andauernde Energie.

Die Mars-Stimmgabel kann in der Polarität aggressive Potenziale des Klienten vom Schatten ins Licht bringen, d. h. eventuell auch den aggressiven Anteil steigern. Werten Sie diese Reaktion als Bestandteil des Heilungsprozesses.

Verzweifeln Sie nicht, wenn Sie nicht jeden einzelnen Wirbel finden (fünf Lendenwirbel, zwölf Brustwirbel, sieben Halswirbel, also 24 Wirbel insgesamt). Erst nach zirka hundert Behandlungen der Wirbelsäule erlangen Sie wirkliche Sicherheit. Die Harmonisierung findet in jedem Falle statt, mit oder ohne Ihre ganz exakte Kenntnis.

Beginnen Sie am fünften Lendenwirbel. Die schwingende Stimmgabel (Mars für kurze, schnelle Energie oder Sonnenton für einen lang andauernden Energieaufbau) wird aufsteigend auf jeden einzelnen Wirbelkörper bis zum ersten Halswirbel längs der Körperachse gesetzt. Mit der freien Hand (und zwar nur mit Daumen und Mittelfinger) spüren Sie in den Bereich links und rechts des Wirbelkörpers. Befindet sich der Wirbelkörper an seinem korrekten Platz, schwingt die Stimmgabel harmonisch, und Sie können spüren, dass die heilsame Schwingung vom Körper absorbiert wird, d. h. »wie Butter in den Körper hineingleitet«. Sitzt der Wirbelkörper nicht exakt an seinem korrekten Platz, entsteht der Eindruck, dass die Schwingung der Stimmgabel noch vom Wirbelkörper »abgelehnt« wird. Weitere hilfreiche diagnostische Wahrnehmungen:

- Der Schwingungston erscheint Ihnen »disharmonisch und rau«.
- Die Stimmgabel vibriert unregelmäßig (optische Wahrnehmung).
- Die Wahrnehmung in Ihrer Hand ist ein unregelmäßiges Vibrieren.

Setzen Sie die Stimmgabel so lange, bis sich all die obigen Ungleichgewichte in Harmonie verwandelt haben. Dadurch wird die Wirbelsäule ausjustiert, denn verschobene Wirbel finden zurück an ihren rechtmäßigen Platz. Mit etwas Übung können Sie diese »Drehung« des Wirbels in der Behandlung zwischen Daumen und Mittelfinger erspüren.

Chronische Krankheiten, Osteoporose und Aufbau der Fitness

Die Schattenenergien bearbeiten

Empfohlene Stimmgabeln:		Dauer der Behandlung:
Mittlerer Sonnentag	194,18 Hertz	zirka 60 bis 120 Minuten
Geomagnetfeld	149,74 Hertz	
Jahreston Om	136,10 Hertz	
Mars	144,72 Hertz	
Sonnenton	126,22 Hertz	

Symbolische Bedeutung der Blockade

Der griechische Begriff *chrónos* bedeutet »Zeit«, damit wird schon symbolisiert, dass chronische Krankheiten langsam verlaufende und lang andauernde Blockaden sind (Analogien finden sich in den Urprinzipien Saturn / Kronos).

Symptome der Blockade

Die Energie ist irgendwie gebunden, »es läuft nicht mehr richtig«, die Situation ist unbereinigt, es besteht ein fauler Kompromiss (kein echter »Krieg«/kein echter »Friede«). Mit zunehmendem Lebensalter ist diese Blockade oft ein Ausdruck der Hoffnungslosigkeit, der Bosheit und des Hasses (auf das Leben) als Manifestation von unbearbeiteten Schattenenergien.

Heilung der Blockade

Voraussetzung zur Heilung ist die Integration erst des einen, dann des anderen Pols. Potenzielle Energien muss man in wirkliche, reale Energien umwandeln, den Ursprung der Stagnation (oder der Verdrängung/Blockade) ausfindig machen und energetische Wiederbelebungsversuche unternehmen.

Diese Behandlungsform eignet sich wunderbar für den (Wieder-)Aufbau der Fitness und bildet durch die Regeneration eine unabdingbare Voraussetzung für die Behandlung von chronischen Krankheiten wie auch der Linderung bei Osteoporose.

Schritt 1 in Bauch- oder Seitenlage

Empfohlene Stimmgabel:		Dauer Schritt 1:
Mittlerer Sonnentag	194,18 Hertz	zirka 20 Minuten

Bitte beachten: Den Kopf sollten Sie immer so lagern, dass sich die Halswirbel in einer geraden Lage befinden. Ein Lagerungskissen unter den Beinen (bei Seitenlage auch Kissen oder Rolle im Arm) sorgt für eine gerade Linie von Rücken und Becken.

Beginnen Sie mit Punkt 1: Die schwingende Stimmgabel wird in Längsrichtung zum Körper auf den Punkt 1 (= Niere 1) gesetzt, d. h. in der Mitte zwischen Groß- und Kleinzehenballen, bei Plantarflexion (= Beugung des Fußes zur Fußsohle hin) ist die Vertiefung der örtlichen Punktlage deutlich zu erkennen (siehe Abbildung). Diesen Vorgang wiederholen wir bis zu viermal. Behandlungsrichtung: von unten nach oben.

Von Punkt 1 arbeiten Sie sich behutsam vor bis zu Punkt 5, pro Punkt setzen Sie maximal viermal die schwingende Gabel an;

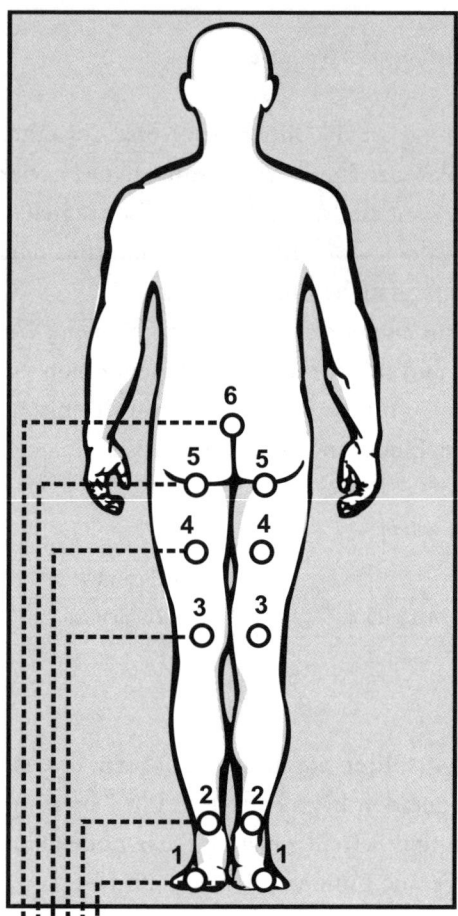

Punkt 1 Niere 1
in der Mitte zwischen Groß- und Kleinzehenballen
Punkt 2 Ende der Achillessehne
Übergang zum Wadenmuskel = Loslasspunkt
Punkt 3 Blase 40; Mitte der Kniekehle
(Mitte der Fossa Poplitea)
Punkt 4 Blase 37; Mitte des Oberschenkels
(Engiftungspunkt)
Punkt 5 Blase 36; Mitte der Gesäßfalte; seelischer und
körperlicher Entgiftungspunkt
Punkt 6 Steißbeinspitze

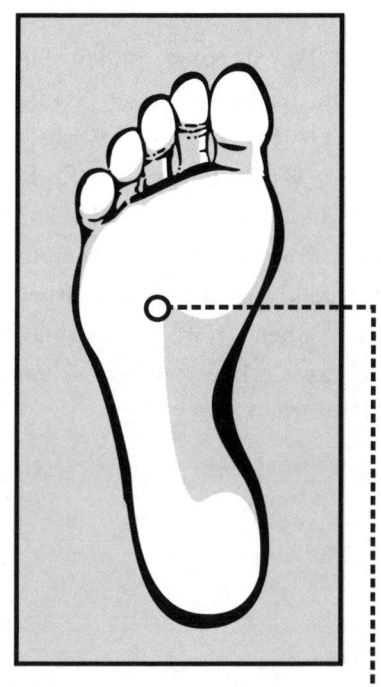

anschließend wechseln Sie zum anderen Bein und gehen hier genauso vor. Zum Abschluss von Schritt 1 setzen Sie die Gabel in die Mitte auf die Steißbeinspitze (Punkt 6).

Punkt 1 Niere 1
in der Mitte zwischen
Groß- und Kleinzehenballen

Schritt 2 in Bauch- oder Seitenlage

Empfohlene Stimmgabeln:		Dauer Schritt 2:
Mars oder	144,72 Hertz	zirka 20 bis 30 Minuten
Sonnenton	126,22 Hertz	

Kriterien für die Auswahl der Gabeln:

- Mars: schnelle Energie,
- Sonnenton: lang andauernde Energie.

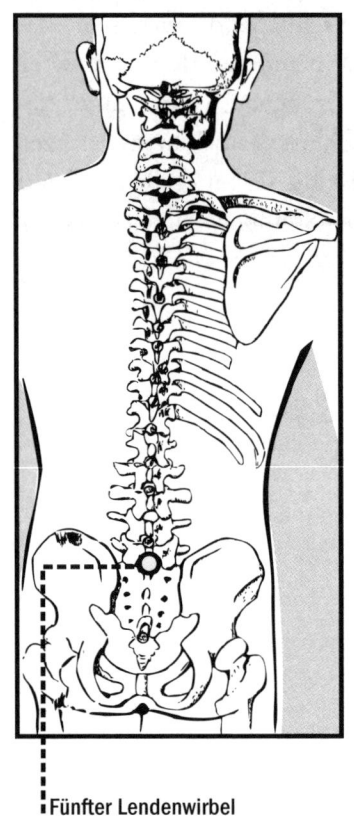

Den Dornfortsatz finden Sie durch leichtes Kreisen (sanfter Druck) um die Wirbelsäule. Wir beginnen am fünften Lendenwirbel direkt auf dem Dornfortsatz und arbeiten Wirbelkörper für Wirbelkörper nach oben (fünf Lendenwirbel, zwölf Brustwirbel, sieben Halswirbel).

Fünfter Lendenwirbel

Schritt 3 in Bauch- oder Seitenlage

Empfohlene Stimmgabeln:		Dauer Schritt 3:
Mars oder	144,72 Hertz	zirka 5 bis 10 Minuten
Sonnenton	126,22 Hertz	

Die schwingende Stimmgabel wird in Längsrichtung zum Körper auf den Punkt Blase 23 (1,5 Cun links und rechts des zweiten Dornfortsatzes der Lendenwirbel; siehe Abbildung) aufgesetzt. Hierbei legen wir die Hand auf den körperlichen Bereich der Niere und drehen die Stimmgabel so, dass sie mit dem Klang-

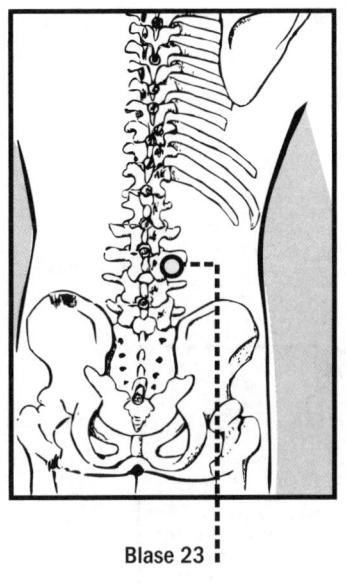

Blase 23

körper (Zunge) fächerartig in Richtung Niere zeigt. Sie können sodann unter Ihrer auf der Nierenzone liegenden Hand spüren, wie stark die Vibration in diesem Bereich ist. Wenn es Stellen gibt, wo die Vibration unter Ihrer Hand nahezu nicht zu spüren ist, sollten Sie verstärkt die Stimmgabel einschwingen lassen (über Zone Blase 23), bis Sie eine gleichmäßige Vibration in allen Bereichen der Niere unter Ihrer Hand wahrnehmen.

Schritt 4 in Rückenlage

Empfohlene Stimmgabel:		Dauer Schritt 4:
Geomagnetfeld	149,74 Hertz	zirka 5 bis 10 Minuten

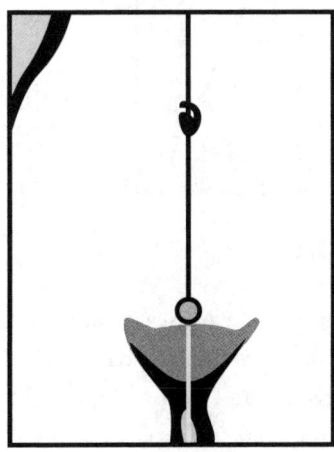

Ren 3
am Rand der
Schambehaarung
in der Mitte

Hier führen Sie eine Aurareinigung durch: Die schwingende Stimmgabel wird in Längsrichtung zum Körper, beginnend von den Füßen zum Kopf, im Abstand von 15 bis 30 Zentimetern, langsam durch die Aura gezogen. Diesen Vorgang wiederholen Sie zwei- bis dreimal. Dann wird die schwingende Stimmgabel in Längsrichtung zum Körper auf den Punkt Ren 3 gesetzt (siehe Abbildung).

Schritt 5 in Rückenlage

Empfohlene Stimmgabel:		Dauer Schritt 5:
Sonnenton	126,22 Hertz	zirka 5 bis 10 Minuten

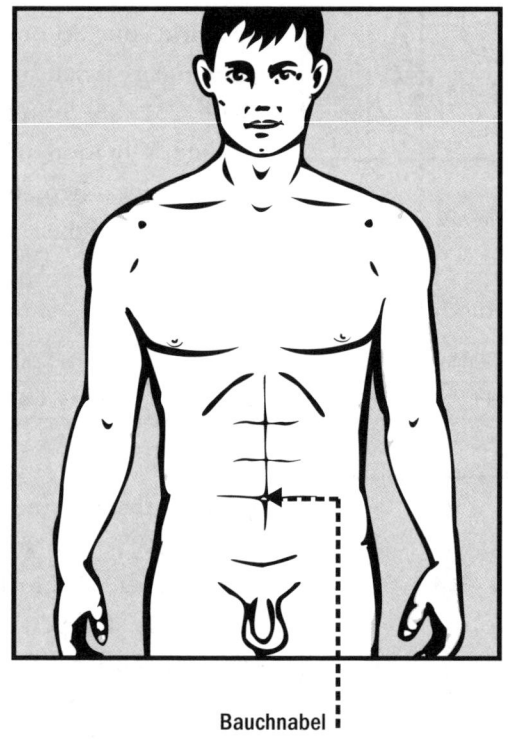

Bauchnabel

Setzen Sie die schwingende Stimmgabel in Längsrichtung zum Körper in den Bauchnabel, aber nur dann, wenn der Klient eine Berührung im Bauchnabel gut vertragen kann. Sonst können Sie diese Gabel auch über das Aurafeld eingeben. Das machen Sie so lange, bis Sie die Vibration in der Hand, die auf dem Unterbauch liegt, spüren. Danach können Sie das Ganze wiederholen, wobei aber die zweite Hand auf dem Oberbauch liegt.

Schritt 6 in Rückenlage

Empfohlene Stimmgabel:		Dauer Schritt 6:
Sonnenton	126,22 Hertz	zirka 6 Minuten

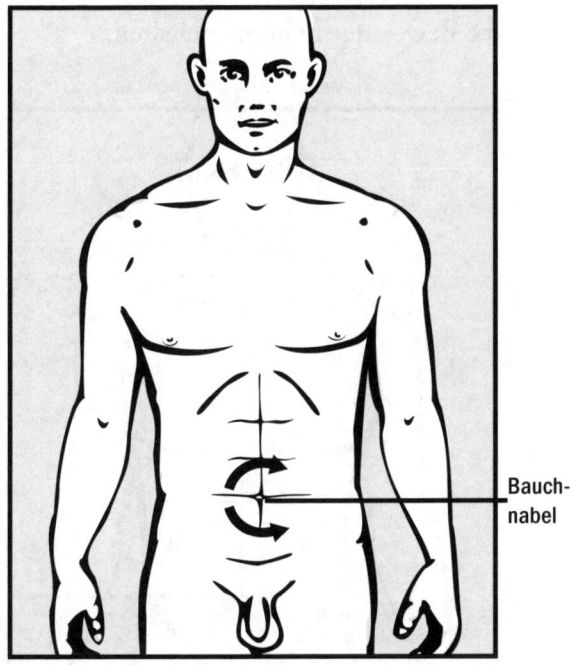

Setzen Sie die schwingende Stimmgabel in Längsrichtung zum Körper und kreisen Sie bis zu einem Abstand von 2 bis 3 Zentimetern vom Bauchnabel entfernt mit und gegen den Uhrzeigersinn. Dann stellen Sie sich eine strahlende Sonne vor und ziehen die Stimmgabel vom Bauchnabel bis zu den Rippenbögen und bis zu den Beckenknochen (siehe Abbildung), und zwar so oft, wie Sie es für nötig halten.

Schritt 7 in Rückenlage

Empfohlene Stimmgabel:		Dauer Schritt 7:
Sonnenton	126,22 Hertz	zirka 8 Minuten

Bitte beachten Sie Folgendes: Die Stimmgabel wird schräg zum Körper in die Bewegungsrichtung gehalten.

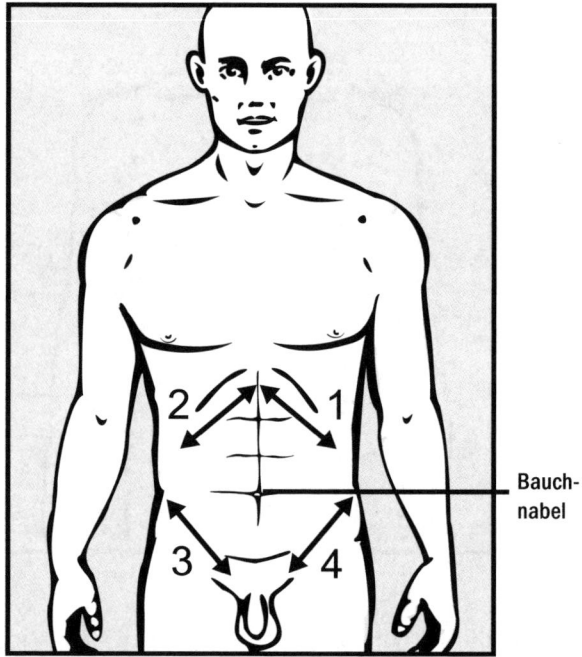

Beginnen Sie mit Zone 1: Setzen Sie die schwingende Stimmgabel in Schrägrichtung (siehe die Pfeile in der Abbildung) an den Rippenbogen und ziehen Sie diese langsam so lange hin und her, bis sie ohne Widerstand (wie über eine Ölschicht) gleitet. Genauso verfahren wir mit Zone 2, Zone 3 und 4, die am Beckenknochenrand liegen.

Schritt 8 in Rückenlage

Empfohlene Stimmgabel:		Dauer Schritt 8:
Jahreston Om	136,10 Hertz	zirka 5 bis 10 Minuten

Bitte beachten Sie, dass dieser Behandlungsschritt für Menschen mit einem Herzschrittmacher nicht geeignet ist.

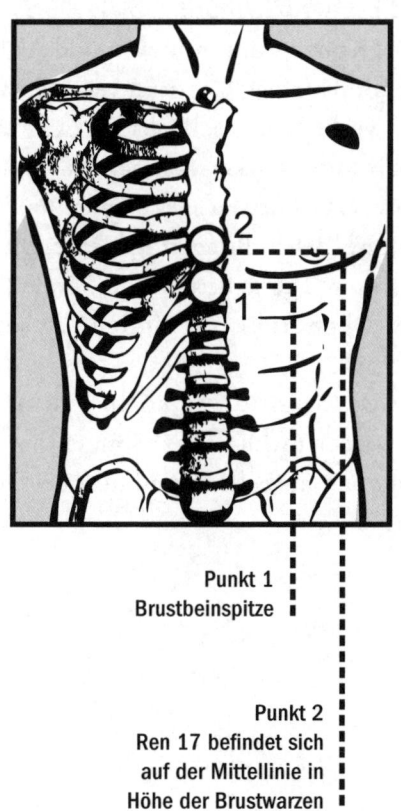

Punkt 1
Brustbeinspitze

Punkt 2
Ren 17 befindet sich
auf der Mittellinie in
Höhe der Brustwarzen

Die schwingende Om-Stimmgabel wird in Längsrichtung zum Körper auf mehreren Punkten des Brustbeins aufgesetzt. Bei Behandlung der Brustbeinspitze: Mit geschlossenen Augen kann der Klient den Ton Om »innerlich« hören.

Ein Beispiel aus der Praxis

Diese Behandlungsform zeigt immer wieder eine verblüffende Wirkung: Sie lässt die Klienten schnell regenerieren und in ihre Kraft kommen (z. B. auch nach allen Arten von Operationen oder auch begleitend bei der Chemotherapie): Ein 89-jähriger Mann litt an Leukämie, Konzentrationslücken und Asthma, gegen das er über dreißig Jahre hinweg Cortison verabreicht bekam. Nach einem schlecht verheilten Beckenbruch war er zudem gehbehindert und litt unter starken Schmerzen. Seine Angehörigen finanzierten ihm als Geburtstagsgeschenk eine Fünf-Tage-nonstop-Phonophorese-Behandlung mit mehreren Anwendungen pro Tag. Am dritten Tag kehrte er die Straße (der Klient war Schwabe) wieder ohne Stock, am fünften Tag besiegte er seinen Neffen beim Schach.

Anmerkung: Die Schritte 5-8 können als Behandlung auch allein gegeben werden (Stimmgabel Sonnenton, 126,22 Hertz). Dies wirkt stimmungsaufhellend und hilft bei Depressionen.

Narben

Die »Entstörung« von Verletzungen

Empfohlene Stimmgabel:		Dauer der Behandlung:
Geomagnetfeld	149,74 Hertz	bis zu 30 Minuten

Symbolische Bedeutung der Blockade

Die Körperoberfläche, auf der Narben meist zu finden sind, ist ein Symbol der Grenze, des Kontakts und der Zärtlichkeit. Narben können den freien Fluss der Energie (Meridiane) verhindern. Eine Narbe *kann, muss* aber nicht zwingend ein Störfeld sein. Ein gesunder Körper ist in der Lage, sich neue, andere Wege des Energieflusses zu suchen.

Symptome der Blockade

Narben sind das sichtbare Zeichen von Verletzungen bzw. chirurgischen Eingriffen, meist auf der Haut.

Heilung der Blockade

Ist eine Narbe einmal »entstört«, bedeutet das aber nicht, dass sie fortan »entstört« bleibt. Bei Stress, Krankheiten, starken Belastungen wie auch Situationen, die symbolisch an die »Verletzungen« erinnern, welche zur Narbe geführt haben, kann die Störung erneut ins Leben treten. Deshalb sollte eine Narbe mit dieser Behandlung immer wieder mal durchlässig gemacht werden.

Schritt 1 – entsprechende Lagerung zur Narbe

Empfohlene Stimmgabel:		Dauer Schritt 1:
Geomagnetfeld	149,74 Hertz	bis zu 10 Minuten

Ziehen Sie die schwingende Stimmgabel in Längsrichtung zur Narbe, indem Sie mehrmals dem Narbenverlauf in beiden Richtungen folgen. Spüren Sie Blockaden (z. B. energetisches Hängenbleiben der Stimmgabel), so setzen Sie die Stimmgabel in diesem Bereich bis zur Auflösung des Ungleichgewichts.

Schritt 2 – entsprechende Lagerung zur Narbe

Empfohlene Stimmgabel:		Dauer Schritt 2:
Geomagnetfeld	149,74 Hertz	bis zu 10 Minuten

Jetzt wird die Stimmgabel punktuell auf die Narbe gesetzt. Sie halten mit der freien Hand (mittels Daumen und Mittelfinger) die Bereiche um die Stimmgabel herum und spüren, ob unter Ihren Fingern eine Vibration spürbar ist. Falls nicht, wird dieser Bereich mit der Gabel intensiv bearbeitet, bis sich eine harmonische Schwingung einstellt.

Schritt 3 – entsprechende Lagerung zur Narbe

Empfohlene Stimmgabel:		Dauer Schritt 3:
Geomagnetfeld	149,74 Hertz	bis zu 10 Minuten

Wenn Sie möchten, können Sie das Gewebe zum Abschluss dieser Behandlung mit der Stimmgabel in Richtung Narbe »ausstreichen«. Dies hat auch einen stimulierenden Aspekt, der die Heilung fördert und das Störfeld reduziert.

Empfehlung: »La Crème du Ciel« ist eine Ei-Öl-Creme, die im alchimistischen (spagyrischen) Verfahren hergestellt wurde. Unsere Erfahrung zeigt eine positiv unterstützende Wirkung für diese Behandlung mit der Stimmgabel, da sie die entsprechenden Hautpartien empfänglich macht. Sie erhalten diese Creme u. a. in Apotheken.

Knieprobleme

Neue Wege gehen

Empfohlene Stimmgabeln:		Dauer der Behandlung:
Saturn	147,85 Hertz	zirka 45 bis 60 Minuten
Jahreston Om	136,10 Hertz	
Platonisches Jahr	172,06 Hertz	
Wasserstoffgamma	157,04 Hertz	
Mars	144,72 Hertz	
Metonischer Zyklus	229,22 Hertz	

Symbolische Bedeutung der Blockade

Die Symbolik des Knies zeigt sich im Leben u. a. im »Sichbeugen« und »Sichstrecken«, »In-die-Knie-Gehen«, »Sichaufrichten«, »Neue-Wege-Gehen«, »In-die-Knie-gezwungen-Werden« (z. B. aus mangelnder Demut). Hier unterscheiden wir zwischen dem linken »emotionalen« Knie (Yin) und dem rechten »verstandesmäßigen« Knie (Yang). Knieschmerzen (rechts) können ein Ausdruck von Überbelastung im Leben sein: »Das Leben oder die Situation zwingen einen in die Knie.«

Angesagt ist ein Überdenken der momentanen Lebenssituation und eventuelle Neuorientierung.

Das linke Knie steht für das Emotionale, Intuitive und das »Neue-Wege-Gehen«. Knieschmerzen auf der linken Seite können bedeuten, dass falsche Glaubenssätze sowie missinterpretierte Erfahrungen, Dogmen, Verletzungen (häufig aus Selbstschutz oder Angst vor Verletzung) in starre (schmerzhafte) Strukturen führen. Die Kniebeschwerden wollen uns mitteilen, dass es an der Zeit ist, sich den eigenen Verletzungen zu öffnen, diese anzunehmen und sich neuen und anderen Möglichkeiten zu öffnen (wir sollen neue Wege gehen).

Wasser in den Knien ist ein Ausdruck von festgehaltenen alten Informationen, die im Speichersystem »Wasser« gebunden sind.

Symptome der Blockade

Häufige Symptome sind die folgenden: Bewegungseinschränkung, Wasser in den Knien, Geräusche wie »Knarren und Knirschen«, Schmerzen, die kommen und gehen, chronische Schmerzen, Wetterfühligkeit, Empfinden von innerer »Kälte und Hitze« oder Überempfindlichkeit bei äußerer Temperatureinwirkung.

Heilung der Blockade

Es gilt, die eigene »Unbeweglichkeit« und Starrheit in Körper, Seele und Geist zu erkennen und in Mobilität bzw. Flexibilität zu transformieren, kurz: Wir sollen neue Wege gehen. Ein weiteres Motto lautet: »Demut statt Demütigung.«

Wenn es möglich ist, sollten Sie immer beide Knie behandeln, da auch die gesunde Seite Informationen zur Heilung auf die schmerzhafte Seite »sendet«.

Schritt 1 in Bauch- oder Seitenlage

Empfohlene Stimmgabel:		Dauer Schritt 1:
Platonisches Jahr	172,06 Hertz	zirka 3 bis 6 Minuten

Beginnen Sie mit der Behandlung in der Kniekehle. Die schwingende Stimmgabel Platonisches Jahr wird in Längsrichtung zum Körper auf die verhärteten oder angespannten Bereiche der Kniekehle gesetzt. Setzen Sie die Behandlung so lange fort, bis eine Entspannung und Harmonisierung dieser Bereiche einsetzt.

Schritt 2 in Rückenlage

Empfohlene Stimmgabeln:		Dauer Schritt 2:
Saturn oder	147,85 Hertz	zirka 3 Minuten
Metonischer Zyklus	229,22 Hertz	

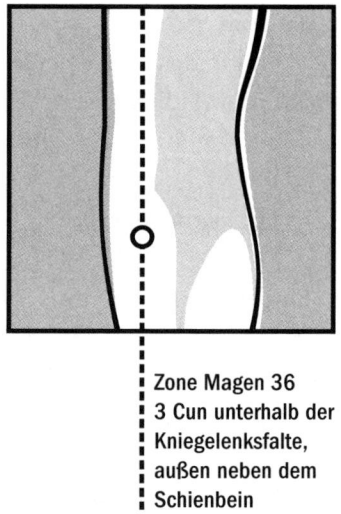

Zone Magen 36
3 Cun unterhalb der
Kniegelenksfalte,
außen neben dem
Schienbein

Bitte beachten Sie: Den Metonischen Zyklus benutzen Sie nur bei Wasseransammlungen im Knie.

Setzen Sie die schwingende Stimmgabel in Längsrichtung so lange zum Körper auf die Zone Magen 36 (siehe Abbildung), bis dieser Bereich harmonisch schwingt.

Schritt 3 in Rückenlage

Empfohlene Stimmgabeln:		Dauer Schritt 3:
Saturn oder	147,85 Hertz	zirka 6 Minuten, pro Zone etwa 3 Minuten
Metonischer Zyklus	229,22 Hertz	

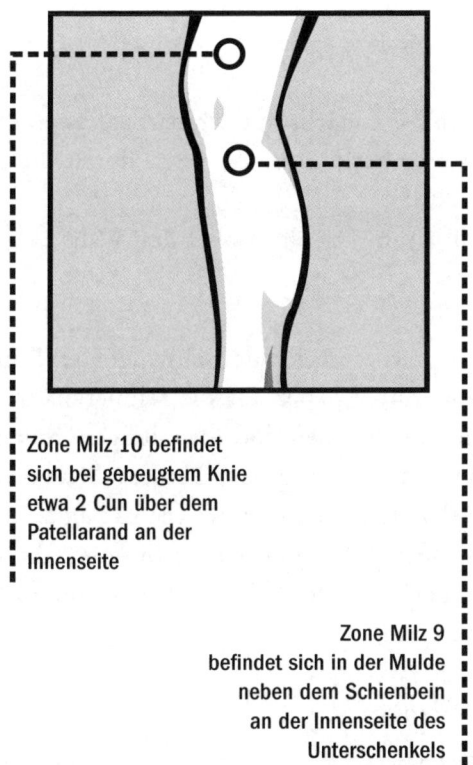

Zone Milz 10 befindet sich bei gebeugtem Knie etwa 2 Cun über dem Patellarand an der Innenseite

Zone Milz 9 befindet sich in der Mulde neben dem Schienbein an der Innenseite des Unterschenkels

Bitte beachten Sie: Den Metonischen Zyklus benutzen Sie nur bei Wasseransammlungen im Knie.

Setzen Sie die schwingende Stimmgabel Ihrer Wahl in Längsrichtung zum Körper auf die Zone Milz 9 (siehe Abbildung), bis dieser Bereich harmonisch schwingt. Danach wiederholen Sie den Vorgang auf der Zone Milz 10.

Schritt 4 in Rückenlage

Empfohlene Stimmgabeln:		Dauer Schritt 4:
Saturn oder	147,85 Hertz	zirka 10 Minuten
Wasserstoffgamma	157,04 Hertz	

Bitte beachten Sie Folgendes:

- Lokalisieren Sie zunächst die schmerzhaftesten Punkte durch »Drucktests« mittels Daumen bzw. durch die Aussage des Klienten selbst.
- Wasserstoffgamma ist die Gabel der Wahl bei sehr starken Schmerzen.

Setzen Sie die entsprechende schwingende Stimmgabel in Längsrichtung zum Körper auf die schmerzhaftesten Punkte. Berühren Sie mit Daumen und Mittelfinger Ihrer freien Hand den Bereich um die Stimmgabel (in Intervallen von 1 bis 3 Zentimetern). Behandeln Sie die Blockade so lange, bis Sie überall um die schwingende Stimmgabel herum die Vibration spüren. Falls der Schmerz »wandert«, folgen Sie diesem mit der schwingenden Stimmgabel.

Schritt 5 in Rückenlage

Empfohlene Stimmgabel:		Dauer Schritt 5:
Saturn	147,85 Hertz	zirka 6 bis 10 Minuten

Bitte beachten Sie Folgendes: Bearbeiten Sie die innere und äußere Kniegelenksspalte.

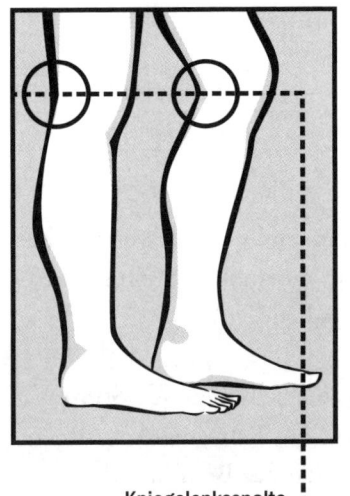

Kniegelenksspalte

Die schwingende Stimmgabel wird in Richtung des Verlaufs der Kniegelenksspalte (quer zur Körperachse) aufgesetzt (drei- bis achtmal auf- und abziehen). Falls Sie dabei einen Widerstand spüren, bearbeiten Sie diese Stelle mit der schwingenden Stimmgabel so lange, bis der Widerstand sich auflöst.

Schritt 6 in Rückenlage

Empfohlene Stimmgabel:		Dauer Schritt 6:
Saturn	147,85 Hertz	zirka 2 bis 6 Minuten

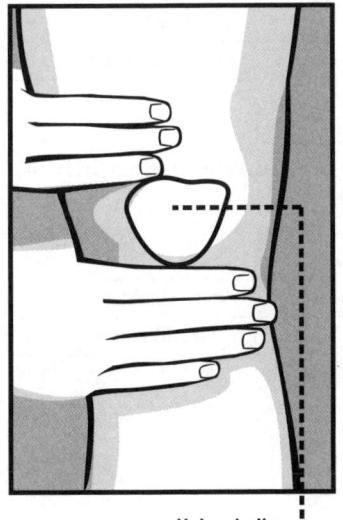

Kniescheibe

Die schwingende Stimmgabel wird in Verlaufsrichtung des Schmerzes an der Kniescheibe aufgesetzt (siehe Abbildung) und rund um diese gezogen. Falls Sie dabei einen Widerstand spüren, verbleiben Sie dort mit der schwingenden Stimmgabel so lange, bis sich dieser auflöst.

Schritt 7 in Rückenlage

Empfohlene Stimmgabel:		Dauer Schritt 7:
Saturn	147,85 Hertz	zirka 3 Minuten

Falls Ihr Klient eine X- oder O-Bein-Stellung aufweist, gehen Sie wie folgt vor (bei Klienten mit »normaler« Stellung ist es nicht notwendig, diesen Schritt zu behandeln):

- Bei X-Bein-Stellung: Setzen Sie die schwingende Stimmgabel an der Innenseite in der Mitte der Kniegelenksspalte an, geben Sie so lange »Energie«, bis sich das Bein merklich entspannt und begradigt.
- Bei O-Bein-Stellung: Setzen Sie die schwingende Stimmgabel so lange an der Außenseite in der Mitte der Kniegelenksspalte an, bis sich das Bein merklich entspannt und begradigt.

Schritt 8 in Rückenlage

Empfohlene Stimmgabel:		Dauer Schritt 8:
Saturn	147,85 Hertz	zirka 10 Minuten

Nochmaliges Aufarbeiten aller Schmerzpunkte (siehe Schritt 4).

Schritt 9 in Rückenlage

Empfohlene Stimmgabel:		Dauer Schritt 9:
Jahreston Om	136,10 Hertz	zirka 2 Minuten

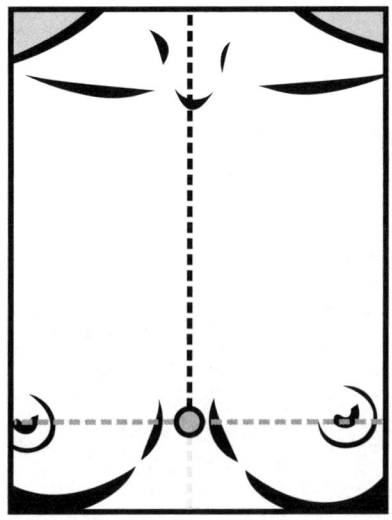

Ren-Mai 17
bzw. der Eintrittspunkt
vom Herzchakra
Mittellinie Höhe der
Brustwarzen

Setzen Sie die schwingende Stimmgabel in Längsrichtung zum Körper auf die Zone Ren-Mai 17 (siehe Abbildung), um die Behandlung abzuschließen.

In den Fluss des Lebens (zurück)gelangen [62]

Fixierungen loslassen

Empfohlene Stimmgabel:		Dauer der Behandlung:
Metonischer Zyklus	229,22 Hertz	zirka 25 Minuten

Symbolische Bedeutung der Blockade

Wenn man »nicht im Fluss« ist, so symbolisiert diese Blockade stagnative Prozesse im Innen wie im Außen: Das Leben ist »festgefahren« im Körper wie auch im sozialen Umfeld. Nichts oder wenig läuft, der Fluss des Lebens ist entweder zu einem erbärmlichen Rinnsal oder zu einem bedrohlichen Stausee hinter einer (labilen) Mauer geworden.

Symptome der Blockade

Es zeigen sich degenerative und chronische Erkrankungen sowie eine Einschränkung der Flexibilität in Körper und Geist. In der Regel ist auch das lymphatische System stark betroffen. Aus Sicht der asiatischen Medizin bestehen Ungleichgewichte überwiegend der Beinmeridiane.

---

[62] Inspiriert wurde diese Behandlung u.a. durch die Farbpunktur nach Peter Mandel.

Heilung der Blockade

Es geht um das Erkennen und Loslassen von Fixierungen sowie inneren und äußeren Mustern, die das Leben und die Lebendigkeit binden bzw. unterbinden.

Schritt 1 bis 4 in Rückenlage

Empfohlene Stimmgabel:		Dauer Schritt 1 bis 4:
Metonischer Zyklus	229,22 Hertz	zirka 8 Minuten pro Punkt

Punkt 1 = Yin Trang
befindet sich in der Mitte zwischen den Augenbrauen

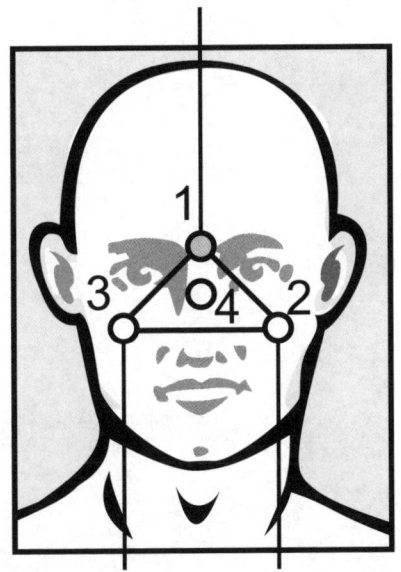

Punkte 2 und 3 liegen in der jeweils zweiten Vertiefung unter den Wangenknochen (die ersten Vertiefungen liegen auf den Pupillenlinien unter den Wangenknochen)

Punkt 4 bildet den Mittelpunkt des Dreiecks

Beginnen Sie mit Punkt 1 (siehe Abbildung). Die schwingende Stimmgabel (Metonischer Zyklus) wird in Schräglinie zu Punkt 2 gesetzt. Behandeln Sie Punkt 2 in Querlinie zu Punkt 3, Punkt 3 in Schräglinie zu Punkt 1, Punkt 4 in Längsrichtung zum Körper.

Phonophorese bei seelischen Blockaden

Bevor sich eine Blockade auf der körperlichen Ebene manifestiert und zeigt, sendet sie viele Signale im seelischen Bereich. Ist unser System auf Empfang dieser Signale gestellt, haben wir die Möglichkeit, diesen Blockaden und Krankheiten »aus dem Wege zu gehen« bzw. sie im Vorfeld zu vermeiden.

Aber auch bei körperlichen Geschehnissen oder Beschwerden, die wir wahrnehmen, ist es immer wichtig, die Seele »abzuholen«, d. h. ihr Beachtung und Wertschätzung entgegenzubringen.

Ganzheitliche Gesundung ist erst möglich, wenn wir alle Anteile (Körper, Geist und Seele) beachten.

Unruhezustände und Lampenfieber

Das Balancieren des inneren Heilers

Empfohlene Stimmgabeln:		Dauer der Behandlung:
Jahreston Om	136,10 Hertz	10 bis 20 Minuten
Meistergabel	128 Hertz	

Symbolische Bedeutung der Blockade

»Unruhe« ist z. B. die Bezeichnung des Pendels bei antiken Uhren. Übertragen auf die menschliche »Unruhe« heißt dies: Das Pendel schlägt in eine Richtung stark aus, der Mensch hat seine Mitte, seine Ruhe verlassen. Die Seele ist aufgewühlt, ein Gefühl der Unsicherheit und Zerrissenheit macht sich breit.

Wie auf jedes Einatmen ein Ausatmen erfolgen muss (wenn wir nicht ersticken wollen), so hat auf die Unruhe die Ruhe zu folgen.

Symptome der Blockade

Anzeichen für diese Blockade sind Kurzatmigkeit, starrer Blick, kalter Schweiß, Zittern, Unruhe, Angst, Kreislaufstörungen, Ohnmachtsgefühle, Lampenfieber, Unsicherheit oder eine energetische Verschiebung der Aura nach links.

Heilung der Blockade

Balancieren und Aktivieren des inneren Heilers: Unruhe wird zur Ruhe, Ohnmacht wird zur Macht (der Liebe). Der Klient findet in seine eigene Mitte (zurück).

Empfehlung: Diese Behandlung eignet sich wunderbar zur Eröffnung (Zentrierung) bzw. zum Abrunden *jeder* Phonophorese-Sitzung.

Anwendung in Rücken- oder Seitenlage

Empfohlene Stimmgabeln:		Dauer Schritt 1:
Jahreston Om oder	136,10 Hertz	10 bis 20 Minuten
Meistergabel	128 Hertz	

Bitte beachten: Diese Schwingung ist ungeeignet für Klienten mit Herzschrittmachern.

Man wählt die Gabel in diesem Zusammenhang nach folgenden Kriterien aus:

- Der Jahreston Om repräsentiert hier die Macht der Liebe.
- Die Meistergabel konzentriert sich auf die selbstlose Mutterliebe.

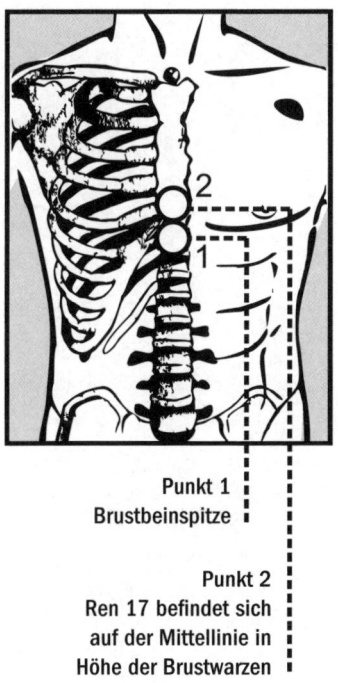

Punkt 1
Brustbeinspitze

Punkt 2
Ren 17 befindet sich
auf der Mittellinie in
Höhe der Brustwarzen

Anmerkung: Beim Aufsetzen der entsprechenden vibrierenden Stimmgabel Jahreston Om (136,10 Hertz) auf die Brustbeinspitze kann der Klient bei geschlossenen Augen »innerlich« den Ton Om wahrnehmen.

Beginnen Sie mit Punkt 1 (Brustbeinspitze, siehe Abbildung). Die schwingende Stimmgabel wird in Längsrichtung zum Körper auf Punkt 1 gesetzt. Bitten Sie den Klienten, die Augen zu schließen und nach innen zu hören.

Danach setzen wir Punkt 2 (Ren 17).

In der Folge können Sie intuitiv unterschiedliche Punkte (nach Ihrer freien Wahl) auf dem Brustbein einschwingen, bis bei dem Klienten merkliches Wohlbefinden und Ruhe eintreten.

Konzentrationsstörungen

Die eigene Mitte finden

Empfohlene Stimmgabel:		Dauer der Behandlung:
Metonischer Zyklus	229,22 Hertz	zirka 12 Minuten

Symbolische Bedeutung der Blockade

Man ist zerrissen und zersplittert im Unwesentlichen, statt sich auf das Wesentliche zu konzentrieren; der »Punkt« wird verfehlt. Der Mangel an Fokussierung und Disziplin ist Zeugnis einer verlorenen Mitte des Menschen.

Symptome der Blockade

Es herrscht ein Konzentrationsmangel, man ist zerstreut; ohne Konzept und Ziel stochert man im Nebel herum. Es fehlen die klaren Gedanken und das ergebnisorientierte Denken.

Heilung der Blockade

Man muss die eigene Mitte suchen und finden, bewusst das Loslassen üben, um wirkliche Ruhe und Gelassenheit (zurück) zu gewinnen. Der Metonische Zyklus führt in das Wesentliche.

Anwendung in Rückenlage

Empfohlene Stimmgabel:		Dauer Schritt 1:
Metonischer Zyklus	229,22 Hertz	zirka 12 Minuten

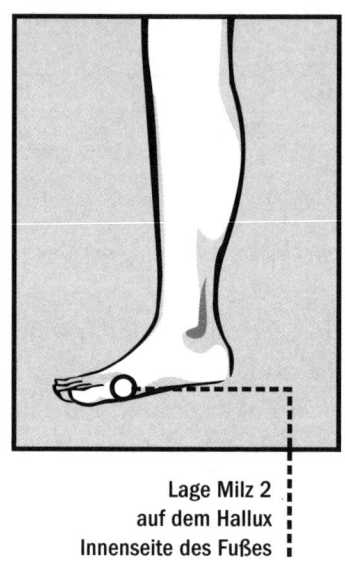

Lage Milz 2
auf dem Hallux
Innenseite des Fußes

Bitte beachten Sie: beidseitig behandeln.

Bei dieser beidseitigen Ein-Punkt-Therapie setzen Sie die schwingende Stimmgabel Metonischer Zyklus (in Längsrichtung des Fußes) auf dem Punkt Milz 2 auf (siehe Abbildung). Pro Fuß empfehlen wir eine Behandlungszeit von zirka 6 Minuten.

Dieser Punkt Milz 2 hat starken Einfluss auf unser Konzentrationsvermögen. Er sollte daher so oft wie möglich behandelt werden, um dem Klienten bei der Konzentration auf das Wesentliche zu helfen.

Depressionen

Aussöhnung mit dem Rhythmus des Lebens

Empfohlene Stimmgabeln:		Dauer der Behandlung:
Sonnenton	126,22 Hertz	zirka 30 Minuten
Metonischer Zyklus	229,22 Hertz	
Jahreston Om	136,10 Hertz	

Symbolische Bedeutung der Blockade

Diese Blockade symbolisiert unterdrückte Aggression und Lebensenergie, nicht gelebte Trauer (Stirb-und-werde-Prozesse); sie ist ein Hilferuf der Seele und zeigt die Unfähigkeit, zu leben und zu sterben. Es ist eine Blockade zwischen Wut und Trauer.

Symptome der Blockade

Es setzt eine (»falsche«) Entspannung auf der körperlichen Ebene ein: Nachlassen der Muskelkraft, Verstopfung, Impotenz (die Sexualität lebt vom Aufbau von Spannung), flache Atmung und geringe Herzleistung, Traurigkeit, Niedergeschlagenheit (alle Energie ist gegen den Depressiven gerichtet).

Heilung der Blockade

Heilsam ist die Aussöhnung mit dem ewigen Rhythmus des Lebens und der Polarität von Tag und Nacht, Leben und Sterben, Trauer und Freude sowie Schatten und Licht. Man muss sich einlassen auf beide Seiten der Polarität und sollte nicht versuchen, eine Seite zu verdrängen oder zu unterdrücken.

Mit dieser Heilung der Mitte durch die Erkenntnis über Ungleichgewichte bringen Sie Licht und Wärme in den Körper. Um den Bauchnabel herum befindet sich aus der Sicht der japanischen Medizin die Milzdiagnostikzone. Die Milz steht im asiatischen Denken für das Lymphsystem und den Wasserhaushalt.

Die meisten Menschen haben ein mehr oder weniger starkes Milzungleichgewicht in ihrem System. Das äußert sich u. a. durch Wasseransammlungen, hauptsächlich im Oberkörper. (Nebenbei bemerkt: Der Unterkörper ist eher der *Niere* zugeordnet.) Weiter sind es Ödeme über den Augen, Wasseransammlungen in den Händen, Spannungsgefühle in Armen und Händen (z. B. morgens nach dem Aufstehen oder nach dem Spazierengehen), ein kalter Oberbauch, Bindegewebsschwäche oder eine Anfälligkeit für blaue Flecken.

Psychologisch betrachtet, steht die Milz für die Trennung des »Trüben vom Klaren«, also die Erkenntnis dessen, was richtig ist und was falsch. Diese Erkenntnis gilt für alle Lebensbereiche (z. B. für die Ernährung, die Partnerwahl oder auch das Urlaubsziel).

Schauen wir auf die Ernährung: Auch hier hat die Milz die Aufgabe, das Brauchbare vom Unbrauchbaren im Verdauungstrakt zu trennen. Sie ist der so genannte »Lagerarbeiter«, der die dementsprechenden Stoffe einlagert, verteilt oder zur Ausscheidung »durchwinkt«.

Die Milz selbst benötigt viel Energie (Wärme), um ihre Tätigkeit erfüllen zu können. Energie wird z. B. erzeugt durch Bewegung, warme Speisen oder Energie zuführende Therapien (wie die Phonophorese).

Unsere heutige Lebensform führt uns Menschen leider mehr Energie ab als zu, sodass die meisten sich in einem »Milzmangel« befinden, der sich u. a. in Entscheidungsschwierigkeiten und Trägheit äußert (das entspricht der mangelnden Mitte).

Schritt 1 in Rückenlage

Empfohlene Stimmgabeln:		Dauer Schritt 1:
Sonnenton oder	126,22 Hertz	zirka 6 Minuten
Metonischer Zyklus	229,22 Hertz	

Dies sind die Kriterien für die Wahl der geeigneten Stimmgabel:

- Der Sonnenton (lang andauernde Energie) wirkt gegen Depressionen und sorgt für eine kraftvolle Mitte.
- Der Metonische Zyklus sorgt für eine fließende Mitte und gibt Hilfestellung bei der Trennung des Trüben vom Klaren und dem Treffen von klaren Entscheidungen.

Setzen Sie die schwingende Stimmgabel in Längsrichtung zum Körper in den Bauchnabel, aber nur, wenn der Klient eine Berührung dort gut verkraften kann. Sonst können Sie diese Gabel auch über das Aurafeld (in kurzem Abstand zum physischen Körper) eingeben. Das machen wir so lange, bis wir in der Hand, die auf dem Unterbauch liegt, die Vibration spüren. Danach führen wir dieselbe Arbeitsweise fort, aber die zweite Hand liegt jetzt auf dem Oberbauch.

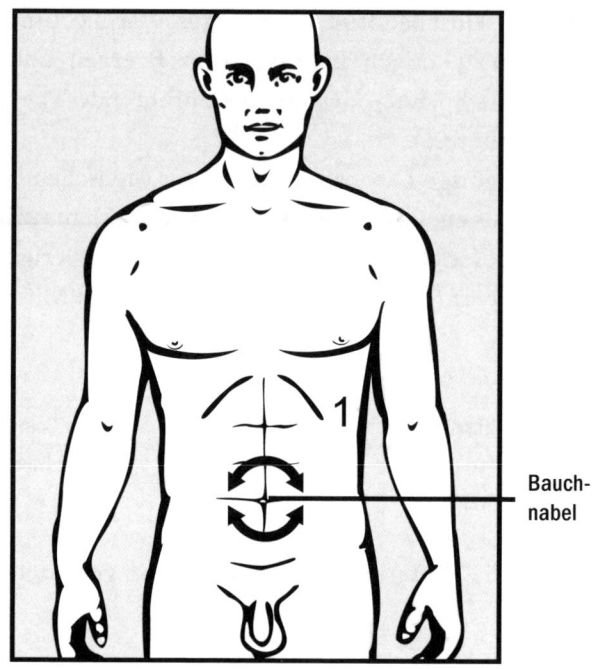

Schritt 2 in Rückenlage

Empfohlene Stimmgabel:		Dauer Schritt 2:
Sonnenton	126,22 Hertz	zirka 8 Minuten

Die Sonnengabel setzt man ein für lang andauernde Energie.

Bitte beachten Sie: Die Stimmgabel wird schräg zum Körper in die Bewegungsrichtung gehalten. Setzen Sie die schwingende Stimmgabel in Längsrichtung zum Körper, und kreisen Sie bis zu einem Abstand von 2 bis 3 Zentimetern vom Bauchnabel entfernt mit und gegen den Uhrzeigersinn. Dann stellen Sie sich eine strahlende Sonne vor und ziehen die Stimmgabel vom Bauchnabel bis zu den Rippenbögen und den Beckenknochen (siehe Abbildung), und zwar so oft, wie Sie es für nötig halten.

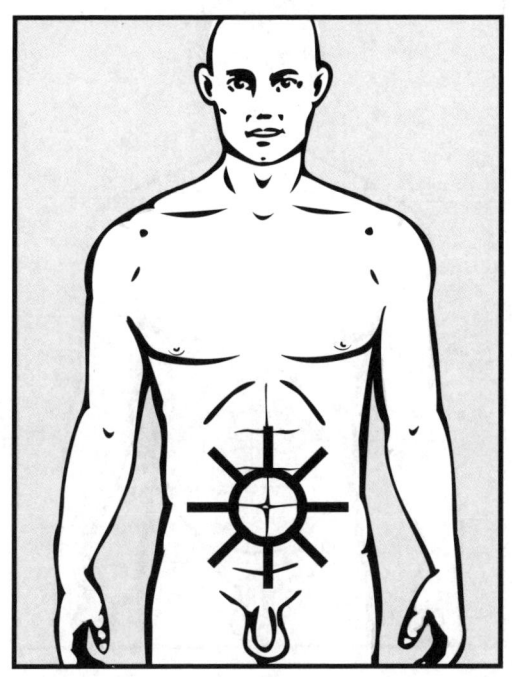

Schritt 3 in Rückenlage

Empfohlene Stimmgabel:		Dauer Schritt 3:
Sonnenton oder	126,22 Hertz	zirka 8 Minuten
Metonischer Zyklus	229,22 Hertz	

Bitte beachten Sie: Die Stimmgabel wird schräg zum Körper in die Bewegungsrichtung gehalten. Die Sonnengabel setzt man ein für lang andauernde Energie.

Beginnen Sie mit Zone 1: Setzen Sie die schwingende Stimmgabel in Schrägrichtung (siehe Pfeile in der Abbildung) an den Rippenbogen, und ziehen Sie diese langsam so lange hin und her, bis sie ohne Widerstand (wie über eine Ölschicht) gleitet.

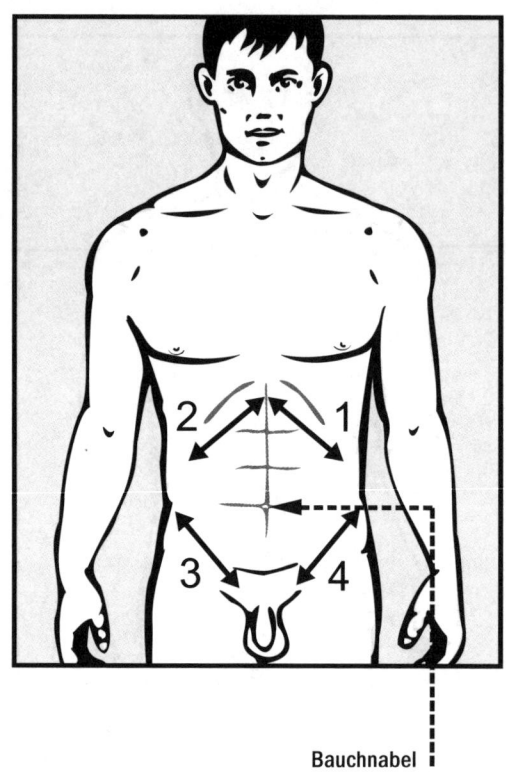

Bauchnabel

Genauso verfahren wir mit Zone 2 sowie Zone 3 und 4, die am Beckenknochenrand liegen.

Schritt 4 in Rückenlage

Empfohlene Stimmgabel:		Dauer Schritt 4:
Jahreston Om	136,10 Hertz	zirka 5 bis 10 Minuten

Bitte beachten: Diese Schwingung ist ungeeignet bei Menschen mit Herzschrittmacher.

Die schwingende Stimmgabel wird auf dem Brustbein in Längsrichtung zum Körper auf mehreren Punkten gesetzt, z. B. Ren 17 (siehe Abbildung, Punkt 2).

Brustbeinspitze: Bei geschlossenen Augen kann der Klient den Ton Om innerlich hören.

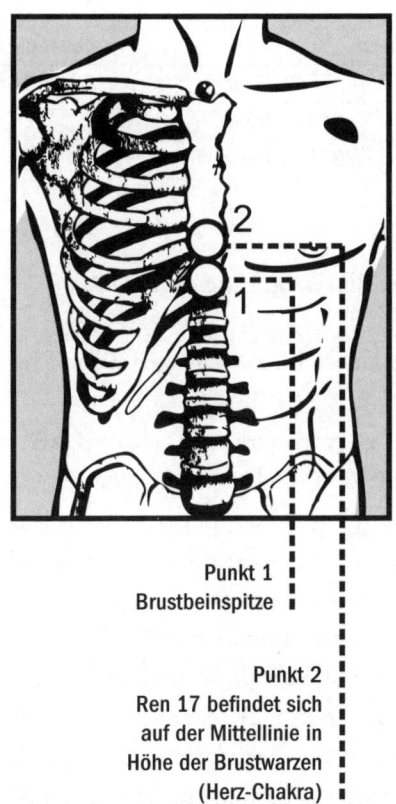

Punkt 1
Brustbeinspitze

Punkt 2
Ren 17 befindet sich
auf der Mittellinie in
Höhe der Brustwarzen
(Herz-Chakra)

Aktivierung des Erinnerungsvermögens[63]

Aussöhnung mit dem Verdrängten

Empfohlene Stimmgabeln:		Dauer der Behandlung:
Platonisches Jahr	172,06 Hertz	zirka 8 Minuten
Mars	144,72 Hertz	
Venus	221,23 Hertz	

Symbolische Bedeutung der Blockade

Die Gretchenfrage lautet hier: »Woran will ich mich nicht erinnern?«

Manchmal sind es vermeintliche »Kleinigkeiten«, die der Klient vergisst: Termine, Geburtstage, Namen, Geschehnisse, Inhalte etc. Symbolisch gesehen, liegen zum Teil tiefe seelische Vorgänge zugrunde, die bewusst oder meistens unbewusst verdrängt bzw. »vergessen« werden (wollen): z. B. das Fremdgehen des Partners, Todesfälle, traumatische Erlebnisse aus der Kindheit, emotionale Stressfaktoren wie u. a. Peinlichkeiten oder Scham, tiefere Ursachen (z. B. Schmerz). Die Erinnerungslücken in der Gegenwart stehen dann als Pars pro Toto für Verdrängungsmechanismen (Themen aus der Vergangenheit).

---

63 Inspiriert wurde diese Behandlung u.a. durch die Farbpunktur nach Peter Mandel.

Symptome der Blockade

Es treten Erinnerungslücken auf, geistige Zerfallserscheinungen machen sich breit. Man bekommt ein Gefühl der Abwesenheit, ein »Wie-im-Nebel-Stehen«. Man verdrängt den realen Bezug zur Gegenwart und zur eigenen Vergangenheit.

Heilung der Blockade

Tiefere Ursachen aus der Vergangenheit können durch die Einschwingung mittels passender Stimmgabel in das Realitätsbewusstsein »hochgeholt« werden, das Zellbewusstsein vermag sich so weit zu öffnen, dass Heilung bzw. Aussöhnung mit dem Verdrängten, Nichterinnerten erfolgen kann.

Schritt 1 bis 4 in Rückenlage

Empfohlene Stimmgabeln:		Dauer Schritt 1 bis 4:
Platonisches Jahr oder	172,04 Hertz	pro Punkt 2 Minuten
Mars oder	144,72 Hertz	
Venus	221,23 Hertz	

Und das sind die Kriterien zur Auswahl des für Sie stimmigen Schwingungstons:

- Das Platonische Jahr aktiviert die Bewusstwerdung auf sanfte Art und öffnet den Zugang zum höheren Selbst (siebtes Chakra).
- Mars sorgt für eine schnelle und impulsstarke Öffnung, die die Bereitschaft des Klienten voraussetzt, *unmittelbar* in die Bewusstwerdung zu kommen.

- Venus führt uns sanft und mit Yin-Energie an verdrängte tief liegende Gefühle, um uns auf diesem Weg für höhere Sichtweisen zu öffnen.

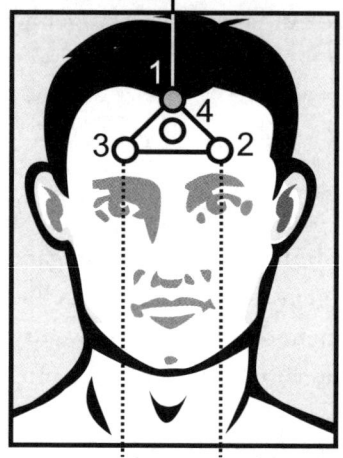

Punkt 1 liegt direkt auf der Mittellinie am Haaransatz

Punkt 2 und 3 liegen auf einer Achse mit den Pupillen, 1 Cun über den Augenbrauen.
Punkt 4 bildet den Mittelpunkt des entstandenen Dreiecks

Bitte beachten Sie: Der Haaransatz liegt oft tiefer in der Stirn, als man vermutet. Sicherheit gewinnen Sie, wenn Sie den Klienten die Stirn runzeln lassen. Meist erkennen Sie hier sehr deutlich durch eine Farbveränderung der Haut den richtigen Haaransatz.

Beginnen Sie die Behandlung mit Punkt 1 (siehe Abbildung). Setzen Sie die von Ihnen in Abstimmung mit dem Klienten gewählte schwingende Stimmgabel (Haltung der Gabel in Schräglinie zu Punkt 2). Nächster Schritt: auf Punkt 2 in Querlinie zu Punkt 3, danach auf Punkt 3 in Schräglinie zu Punkt 1. Zum Abschluss wird die schwingende Stimmgabel auf Punkt 4 gesetzt, und zwar in Längsrichtung zum Körper.

Steigerung der Aufnahmebereitschaft und Vitalität[64]

Die Harmonisierung der beiden Gehirnhälften

Empfohlene Stimmgabeln:		Dauer der Behandlung:
Jahreston Om	136,10 Hertz	zirka 20 Minuten
Venus	221,23 Hertz	
Sonnenton	126,22 Hertz	

Symbolische Bedeutung der Blockade

Die Blockade symbolisiert ein Festhalten an Altlasten, Sorgen und ungelebten Gefühlen. Es besteht ein Ungleichgewicht von linker und rechter Gehirnhälfte (Yang und Yin). Der »Lebensspeicher« ist zu voll und muss von Überflüssigem geleert werden (wie bei der »Delete«-Funktion des Computers: Man sollte den »Papierkorb« leeren). Erst dann entsteht Platz für Neues.

Symptome der Blockade

Es herrschen Lustlosigkeit, Abgespanntheit, Nervosität. Die Vitalität ist reduziert, man ist emotional kaum belastbar und hat Schwierigkeiten in der Koordination.

---

64 Inspiriert wurde diese Behandlung u.a. durch die Farbpunktur nach Peter Mandel.

Heilung der Blockade

Heilung wird möglich durch eine Harmonisierung der beiden Gehirnhälften (Yang und Yin) und das Loslassen von überflüssigem »Gepäck«.

Schritt 1 in Rückenlage

Empfohlene Stimmgabeln:		Dauer Schritt 1:
Jahreston Om oder	136,10 Hertz	zirka 5 Minuten pro Hand
Sonnenton	126,22 Hertz	

Dies sind die Kriterien für die Auswahl der Stimmgabel:

- Jahreston Om beruhigt und öffnet mit sanfter Energie.
- Der Sonnenton bringt lang andauernde Freude und Energie.

Bitte beachten Sie Folgendes: Beginnen Sie die Behandlung mit der linken Hand des Klienten.

Handchakra

Die schwingende Stimmgabel (Jahreston Om oder Sonnenton) setzen Sie in Längsrichtung zum Arm des Klienten in dessen linke Hand (Handchakra, siehe Abbildung). Eine weitere Möglichkeit: Malen Sie zur Harmonisierung mit der schwingenden Stimmgabel Spiralen in das Handchakra. Verfahren Sie analog dazu mit der rechten Hand Ihres Klienten.

Schritt 2 in Rückenlage

Empfohlene Stimmgabel:		Dauer Schritt 2:
Venus	221,23 Hertz	zirka 10 Minuten

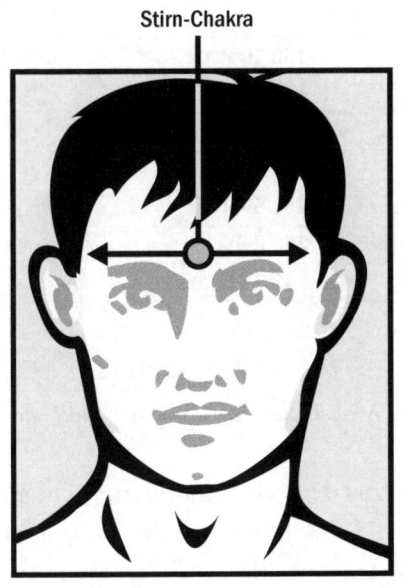

Stirn-Chakra

Beginnen Sie auf dem Stirnchakra (dem so genannten Dritten Auge). Die schwingende Venus-Stimmgabel wird in Längsrichtung zum Körper zirka drei- bis sechsmal auf das Dritte Auge gesetzt. Im Anschluss daran wird die schwingende Venus-Stimmgabel in Querachse gedreht und langsam auf der Stirn (in Höhe des Stirn-Chakras) hin- und herbewegt. Auf diese Weise erfolgt die Harmonisierung der beiden Gehirnhälften.

Schlafstörungen

Vertrauen in den weiblichen Pol legen

Empfohlene Stimmgabeln:		Dauer der Behandlung:
Jahreston Om	136,10 Hertz	zirka 18 Minuten
Platonisches Jahr	172,06 Hertz	
Siderischer Tag	194,71 Hertz	
Meistergabel	128 Hertz	
Schumann-Resonanz I	250,56 Hertz	
Schumann-Resonanz II	256 Hertz	
Geomagnetfeld	149,74 Hertz	

Symbolische Bedeutung der Blockade

Man hat Angst vor dem Unbekannten, nicht Kontrollierbaren (Nacht, Träume, Schlaf), mangelndes Vertrauen in die dunkle, die weibliche Seite (Yin). Man will Kontrolle ausüben, wo Hingabe und das Einlassen auf Unbekanntes notwendig wären.

Symptome der Blockade

Es gibt unendlich viele Ursachen für Schlafstörungen, die auf jeden Fall bei einem chronischen Zustand in ärztliche Betreuung gehören. Wir möchten hier eine Möglichkeit zur Unterstützung aufzeigen, die Ihre beiden Hirnhälften (Yin und Yang) harmonisiert und Sie aus der Überbetonung *eines* Poles herausführt. In unserer modernen Welt ist dies der Yang-Pol. Zu wenig, zu oberflächlicher bzw. häufig unterbrochener Schlaf (z. B. bei einer Mutter mit Neugeborenem oder bei Lärm und Lichtreflexen, die die Nachtruhe stören) führen schnell zu einer vollkommenen Überbelastung, zu Übernervosität und letztlich zu Autoimmunerkrankungen bis hin zu Wahnvorstellungen.

Welche Stimmgabel Sie einsetzen, liegt in Ihrem eigenen Ermessen (siehe die angeführten Kriterien). Die Behandlung sollte nach Ihrer Auswahl möglichst 21 Tage lang täglich und mit derselben Stimmgabel gegeben werden. Der Grund liegt darin, dass der Körper eine ausreichend lange Regenerationsphase benötigt, um die über einen langen Zeitraum aufgebaute Schlafstörung absorbieren zu können.

Heilung der Blockade

Man muss Vertrauen in den weiblichen Pol (die Nachtseite) legen und die Betonung des männlichen Pols (Tagseite, Verstand, Kopf) reduzieren. Sie sollten jeden Tag »wie ein Leben abschließen« (und zwar durch Meditation, ein Gebet, das Tagebuchschreiben oder das Malen eines Mandalas).

Die folgende Behandlung bearbeitet drei Zonen und sollte nicht länger als 20 Minuten dauern.

Schritt 1, 2 und 3 in allen Lagen

Empfohlene Stimmgabeln:		Dauer Schritt 1 bis 3:
Jahreston Om oder	136,10 Hertz	pro Punkt etwa 6 Minuten
Platonisches Jahr oder	172,06 Hertz	
Siderischer Tag oder	194,71 Hertz	
Meistergabel oder	128 Hertz	
Schumann-Resonanz I oder	250,56 Hertz	
Schumann-Resonanz II oder	256 Hertz	
Geomagnetfeld	149,74 Hertz	

Die Kriterien für die Auswahl der Stimmgabel sind die folgenden:

- Jahreston Om: Entlastung des Menschen auf sanfte Art, Beruhigung der Nerven; ihre Anwendung führt in Harmonie.
- Platonisches Jahr: Öffnung des höheren Selbst, Schaffung von Vertrauen in die eigene Lebenssituation; die Anwendung dieser Gabel führt zu Ruhe und Entspannung.
- Siderischer Tag: Dies ist eine »Allroundgabel« zur Harmonisierung des Menschen.
- Meistergabel: Sie führt in die selbstlose Liebe und vermittelt das Gefühl, »in Mutters Armen zu schlafen«.
- Schumann-Resonanz I: führt in die Tiefenentspannung.
- Schumann-Resonanz II: führt in die Tiefenentspannung bei gleichzeitigem wachem Bewusstsein, an die Hintergründe und Ursachen der Schlafstörung.
- Geomagnetfeld: Steuerung des hormonellen Systems, Beruhigung in Lebensphasen des Wandels (z. B. in Pubertät und Wechseljahren).

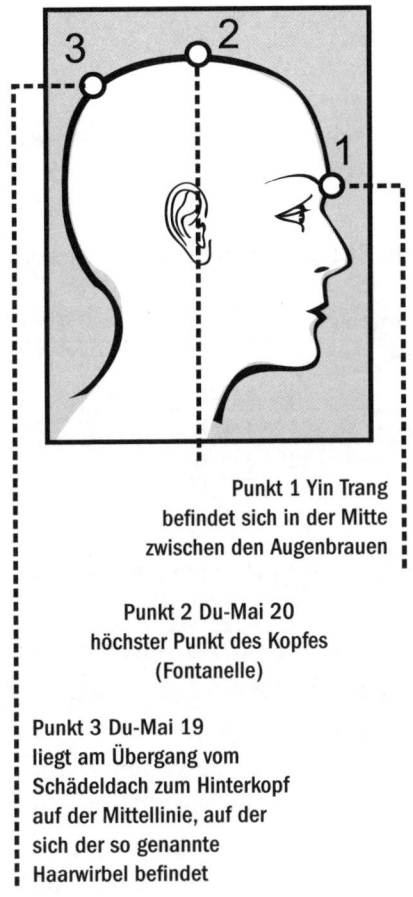

Punkt 1 Yin Trang
befindet sich in der Mitte
zwischen den Augenbrauen

Punkt 2 Du-Mai 20
höchster Punkt des Kopfes
(Fontanelle)

Punkt 3 Du-Mai 19
liegt am Übergang vom
Schädeldach zum Hinterkopf
auf der Mittellinie, auf der
sich der so genannte
Haarwirbel befindet

Die schwingende Stimmgabel wird in Längsachse zum Körper nacheinander auf die Punkte 1 bis 3 gesetzt. Anschließend behandeln Sie die Linie von Punkt 1 über die Mittellinie des Kopfes bis zum ersten Halswirbel mehrmals in beide Richtungen.

Empfehlung: Am einfachsten gelingen diese Schritte in Seitenlage oder seitlicher Lage des Kopfes.

Mutter- oder Vaterproblematik[65]

Die Ebene der Projektion verlassen

Empfohlene Stimmgabeln:		Dauer der Behandlung:
Synodischer Monat	210,42 Hertz	zirka 20 bis 60 Minuten
Geomagnetfeld	149,74 Hertz	
Siderischer Monat	227,43 Hertz	
Sonnenton	126,22 Hertz	

Symbolische Bedeutung der Blockade

Vater (Yang) und Mutter (Yin) sind elementare Bestandteile unserer Persönlichkeit, die wir ein Leben lang als tiefe Verwurzelung in unserem »System« tragen.

Projektionen wie »Meine Eltern sind schuld«, »Vater ist nur böse«, »Mutter ist lieblos«, »Meine Eltern waren nie für mich da«, »Vater und Mutter haben mich immer nur unterdrückt und niemals verstanden« etc. pp. tragen nicht wirklich zur persönlichen Heilung und Gesundung bei. Aus karmischer Sicht haben wir uns für unsere Weiterentwicklung auf dieser Erde nämlich die Eltern ausgesucht, welche uns die bestmögliche Repräsentation unseres Lernfelds und unserer Lernaufgaben geben.

Machen wir uns diese Sichtweise zu eigen, dann müssen wir konsequenterweise auch die Ebene der Projektion verlassen. Denn unsere Eltern geben lediglich ihr Allerbestes zur Spiegelung und möglichen Integration unserer *selbst ausgewählten* Lernthemen.

---

[65] Inspiriert wurde diese Behandlung u.a. durch die Farbpunktur nach Peter Mandel.

»Besser geht es einem erst, wenn es besser geht!«, sagt der bekannte Autor Paul Watzlawick. Mit anderen Worten: Ein Problem ist erst wirklich gelöst, wenn es gelöst ist…! Bezogen auf eine mögliche Mutter- oder Vaterproblematik, soll dies heißen, dass die Blockade auf verschiedenen Stufen wiederkehren kann.

Die sieben Entwicklungsstufen, kurz gefasst

- Erstes Chakra = erste Entwicklungsstufe: die Erkenntnis der (eigenen) Problematik.
- Zweites Chakra = zweite Entwicklungsstufe: das Bearbeiten der (eigenen) Emotionalität.
- Drittes Chakra = dritte Entwicklungsstufe: die Auseinandersetzung mit dem Thema »Macht und Ohnmacht«.
- Viertes Chakra = vierte Entwicklungsstufe: das Entwickeln von Fürsorge und Liebe.
- Fünftes Chakra = fünfte Entwicklungsstufe: das Erkennen und Leben von Transparenz, Wahrhaftigkeit und Freiheit.
- Sechstes Chakra = sechste Entwicklungsstufe: die Erkenntnis der »höheren Sicht« und »wirklichen, tieferen« Zusammenhänge.
- Siebtes Chakra = siebte Entwicklungsstufe: »So, wie es ist, ist es gut« (Frieden).

Den sieben Hauptchakren entsprechend, gibt es sieben Lernstufen: Haben wir auf einer Stufe das »Problem« gelöst, wandert dieses auf die nächsthöhere Stufe, von Chakra zu Chakra, von »Stockwerk zu Stockwerk«.

Zur Verdeutlichung ein Bild »aus dem richtigen Leben«: Stellen Sie sich vor, Sie wohnten im siebten Stock, hätten viel eingekauft und beförderten so viel nach oben, wie Sie tragen können. Dabei müssen Sie logischerweise durch alle sieben Stockwerke. Alles konnten Sie nicht auf einmal tragen, Teile des Einkaufs liegen noch »unten« im Kofferraum Ihres Autos und müssen wie alles zuvor auch durch sämtliche Stockwerke hindurch nach oben gebracht werden. Eventuell beschleunigt ein Aufzug Ihren Weg nach »oben« (dieser kann im schlimmsten Fall aber auch mal auf einem Stockwerk hängen bleiben).

Symptome der Blockade

Mit dem Aufarbeiten unserer Lernthemen verhält es sich ähnlich: Wenn wir »Teile« unserer Muster bereits »nach oben« transformiert haben, liegen meistens andere Teile noch unbearbeitet »im Keller«. So erklärt es sich, dass ein Schüler gleichzeitig Lehrer und Meister ist und umgekehrt. Oder dass etwas geschehen kann, worauf man sich wundert: »So ein reifer und weiser Mensch! Warum macht er einen solchen ›Blödsinn‹?«

Es ist ja ein jedem bekanntes Naturgesetz, dass viel Licht auch viel Schatten sichtbar macht. Das ist die Polarität des Lebens, in der sich jeder von uns mehr oder weniger bewegt (Erleuchtete ausgenommen ...).

Heilung der Blockade

Wir testen zunächst aus, inwieweit das momentane »Geschehen« in Korrelation zu Vater oder Mutter steht. Diese Erkenntnis liefert uns die Grundlage für die weitere Behandlung zur Heilung dieser Blockade(n).

Bitte beachten Sie bei der »Testung Mutter« und der »Testung Vater«: Setzen Sie erst das *eine* und dann das *andere* Dreieck (siehe Abbildung). Fragen Sie währenddessen den Klienten, wie es ihm geht und welche Reaktionen er im Körper spürt. Gleichzeitig achten Sie auf Atmung, Verkrampfungen, Anspannungen und eventuell einen Farbwechsel im Gesicht. Reagiert der Klient verstärkt auf ein Dreieck, so wissen Sie, ob Sie die Mutter- *oder* Vaterproblematik behandeln.

Schritt 1 in Rückenlage (»Testung Mutter«)

Empfohlene Stimmgabeln:		Dauer Schritt 1:
Synodischer Monat oder	210,42 Hertz	bis zu maximal 5 Minuten
Geomagnetfeld	149,74 Hertz	

Bitte beachten Sie Folgendes: Beide Stimmgabeln führen zur Erkenntnis, die Auswahl ist frei.

Der Klient sollte vor der Behandlung ausreichend trinken. Machen Sie es ihm so bequem wie möglich.

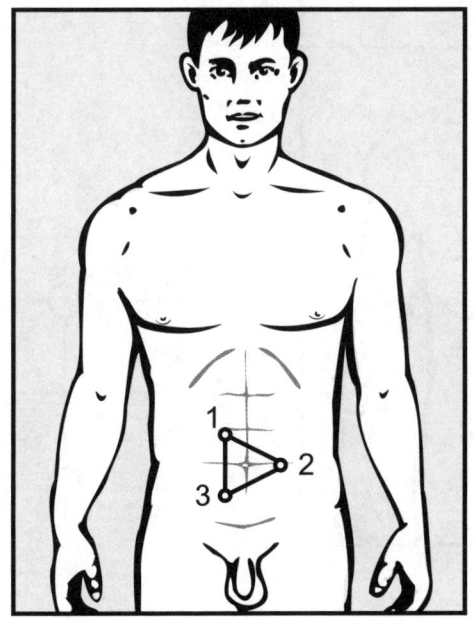
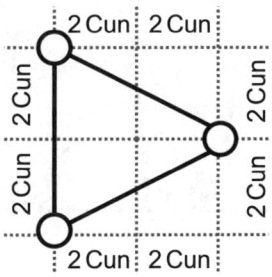

Bei der Lokalisation einer möglichen Mutterthematik zeigt das Dreieck nach links. Beginnen Sie mit Punkt 1. Die schwingende Stimmgabel wird in Schrägrichtung zu Punkt 2 gehalten (siehe Abbildung). Punkt 2 wird ebenfalls in Schrägrichtung zu Punkt 3 »bearbeitet«. Abschließend halten Sie Punkt 3 in Schrägrichtung zu Punkt 1.

Schritt 2 in Rückenlage (»Testung Vater«)

Empfohlene Stimmgabeln:		Dauer Schritt 2:
Siderischer Monat oder	227,43 Hertz	bis zu maximal 5 Minuten
Sonnenton	126,22 Hertz	

Bitte beachten Sie: Beide Stimmgabeln führen zur Erkenntnis, die Auswahl ist frei.

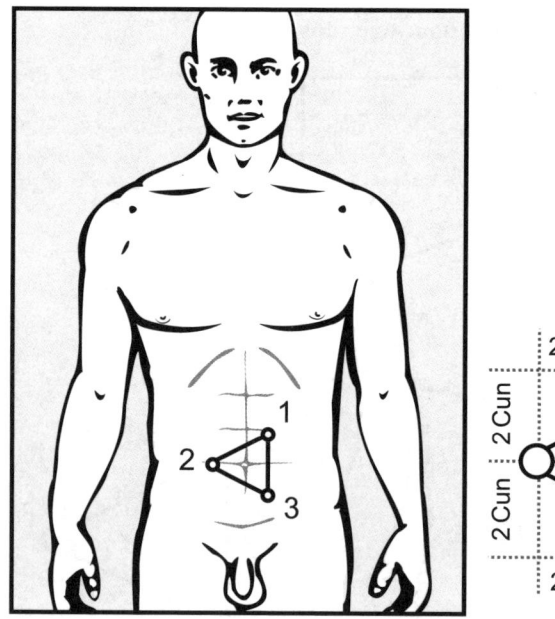
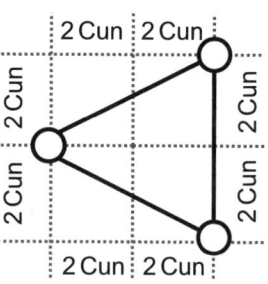

Es handelt sich um exakt dieselbe Behandlungsweise wie in Schritt 1, einziger Unterschied: Die Spitze des Dreiecks zeigt nach rechts (siehe Abbildung).

Der Fortgang der Behandlung ergibt sich nun aus dem erarbeiteten Schwerpunkt Mutter (siehe Schritt 3) oder Vater (siehe Schritt 4).

Schritt 3 in Rückenlage (Behandlung Mutterprinzip)

Empfohlene Stimmgabeln:		Dauer Schritt 3:
Synodischer Monat oder	210,42 Hertz	zirka 5 bis 10 Minuten
Geomagnetfeld	149,74 Hertz	

Bitte beachten Sie: Beide Stimmgabeln führen zur Heilung, die Auswahl ist frei.

Die entsprechende schwingende Stimmgabel wird so lange auf die jeweiligen Behandlungspunkte (siehe Abbildung) gesetzt, bis sich ein Wohlbefinden beim Klienten einstellt. Das bedeutet auch, dass er bei (zu) starken Reaktionen an einem Punkt um ein Weitergehen zum nächsten Behandlungspunkt bitten sollte.

Die »Mutter«-Punkte
Die Punkte liegen in Kreuzform am Innenrand des Nabels.

Beginnen Sie mit Punkt 1. Die schwingende Stimmgabel wird in Längsrichtung zum Körper auf Punkt 1 aufgesetzt (siehe Abbildung). Auf diese Art verfahren Sie weiterhin auch mit Punkt 2, 3 und 4. Danach kreisen Sie mit der schwingenden Stimmgabel je dreimal langsam am Nabelrand entlang (mit und gegen den Uhrzeigersinn).

Anmerkung: Die Erfahrung zeigt eine häufige Entsprechung von Mutterproblematik und »Berührungsängsten« am Nabel

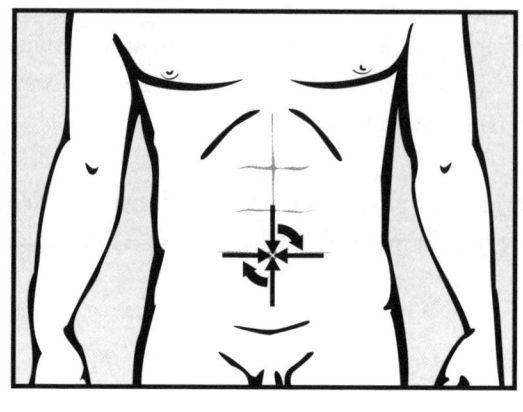

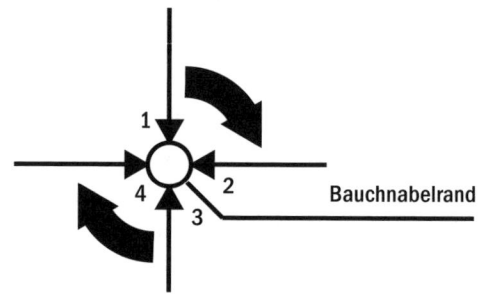

(d. h. symbolisch und energetisch ist die Nabelschnur, also die Verbindung zur Mutter, noch immer als »Lichtnabelschnur« vorhanden). Hier empfehlen wir eine »Einschwingung« über das Aurafeld im Abstand von 1 bis 2 Zentimetern über der entsprechenden Nabelstelle.

Schritt 4 in Rückenlage (Behandlung Vaterprinzip)

Empfohlene Stimmgabeln:		Dauer Schritt 4:
Siderischer Monat oder	227,43 Hertz	zirka 5 bis 10 Minuten
Sonnenton	126,22 Hertz	

Bitte beachten Sie: Beide Stimmgabeln führen zur Heilung, die Auswahl ist frei.

Die »Vater«-Punkte

Der Mittelpunkt (Punkt 1) liegt am unteren Rand des Adamsapfels. Die Kreuzpunkte (Punkt 2, 3, 4 und 5) liegen zirka 2 bis 5 Millimeter vom Mittelpunkt entfernt (siehe Abbildung).

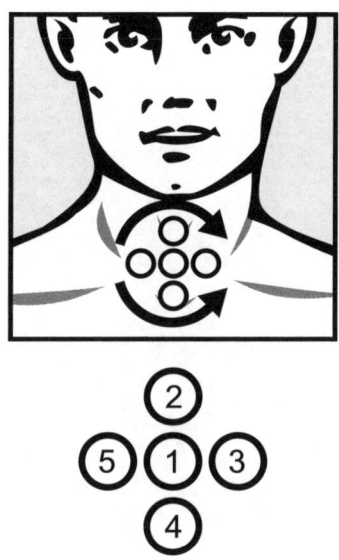

Beginnen Sie mit Punkt 1. Die entsprechende schwingende Stimmgabel wird in Längsrichtung zum Körper aufgesetzt. Auf diese Art verfahren Sie dann auch mit den Punkten 2 bis 5. Danach kreisen Sie jeweils dreimal mit der schwingenden Stimmgabel (2 bis 4 Millimeter vom Mittelpunkt entfernt) mit und gegen den Uhrzeigersinn.

Behandlungsdauer: Wir empfehlen insgesamt 21 Behandlungen (täglich oder spätestens im Abstand von drei Tagen). Aber bereits eine einmalige Behandlung setzt Prozesse in Bewegung.

Phonophorese zur Harmonisierung und für die Partnerschaft

Freude, Lust und Sexualenergie[66]

Genuss am Leben zurückgewinnen

Empfohlene Stimmgabeln:		Dauer Schritt 1 bis 4:
Jahreston Om	136,10 Hertz	zirka 8 Minuten
Meistergabel	128 Hertz	= 2 Minuten pro Punkt
Venus	221,23 Hertz	
Jupiter	183,58 Hertz	
Siderischer Tag	194,71 Hertz	
Geomagnetfeld	149,74 Hertz	
Sonnenton	126,22 Hertz	

Symbolische Bedeutung der Blockade

»Wer nicht genießt, ist ungenießbar«: Störungen in Freude und Lust verweisen auf ein inneres Defizit, auf eine Kompensation oder Einschränkung des Natürlichen und Gesunden. Äußere Zwänge (z. B. über die Erziehung à la »Klosterschule«, »die Gesellschaft«, überzogene Moralvorstellungen etc.) werden häufig zu inneren Barrieren – frei nach dem Motto: »Es ist alles erlaubt, solange es *keinen* Spaß macht ...!«

---

66 Inspiriert wurde diese Behandlung u.a. durch die Farbpunktur nach Peter Mandel.

Die Blockade symbolisiert aber auch Wachstumsprobleme (innere wie äußere): Man ist klein und süß, klein und unauffällig, klein und ohne Verantwortung (für sich und die Welt).

Symptome der Blockade

Hier treten Ess- sowie Stoffwechsel- und Kreislaufstörungen auf, ebenso Lustlosigkeit (u. a. Impotenz oder Frigidität) und Depressionen. Als Gegenpol: Hyperaktivität (etwa das Workaholic-Problem) sowie Mangelerkrankungen wie z. B. Diabetes und Autoimmunerkrankungen.

Heilung der Blockade

Man sollte den Genuss am Leben in allen Bereichen (zurück)gewinnen, Defizite in wahre Fülle transformieren, Eigenliebe und Eigenverantwortung statt Fremdbestimmung und Selbstbetrug.

Schritt 1 bis 4 in Rückenlage

Empfohlene Stimmgabeln:		Dauer Schritt 1 bis 4:
Jahreston Om oder	136,10 Hertz	zirka 8 Minuten
Meistergabel oder	128 Hertz	= 2 Minuten pro Punkt
Venus oder	221,23 Hertz	
Jupiter oder	183,58 Hertz	
Siderischer Tag oder	194,71 Hertz	
Geomagnetfeld oder	149,74 Hertz	
Sonnenton	126,22 Hertz	

Die Kriterien für die Auswahl der Stimmgabel sind die folgenden:

- Jahreston Om: für Herzensfreude.
- Meistergabel: Freude durch das Spüren des All-Eins-Seins.
- Venus: Freude, Ekstase, reine Sexualität.
- Jupiter: Freude und Glück (Heilung von Essstörungen).
- Siderischer Tag: absolute Harmonie im Yin und Yang.
- Geomagnetfeld: Orgasmus und Ekstase (gegen Frigidität).
- Sonnenton: Licht, Kraft und Freude (gegen Impotenz und Depression).

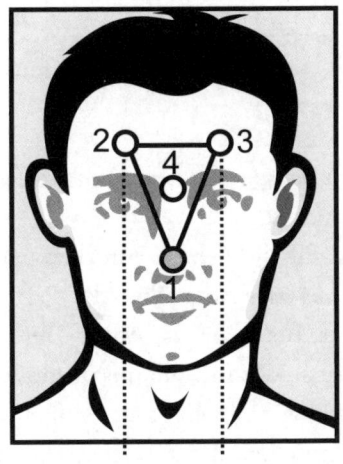

Punkt 1 befindet sich auf der Nasenspitze

Punkte 2 und 3
liegen auf der Mitte zwischen
Augenbrauen und Haaransatz auf
der Pupillenlinie

Punkt 4 befindet sich zwischen den Augenbrauen

Beginnen Sie mit Punkt 1 (siehe Abbildung) und setzen Sie die entsprechende Stimmgabel in Schräglinie zu Punkt 2, Punkt 2 in Querlinie zu Punkt 3, Punkt 3 in Schräglinie zu Punkt 1, Punkt 4 in Längsrichtung zum Körper.

Lebensenergie und Partnerschaft

Nierenstärkung bzw. -harmonisierung

Empfohlene Stimmgabeln:		Dauer der Behandlung:
Mars	144,72 Hertz	zirka 6 Minuten
Sonnenton	126,22 Hertz	

Symbolische Bedeutung der Blockade

Die Nieren stehen für die Lebens- und Sexualenergie sowie die Partnerschaft *mit uns selbst,* die über die Partnerschaften in der Außenwelt (Partner, Beruf, Haus, Auto, Tier usw.) in die Sichtbarkeit gebracht wird. Wir müssen uns immer wieder die Gesetzmäßigkeit des »Innen wie außen« bzw. »Außen wie innen« bewusst machen. Einem Menschen, der z. B. schlecht mit sich selbst umgeht, wird das in seinem Umfeld gespiegelt: Das Ignorieren der inneren Signale kann dazu führen, dass die Zeitgenossen in der Außenwelt dies reflektieren. Hierzu ein paar Beispiele:

- Ein Mensch, der sich selbst negativiert (»Eigenmobbing«), wird wohl auch in der Firma gemobbt werden.
- Ein Mensch, der mit sich selbst respektlos umgeht, wird auch in der Außenwelt Respektlosigkeit erfahren.
- Ein Mensch, der nicht auf seine eigene innere Stimme hört, wird sich häufig darüber beschweren, dass auch andere ihm nicht zuhören.

Eine Konsequenz aus dieser Sichtweise ist, dass es in der Außenwelt nicht a priori böse Menschen und ungünstige Situationen gibt, sondern vor allem Spiegelungen der eigenen inneren Anteile (Schatten).

Symptome der Blockade

Man hat kalte Füße, kalte Knie, einen kalten unteren Rücken. Man pflegt »kalte Beziehungen« und ist anfällig gegenüber »Kälte« im physischen wie auch emotionalen Sinn und wird geplagt von Rücken- und Nierenschmerzen (linke Niere = Weiblichkeit [»innere und äußere Frau«], rechte Niere = Männlichkeit [»innerer und äußerer Mann«]). Weitere Symptome sind eine Wasseransammlung unter den Augen (Tränensäcke) sowie dunkle Augenringe.

Heilung der Blockade

Man muss eine bessere »Partnerschaft mit sich selbst« pflegen. Dazu gehören eine achtsame und fürsorgliche Lebensführung (hinsichtlich Ernährung, Eigenliebe und Eigenverantwortung), ein Geben und Nehmen in Balance sowie die Beachtung des Gebots »Liebe deinen Nächsten wie dich selbst«, wobei die Selbstliebe Voraussetzung ist.

Schritt 1 in Bauch- oder Seitenlage

Empfohlene Stimmgabeln:		Dauer der Behandlung:
Mars oder	144,72 Hertz	zirka 3 Minuten
Sonnenton	126,22 Hertz	

Dies sind die Kriterien für die Auswahl der Gabel:
- Mars: schnelle Energie,
- Sonnenton: lang andauernde Energie.

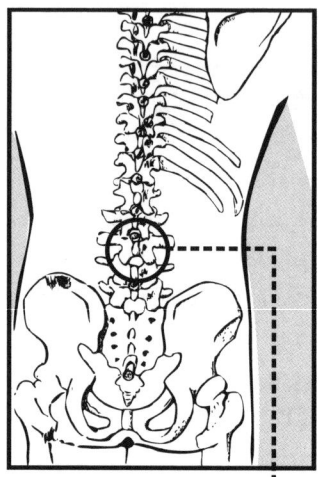

Die entsprechende schwingende Stimmgabel wird in Längsrichtung zum Körper auf den Punkt Blase 23 aufgesetzt (siehe Abbildung). Über diesen Punkt kommen Sie direkt in die Niere »hinein«, um sie von hier aus zu kräftigen. Kälte und Feuchtigkeit können somit »vertrieben« werden, die Lebensenergie und die Potenz können sich (re)aktivieren.

Diese Zone (Blase 23) liegt 1,5 Cun links und rechts der Wirbelsäule in Höhe des zweiten Lendenwirbels

Schritt 2 in Bauch- oder Seitenlage

Empfohlene Stimmgabeln:		Dauer der Behandlung:
Mars oder	144,72 Hertz	zirka 3 Minuten
Sonnenton	126,22 Hertz	

Die entsprechende schwingende Stimmgabel wird in Längsrichtung auf der Zone Blase 23 aufgesetzt und dabei großflächig *spiralförmig* aufgetragen.

Überwindung von Angst und Stress (Dreieck 1)[67]

Angst als »Quelle der Kraft«

Empfohlene Stimmgabel:		Dauer der Behandlung:
Jahreston Om	136,10 Hertz	zirka 8 Minuten

Symbolische Bedeutung der Blockade

Unser »negatives« Selbst bzw. unser Ego ernährt sich in vielen Bereichen von Angst und Stress; es »kennt« uns seit unserer Geburt und »weiß« genau, wie es negative Gefühle kreieren kann. Dahinter verbirgt sich ein freiwilliges kosmisches Lernprogramm.

Symptome der Blockade

Es treten kalter oder warmer Schweiß auf, Blässe, Angstgefühle, kalte Füße. Man hat einen hochroten Kopf und wird geplagt von Schwindel und Ohnmacht, Kreislaufstörungen, Kopfschmerzen, Zittern und Unruhe. Die Muskeln sind verspannt, und es findet eine energetische Verschiebung der Aura nach links statt.

---

[67] Inspiriert wurde diese Behandlung u.a. durch die Farbpunktur nach Peter Mandel.

Heilung der Blockade

Die Heilung geschieht über eine bewusste Wahrnehmung des eigenen Selbst und damit der freien Wahl, sich *für* oder *gegen* Angst oder Stress zu entscheiden.

Angst ist ein fester Bestandteil unseres Seins, wir selbst entscheiden, ob sie uns »schaden darf« oder ob wir sie durch Annahme und Liebe in eine »Quelle der Kraft« transformieren.

Schritt 1 bis 4 in Rückenlage

Empfohlene Stimmgabel:		Dauer Schritt 1 bis 4:
Jahreston Om	136,10 Hertz	zirka 8 Minuten, d. h. pro Punkt zirka 2 Minuten

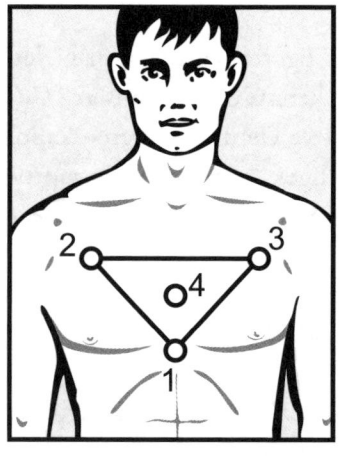

Beginnen Sie mit Punkt 1 (siehe Abbildung) und setzen Sie die schwingende Stimmgabel in Schrägrichtung zu Punkt 2, Punkt 2 in Querrichtung zu Punkt 3, Punkt 3 in Schrägrichtung zu Punkt 1 und Punkt 4 in der Mitte dieses Dreiecks in Längsrichtung zum Körper.

Punkt 1 liegt an der Brustbeinspitze

Punkte 2 und 3 liegen im dritten Rippenzwischenraum auf der Mamillarlinie (Linie der Brustwarzen)

Punkt 4 liegt in der Mitte dieser drei Punkte

Kontakt zur eigenen Herzenswärme (Dreieck 2)[68]

Den Weg zur Eigenliebe finden

Empfohlene Stimmgabel:		Dauer der Behandlung:
Jahreston Om	136,10 Hertz	zirka 8 Minuten

Symbolische Bedeutung der Blockade

Sehen, was man *nicht* bekommt, anstatt zu sehen, was man bekommt: Hieraus resultiert ein Zustand des Mangels und Defizits. Der Blick geht überwiegend nach »außen«, die Bewertung der anderen (»Die sind besser oder schlechter als ich«) wird zur Messlatte der Eigenwahrnehmung.

Symptome der Blockade

Es herrscht ein mangelndes oder übersteigertes Selbstwertgefühl abseits der eigenen Mitte; man *ver*urteilt, statt zu *be*urteilen. Emotionsarmut, Kältegefühle und Herzunregelmäßigkeiten sind weitere Symptome.

---

68 Inspiriert wurde diese Behandlung u. a. durch die Farbpunktur nach Peter Mandel.

Heilung der Blockade

Man muss den Weg in die Eigenliebe und Eigenverantwortung über die Verbindung zum »Herzen«, die Stärkung des »Herzens« finden.

Schritt 1 bis 4 in Rückenlage

Empfohlene Stimmgabel:		Dauer Schritt 1 bis 4:
Jahreston Om	136,10 Hertz	zirka 8 Minuten, d. h. pro Punkt zirka 2 Minuten

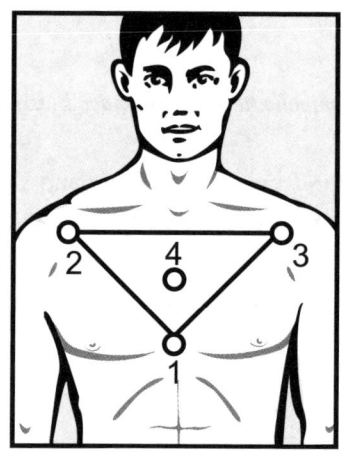

Punkt 1 liegt an der Mittellinie in Höhe der Brustwarzen

Punkte 2 und 3 liegen direkt unter dem Schlüsselbein in der Vertiefung

Punkt 4 liegt in der Mitte dieser drei Punkte

Beginnen Sie mit Punkt 1 (siehe Abbildung) und setzen Sie die schwingende Stimmgabel in Schrägrichtung zu Punkt 2, Punkt 2 in Querrichtung zu Punkt 3, Punkt 3 in Schrägrichtung zu Punkt 1, Punkt 4 in Längsrichtung zum Körper.

Stärkung der eigenen Mitte und des Haras (Dreieck 3)[69]

Ja sagen zum eigenen Selbst

Empfohlene Stimmgabeln:		Dauer der Behandlung:
Jupiter	183,58 Hertz	zirka 12 bis 15 Minuten
Sonnenton	126,22 Hertz	
Metonischer Zyklus	229,22 Hertz	
Mars	144,72 Hertz	
Geomagnetfeld	149,74 Hertz	
Venus	221,23 Hertz	

Symbolische Bedeutung der Blockade

Das Hara symbolisiert die Erdmitte des Menschen. Verausgabung entsteht durch Überbetonung des *negativen* wie auch des *positiven* Gefühls (»das Verlassen der Mitte«). Eine Weiterentwicklung »nach oben« ist nur möglich, wenn die Energie nicht »links oder rechts der Mitte« auf der Strecke bleibt.

Symptome der Blockade

Man kann nicht über Emotionen und Gefühle sprechen und bleibt lieber »stumm«, als etwas Falsches, Unerwünschtes oder

---

[69] Inspiriert wurde diese Behandlung u.a. durch die Farbpunktur nach Peter Mandel.

Verletzendes zu äußern (z. B. aus Harmoniebedürftigkeit). Weitere Symptome: Wankelmut (z. B. wird heiße Liebe in der Polarität zu kaltem Hass), Mangeldepression, Erschöpfungszustände und Profilneurose.

Heilung der Blockade

Man sollte den Weg zurück zur eigenen Mitte gehen, ja sagen zum eigenen Selbst (aus Liebe, Respekt und Achtung), statt die eigenen Bedürfnisse aus Harmoniesucht und Angst (= mangelnde Mitte) zu negieren.

Schritt 1 bis 4 in Rückenlage

Empfohlene Stimmgabeln:		Dauer Schritt 1 bis 4:
Jupiter oder	183,58 Hertz	zirka 8 Minuten = pro Punkt 2 Minuten
Sonnenton oder	126,22 Hertz	
Metonischer Zyklus oder	229,22 Hertz	
Mars oder	144,72 Hertz	
Geomagnetfeld oder	149,74 Hertz	
Venus	221,23 Hertz	

Und dies sind die Kriterien für die Auswahl der richtigen Stimmgabel:

- Jupiter: die eigene Kraft und Mitte finden.
- Sonnenton: Licht und Freude, zur Stärkung und Kräftigung.
- Metonischer Zyklus: Die Schwingung dieser Gabel bringt uns »in Fluss«.

- Mars: Lösungswege angehen.
- Geomagnetfeld: allgemeine Harmonisierung (z. B. des Hormonhaushalts).
- Venus: höhere Sicht und Erkenntnis (Akzeptanz).

Bitte beachten Sie: Wenn jemand nicht am Bauchnabel berührt werden möchte, behandeln Sie ihn über das Aurafeld im Abstand von 1 bis 2 Zentimetern vom physischen Körper.

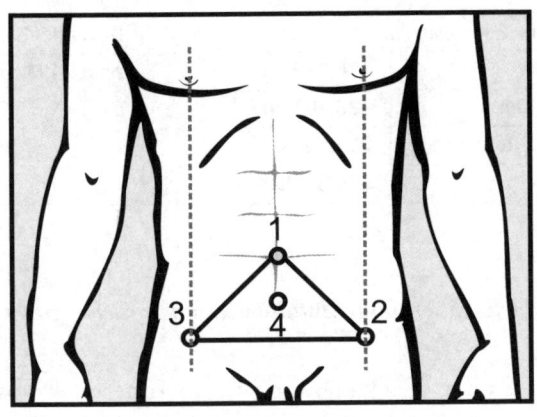

Punkt 1 liegt im Bauchnabel

Punkte 2 und 3 liegen
auf der Brustwarzenlinie
in der Mitte der Leistenbeuge

Punkt 4 liegt
in der Mitte dieser drei Punkte

Beginnen Sie mit Punkt 1 (siehe Abbildung) und setzen Sie die entsprechende schwingende Stimmgabel in Schrägrichtung zu Punkt 2, Punkt 2 in Querrichtung zu Punkt 3, Punkt 3 in Schrägrichtung zu Punkt 1, Punkt 4 in Längsrichtung zum Körper.

Schulung der Intuition und Hellsichtigkeit (Dreieck 1-3)

Unser Geburtsrecht

Empfohlene Stimmgabeln:		Dauer der Behandlung:
Sonnenton	126,22 Hertz	zirka 24 Minuten
Jahreston Om	136,10 Hertz	
Schumann-Resonanz I	250,56 Hertz	
Venus	221,23 Hertz	

Hellsichtigkeit und Intuition als unser Geburtsrecht

Jede Mauer oder Blockade, die wir im Inneren auflösen, aktiviert die Durchlässigkeit in beide Richtungen (nach innen und außen). Jedes unterdrückte Gefühl hingegen (z. B. Wut, Angst, Peinlichkeit, Ärger) erzeugt eine »Mauer«; die Außenwelt wird von innen ausgesperrt – mit der für uns nachteiligen Konsequenz, dass wir auch nicht »hinausschauen« können, denn eine Mauer ist von *beiden* Seiten undurchsichtig.

Wirkliche Wahrnehmung beginnt mit der Bereitschaft zum inneren Sehen, mit der Bereitschaft zum Einreißen der Mauer, zur Erkenntnis der eigenen Trugbilder und Masken. Je mehr Mauern oder Blockaden wir auflösen, umso durchlässiger werden wir *von innen nach außen* wie auch *von außen nach innen*. Die gelebte innere Wahrhaftigkeit entspricht dem Potenzial der »wirklichen« Wahrnehmung (Intuition und Hellsichtigkeit).

Schritt 1 bis 3 in Rückenlage

Empfohlene Stimmgabeln:		Dauer der Behandlung:
Sonnenton oder	126,22 Hertz	zirka 24 Minuten
Jahreston Om oder	136,10 Hertz	
Schumann-Resonanz I oder	250,56 Hertz	
Venus	221,23 Hertz	

Die passende Stimmgabel wählen Sie nach folgenden Kriterien aus:

- Sonnenton: die Kraft des lichtvollen Sehens.
- Jahreston Om: »Das Herz kennt alle Antworten.«
- Schumann-Resonanz I: lüftet den Schleier des Verborgenen.
- Venus: höhere Sicht und Erkenntnis (Akzeptanz).

Bitte beachten Sie: Behandeln Sie Dreieck 1, 2 und 3 nacheinander; diese Dreiecke ergeben sich aus den Behandlungen: Überwindung von Angst und Stress (Dreieck 1), Kontakt zur eigenen Herzenswärme (Dreieck 2) und Stärkung der eigenen Mitte und des Haras (Dreieck 3).

Behandeln Sie diese Dreiecke mit den folgenden Stimmgabeln:

- Dreieck 1 (Überwindung von Angst und Stress): Punkt 1, 2 und 4 mit Jahreston Om (136,10 Hertz), Punkt 3 mit dem Sonnenton (126,22 Hertz). Prinzip: die Antworten des Herzens hören.
- Dreieck 2 (Kontakt zur eigenen Herzenswärme): Punkt 1, 2 und 3 mit Schumann-Resonanz I (250,56 Hertz), Punkt 4

mit Jahreston Om (136,10 Hertz). Prinzip: lüftet den Schleier des Verborgenen.

- Dreieck 3 (Stärkung der eigenen Mitte und des Haras): Punkt 1, 2 und 3 mit Venus (221,23 Hertz), Punkt 4 mit Jahreston Om (136,10 Hertz). Prinzip: höhere Sicht und Erkenntnis (Akzeptanz).

Phonophorese zum Chakra-Balancing

Die linke Seite des Körpers steht generell für die emotionale Seite. Dort befindet sich das Herz. Die rechte Gehirnhälfte entspricht dem emotionalen Gehirn, kreuzt das linke Auge und regiert die linke und damit die emotionale Seite des Menschen. Der Volksmund sagt: »Mit dem linken Auge kann man nicht lügen!« Die linke Gehirnhälfte entspricht dem rationalen Gehirn, kreuzt das rechte Auge und regiert die rechte Seite.

In diversen Richtungen der chinesischen Medizin geht es exakt »andersrum«. Begründung: Der Kaiser von China war die höchste Instanz. Seine Sitzposition war so ausgerichtet, dass seine linke Körperseite als rationale Yang-Seite festgelegt wurde (denn sie befand sich auf der Seite des Sonnenaufgangs). Folglich entspricht seine rechte Seite dem emotionalen Yin.

Im Westen (und auch in unserem Chakra-Balancing mittels Phonophorese) ordnen wir die linke Seite dem emotionalen Yin und die rechte Seite dem rationalen Yang zu.

Falls Sie die Vibration der schwingenden Stimmgabel auf der rechten Seite nicht spüren, geht es also um »Verstandesmäßiges«. Eine Energieblockade auf der rechten Seite ist oft ein Ausdruck von körperlich fixierten Glaubenssätzen, die uns daran hindern, im Hier und Jetzt die Verbindung zur Mutter Erde wahrzunehmen und zu spüren (z. B. »Was der Bauer nicht kennt, frisst er nicht« oder »Das war schon immer so, und das wird auch immer so bleiben«).

Falls Sie die Vibration der schwingenden Stimmgabel auf der linken Seite nicht spüren, geht es um die emotionale Seite. Eine Energieblockade linksseitig zeigt uns also eine emotionale Störung z. B. im Urvertrauen (häufig aus Mangel an mütterlicher Liebe).

Erstes Chakra

Muladhara

Empfohlene Stimmgabeln:		Dauer der Behandlung:
Saturn	147,85 Hertz	zirka 2 bis 6 Minuten
Mittlerer Sonnentag	194,18 Hertz	

Symbolik, Symptome und Heilung der Blockade

Ein ausgeglichenes erstes Chakra bringt zum Ausdruck: Ich bin jetzt hier, ich bin bereit, im »Hier und Jetzt« zu leben.

Ein Mangelzustand im ersten Chakra zeigt sich psychisch u.a. durch Selbstmordgedanken, Weltflucht, Einzelgängertum, auf physischer Ebene durch Kälte und Starrheit im unteren Bereich des Körpers, Gleichgewichtsstörungen, Kraftlosigkeit und sexuelle Lustlosigkeit (siehe auch die Chakrentabelle im Anhang).

Ein Phänomen bei bestimmten Menschen aus der so genannten Eso-Szene zeigt sich immer wieder in Formulierungen wie »Ich weiß gar nicht, was ich hier auf dieser öden Erde soll; ich will nach Hause, da oben, ›in den himmlischen Gefilden‹, ist es viel besser!« Dies ist ein eindeutiger Hinweis auf einen Mangelzustand im ersten Chakra. Denn wie schon gesagt wurde, lauten die »hermetischen Grundgesetze«:

- »Wie oben, so unten; wie unten, so oben.«
- »Wie innen, so außen; wie außen, so innen.«

Das so genannte Paradies befindet sich also in uns selbst (oder auch nicht ...). Durch eine Projektion nach »oben« (eben wenn es in uns noch nicht erkennbar ist) verlaufen wir uns in einem kardinalen Denkfehler und letztlich Selbstbetrug. Wir sind die Mitte unserer materiellen und immateriellen Welt: So, wie es in uns selbst schwingt, schwingt es im Äußeren mit, im Himmel wie auf Erden.

Anwendung in Rückenlage

Empfohlene Stimmgabeln:		Dauer der Behandlung:
Saturn oder	147,85 Hertz	zirka 2 bis 6 Minuten
Mittlerer Sonnentag	194,18 Hertz	

Kriterien für die Auswahl der Stimmgabel:

- Saturn: Urvertrauen und Knochenaufbau,
- Mittlerer Sonnentag: gegen starke Unterenergie.

Bitte beachten Sie: Das erste Chakra befindet sich zwischen Anus und Steißbein. Wir empfehlen, nicht direkt über den Eintrittspunkt des ersten Chakras zu behandeln, sondern die schwingende Stimmgabel über einen der Zustimmungspunkte (Punkt Ren 3 oder Steißbeinspitze [siehe Abbildung]) einzuschwingen.

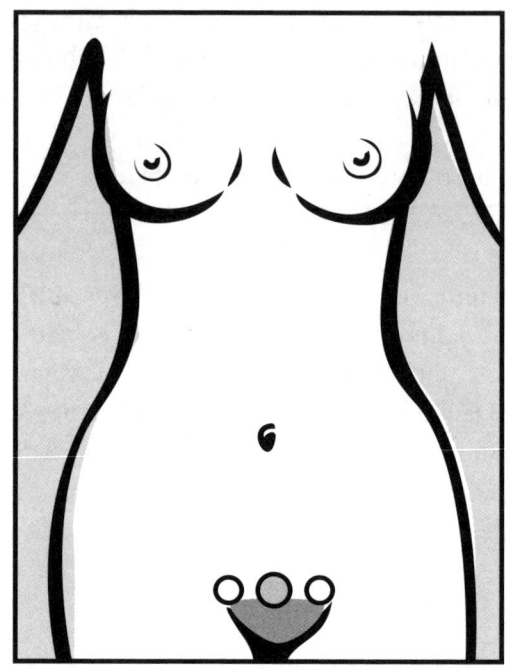

**Erstes Chakra
Ren 3
am Rand der Schambeinbehaarung
in der Mitte**

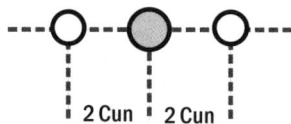

2 Cun 2 Cun

Beginnen Sie im ersten Chakra (Ren 3): Hierzu führen Sie die schwingende Stimmgabel sanft durch die Aura auf diese Zone. Halten Sie dabei die schwingende Stimmgabel entsprechend längs der Körperachse. Mit Ihrer freien Hand (Daumen und Mittelfinger) halten Sie im Abstand von jeweils 2 Cun die entsprechenden Zonen links und rechts der schwingenden Stimmgabel. Erspüren Sie, wie die Gabel sich verhält:

- Die schwingende Stimmgabel »geht wie Butter« in die Zone hinein: Harmonie und Gleichgewicht.
- Wenn die Vibration auf Widerstände (»Unruhe«) stößt, besteht eine Blockade.
- Wenn die Vibration auf einer Seite (unter unseren haltenden Tastfingern) nicht zu spüren ist, besteht ein Ungleichgewicht auf dieser Seite.

Setzen Sie die schwingende Stimmgabel so lange, bis der entsprechende Bereich harmonisiert ist.

Zweites Chakra

Svadhishthana

Empfohlene Stimmgabeln:		Dauer der Behandlung:
Synodischer Monat	210,42 Hertz	zirka 2 bis 6 Minuten
Siderischer Monat	227,43 Hertz	
Sarosperiode	241,56 Hertz	
Apsidenumlauf	246,04 Hertz	
Mondknotenumlauf	234,16 Hertz	
Geomagnetfeld	149,74 Hertz	
Sonnenton	126,22 Hertz	

Symbolik, Symptome und Heilung der Blockade

Ein ausgewogenes zweites Chakra entspricht der »Weisheit des Bauches«: Gefühle und Emotionen fließen frei und bedingungslos. Das Zurückhalten von Emotionen und Gefühlen baut innere und äußere Mauern auf und kann zu Verspannungen und Schmerzen führen. Diese manifestieren sich z. B. als Krankheiten und Blockaden.

Es bestehen Ungleichgewichte. Eine Verschiebung nach links (Yin = weibliche Seite) steht z. B. für blockierte bzw. verdrängte oder lang andauernde, Kraft raubende Emotionen (u. a. bezüglich der Partnerschaft oder des Berufs) und chronische Krankheiten; man hat einen »Kümmererkomplex« (alias Helfersyndrom).

Geht es nach rechts (Yang = männliche Seite), ist eine »Verkopfung« der Emotionen und Gefühle zu verzeichnen. Es findet eine übermäßige Anpassung an Fixierungen statt (z. B. Moralvorstellungen von Staat, Familie, Kirche sowie Erziehungswesen). Dies kann letzten Endes zur Stagnation bis hin zur Resignation führen (siehe auch die Chakrentabelle im Anhang).

Der Weg in die Heilung beginnt mit einer bewussten Annahme der Emotionen und Gefühle. Erst durch die Akzeptanz in Eigenverantwortung und Eigenliebe entstehen Öffnung und Weite statt Enge (es findet Entspannung statt). In diesem Moment fließt Energie ins System, ein Energiefluss zur Heilung entsteht, Blockiertes und Festgefahrenes kann sich durch die Kraft der Liebe transformieren.

Anwendung in Rückenlage

Empfohlene Stimmgabeln:		Dauer der Behandlung:
Synodischer Monat oder	210,42 Hertz	zirka 2 bis 6 Minuten
Siderischer Monat oder	227,43 Hertz	
Sarosperiode oder	241,56 Hertz	
Apsidenumlauf oder	246,04 Hertz	
Mondknotenumlauf oder	234,16 Hertz	
Geomagnetfeld oder	149,74 Hertz	
Sonnenton	126,22 Hertz	

Dies sind die Kriterien für die Auswahl der Stimmgabel für das zweite Chakra (Emotionen und Gefühle):

- Synodischer Monat: für die Frau,
- Siderischer Monat: für den Mann,

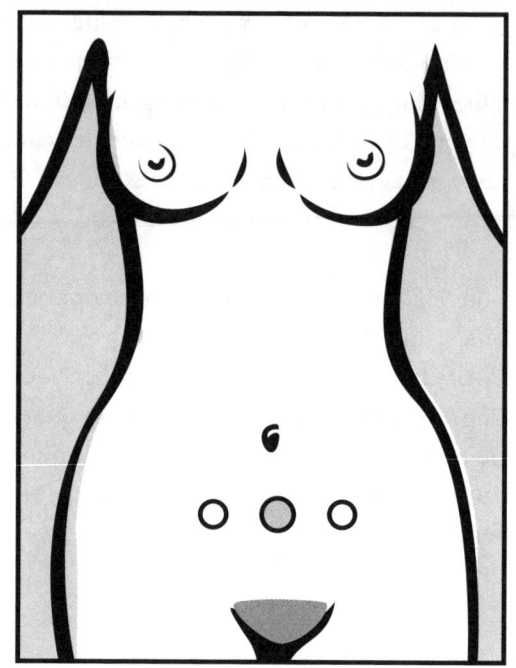

Zweites Chakra
in der Mitte
zwei bis drei Cun
unter dem Bauchnabel

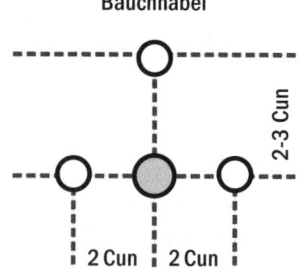

- Sarosperiode: zur Harmonisierung von Yin und Yang,
- Apsidenumlauf: zum Aufrechterhalten von Energie,
- Mondknotenumlauf: löst emotionale Knoten,
- Geomagnetfeld: starke Reinigung, Harmonisierung des Hormonhaushaltes,
- Sonnenton: vorzugsweise für den Mann – stärkt die Potenz.

Das zweite Chakra liegt 2 bis 3 Cun unterhalb des Bauchnabels auf der Mittellinie des Körpers (siehe Abbildung).

Der Behandlungsablauf des zweiten Chakras entspricht Schritt 1 in Rückenlage beim ersten Chakra.

Drittes Chakra

Manipura

Empfohlene Stimmgabeln:		Dauer der Behandlung:
Jupiter	183,58 Hertz	zirka 2 bis 6 Minuten
Sonnenton	126,22 Hertz	

Symbolik, Symptome und Heilung der Blockade

Hier geht es um Macht und Ohnmacht. Ein Mensch mit einem ausgeglichenen dritten Chakra hat erkannt, dass er für »alles« im Leben selbst die Verantwortung trägt. Projektionen oder Schuldgefühle sind oft ein Ausdruck der eigenen Ohnmacht bzw. Machtlosigkeit: Sie zeigen einen Mangel an Eigenverantwortung.

Hat das Ungleichgewicht den Schwerpunkt links (Yin = weibliche Seite), treten folgende Symptome auf: ein Mangel an Eigenwert, Verunsicherung, fehlende Kraft und »Mitte«. Man verhält sich wie ein Chamäleon und stellt sein Fähnchen nach dem Wind. Auf der rechten Seite (Yang = männliche Seite) werden Starrheit, Rücksichtslosigkeit, dogmatische Glaubenssätze, Herrschsucht, Schuldgefühle und Schuldzuweisungen repräsentiert (siehe auch die Chakrentabelle im Anhang).

Heilung entsteht durch das Erkennen der eigenen Macht-und-Ohnmachts-Struktur, durch flexibles, verantwortungsbe-

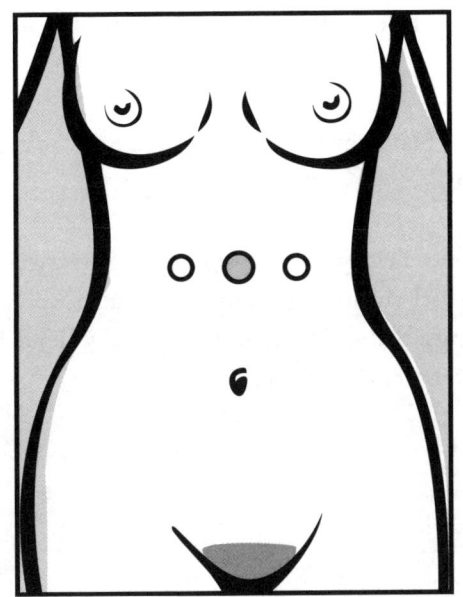

**Drittes Chakra
in der Mitte**

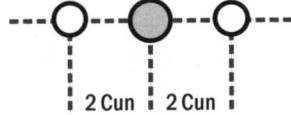

2 Cun   2 Cun

wusstes und lösungsorientiertes Handeln (Aktion statt Schuld), durch Vertrauen in das kosmische Gesetz, dass alles zum richtigen Zeitpunkt geschieht.

Anwendung in Rückenlage

Empfohlene Stimmgabeln:		Dauer der Behandlung:
Jupiter oder	183,58 Hertz	zirka 2 bis 6 Minuten
Sonnenton	126,22 Hertz	

Folgende Kriterien greifen bei der Auswahl der geeigneten Stimmgabel:

- Jupiter: für Harmonie, Freude, Glück und Gelassenheit,
- Sonnenton: gegen starke Unterenergie.

Lokalisation des dritten Chakras: in der Mitte zwischen Bauchnabel und Brustbeinspitze (Solarplexus, siehe Abbildung).

Behandlungsablauf des dritten Chakras: siehe Schritt 1 in Rückenlage des ersten Chakras.

Viertes Chakra

Anahata

Empfohlene Stimmgabeln:		Dauer der Behandlung:
Jahreston Om	136,10 Hertz	zirka 2 bis 6 Minuten
Meistergabel	128 Hertz	
Venus	221,23 Hertz	

Symbolik, Symptome und Heilung der Blockade

Es geht um die Macht der Liebe als höchste Kraft. Ein ausgewogenes viertes Chakra (Herzchakra) entsteht durch Achtsamkeit, Liebe und Respekt (sich selbst und dadurch auch anderen gegenüber). Zerrbilder ergeben sich durch vermeintliche Abhängigkeiten (à la »Ich kann ohne dich nicht leben« etc.). Bei der Imbalance wird ein Zeugnis vom »unreifen Ego« statt von »reifer Selbstlosigkeit« abgelegt.

Beim Ungleichgewicht mit dem Schwerpunkt links (Yin = weibliche Seite) treten folgende Symptome auf: emotionale Belastung wie z. B. Liebeskummer, Hysterie, Emotionslosigkeit (»geschlossenes Herz«), Eifersucht, Trennung, »Allein-sein« statt »All-einssein«, Ablehnung des eigenen Selbst, mangelnde Eigenliebe.

Rechts (Yang = männliche Seite) sind zu verzeichnen: ein Sichaufbäumen der Egostruktur (»Ich will haben, besitzen und beherrschen, ich muss kontrollieren«), Drohungen, Erpressungen. Es bestehen Defizite in allen Bereichen, also körperlich und seelisch (»Das arme Ich« = »Ich bin das Opfer – die anderen sind schuld«). Man empfindet Zwänge (z.B. Konsumzwang), hat Realitätsverschiebungen und psychische sowie geistige Erkrankungen: sowohl Yin als auch Yang (siehe auch die Chakrentabelle im Anhang).

Die Heilung beginnt mit der Hinwendung vom Außen zum Innen, dies ist die Entwicklung der Eigenliebe: »Ich erlaube mir eine eigene Meinung und Gefühlswelt, ich darf das!« – »Ich muss nicht Recht bekommen, um mich wertvoll und liebenswürdig zu fühlen.« – »Ich benötige nicht die Absolution von außen.«

Dies unterscheidet erwachsenes von kindlichem (kindischem) Verhalten (der Chakrenlehre zufolge ist der Mensch ab 21 Jahren erwachsen).

Anwendung in Rückenlage

Empfohlene Stimmgabeln:		Dauer der Behandlung:
Jahreston Om oder	136,10 Hertz	zirka 2 bis 6 Minuten
Meistergabel oder	128 Hertz	
Venus	221,23 Hertz	

Die Kriterien für die Auswahl der Stimmgabel sind die folgenden:

- Jahreston Om: gegen Sorgen und Lampenfieber,
- Meistergabel: Schutz (Mutterliebe),
- Venus: bedingungslose Liebe auf einer höheren Ebene der Erkenntnis.

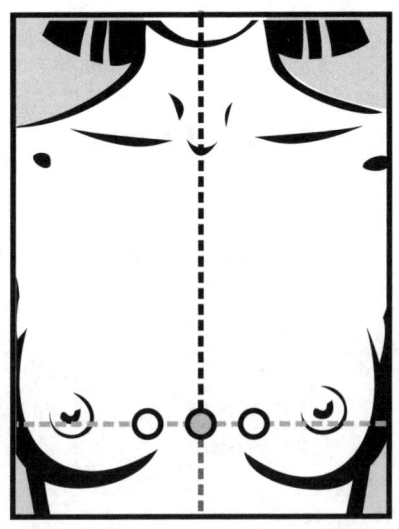

**Viertes Chakra
Zone Ren 17
bzw. der Eintrittspunkt vom Herzchakra,
Mittellinie Höhe der Brustwarzen**

Lokalisation des vierten Chakras: Das vierte Chakra liegt in der Höhe der Brustwarzen auf der Mittellinie des Körpers (siehe Abbildung).

Behandlungsablauf viertes Chakra: siehe Schritt 1 in Rückenlage beim ersten Chakra.

Fünftes Chakra

Vishuddha

Empfohlene Stimmgabeln:		Dauer der Behandlung:
Merkur	141,27 Hertz	zirka 2 bis 6 Minuten
Uranus	207,36 Hertz	

Symbolik, Symptome und Heilung der Blockade

Der Ausdruck eines gesunden fünften Chakras zeigt sich in Transparenz, Freiheit und Wahrhaftigkeit (u. a. über den sprachlichen Ausdruck). Lügen und falsche Erwartungshaltungen zeugen von Defiziten und verzerrter Unehrlichkeit sich selbst gegenüber.

Ein Ungleichgewicht links (Yin = weibliche Seite) signalisiert die Palette von emotionaler Überladenheit bis hin zu totaler Verweigerung, Schilddrüsenprobleme sowie Heiserkeit.

Rechts (Yang = männliche Seite) geht es um Lügen (im privaten wie gesellschaftlichen Umfeld), Projektionen, übersteigertes Konkurrenzdenken und verbale Aggressionen (siehe auch die Chakrentabelle im Anhang).

Folgendes gilt für Yin wie Yang: Über unsere Energiezentren wird grundsätzlich die Wahrheit gesendet (und ebenso von anderen empfangen). Entspricht das Gesagte nicht dem Gemeinten, spürt dies der Empfänger (und eventuell auch der Sender)

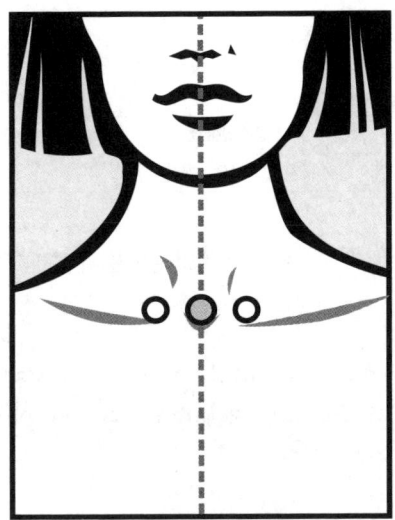

**Fünftes Chakra
Halsgrube**

5. Chakra

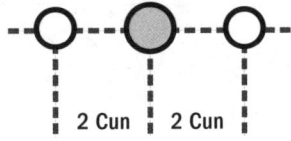

2 Cun 2 Cun

und reagiert, indem er seinen Eindruck verbalisiert (nämlich »dass etwas nicht stimmt«), oder er geht selbst »in Regression«; d. h. er projiziert sein eigenes Problem auf diese Situation.

Die Heilung entsteht durch Transparenz des eigenen Seins, den Mut zur Schattenarbeit und Sichtbarmachung der wahrhaftigen Persönlichkeit, Selbstausdruck und Austausch durch Kommunikation. Die wirkliche Freiheit ist die *innere* Freiheit.

Anwendung in Rückenlage

Empfohlene Stimmgabeln:		Dauer der Behandlung:
Merkur oder	141,27 Hertz	zirka 2 bis 6 Minuten
Uranus	207,36 Hertz	

Die Kriterien für die Auswahl der geeigneten Stimmgabel sind die folgenden:

- Merkur bedeutet Kommunikation und Austausch.
- Uranus: Hier ist Achtung geboten – er geht plötzlich und unvermittelt in die Tiefe.

Lokalisation des fünften Chakras: Mittellinie des Körpers (in der Halsgrube, siehe Abbildung).

Behandlungsablauf des fünften Chakras: siehe Schritt 1 in Rückenlage beim ersten Chakra.

Sechstes Chakra

Ajna

Empfohlene Stimmgabeln:		Dauer der Behandlung:
Venus	221,23 Hertz	zirka 2 bis 6 Minuten
Mars	144,72 Hertz	
alle Mondtöne		

Symbolik, Symptome und Heilung der Blockade

Man will es nicht besser wissen als der liebe Gott – ein ausgewogenes sechstes Chakra entsteht durch innere und äußere Transparenz (man ist frei von Masken, Realitätsverschiebungen, inneren und äußeren Trugbildern). Im Gegensatz dazu steht der häufige Wunsch (aus Angst geboren), die »Welt« in festgesetzten Strukturen zu leben und zu erleben bzw. die Realität nur in Form von Begebenheiten zuzulassen, die man sehen und anfassen kann (= Blockade des Dritten Auges).

Ein Ungleichgewicht links (Yin = weibliche Seite) bedeutet emotionalen Stress, Ablehnung von Intuition und Hellsichtigkeit (aufgrund von Glaubenssätzen oder karmischen Strukturen, die in früheren Leben angelegt wurden).

Ungleichgewicht rechts (Yang = männliche Seite): rationale Ablehnung von allem Übersinnlichen (»nicht logisch, nicht kausal begründbar, deshalb nicht existent«), Unbewusstheit (starker Schattenanteil; s. a. die Chakrentabelle im Anhang).

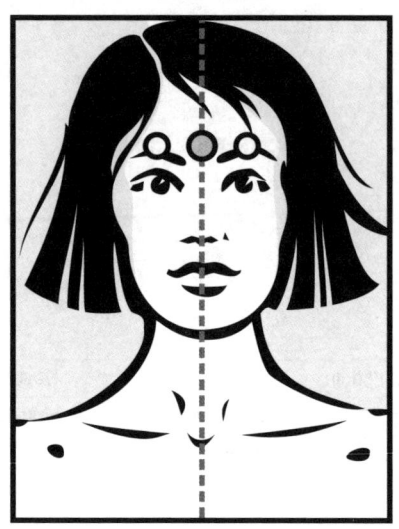

Sechstes Chakra

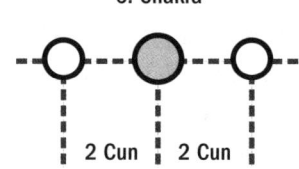

6. Chakra

2 Cun   2 Cun

Heilung entsteht durch Klarheit und Bewusstheit über unseren wahren Lebensweg, abseits von »Selbstvergewaltigung oder Zwangsbeglückung«. Auf diese Weise verselbständigt sich die Entwicklung der Intuition und Hellsichtigkeit zur Vollkommenheit des Menschen.

Anwendung in Rückenlage

Empfohlene Stimmgabeln:		Dauer der Behandlung:
Venus oder	221,23 Hertz	zirka 2 bis 6 Minuten
Mars oder	144,72 Hertz	
alle Mondtöne		

Und das sind die Kriterien für die Auswahl der geeigneten Stimmgabel:

- Venus: allumfassende Erkenntnis,
- Mars (Achtung!): öffnet stark das so genannte Dritte Auge,
- Alle Mondtöne: Sie führen in tiefe Bewusstseinsebenen.

Lokalisation des sechsten Chakras: Es befindet sich auf der Mittellinie des Körpers zwischen den Augenbrauen (siehe Abbildung).

Behandlungsablauf sechstes Chakra: siehe Schritt 1 in Rückenlage beim ersten Chakra.

Siebtes Chakra

Sahasrara

Empfohlene Stimmgabeln:		Dauer der Behandlung:
Platonisches Jahr	172,06 Hertz	zirka 2 bis 6 Minuten
Schumann-Resonanz I	250,56 Hertz	
Schumann-Resonanz II	256 Hertz	

Symbolik, Symptome und Heilung dieser Blockade

Einige spirituelle Richtungen lehnen die Behandlung des siebten Chakras ab, da es »von Natur aus« immer geöffnet ist (Verbindung zum höheren Selbst). Unsere Erfahrung ist zum Teil eine gegenteilige: Aufgrund von Autoritätsproblematiken (gegenüber der Mutter, dem Chef, dem [himmlischen] Vater) kann es zu einer Umkehrung durch die Blockade (»Deckelung«) des siebten Chakras kommen; d. h., die weltliche »blockiert« die göttliche Autorität.

Ein harmonisches siebtes Chakra ist ein Ausdruck von absoluter Freiheit, Bewusstheit und Erkenntnis. Es ist die Öffnung für das kosmische Bewusstsein, dass diese Welt vollkommen ist und nicht vom Ego neu erschaffen werden muss. Man kommt von der Polarität in die Einheit.

Ein Ungleichgewicht mit dem Schwerpunkt links (Yin = weibliche Seite) bedeutet: emotionale »Deckelung« von oben

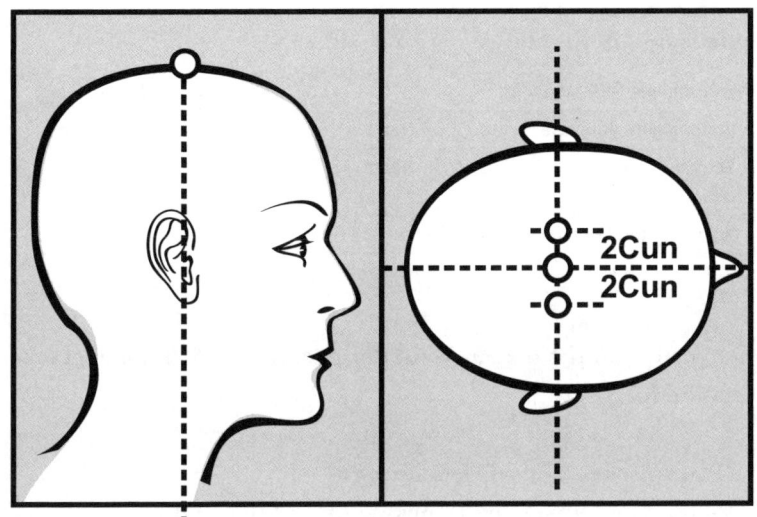

Siebtes Chakra

(erhobener Zeigefinger in der Er- und Beziehung). Der Mensch »duckt sich« und macht sich emotional klein.

Rechts (Yang = männliche Seite): die äußere Unterdrückung des wahren Selbst. Der Mensch macht äußere Zwänge zu seinen inneren. Ein offenes siebtes Chakra lässt negative Energie abfließen, ein blockiertes, »gedeckeltes« nicht (sichtbare symbolische Bedeutung: dicht aufliegende Kopfbedeckung). Kinder reagieren »natürlich«, wenn sie sich reflexartig von dieser befreien (siehe auch die Chakrentabelle im Anhang).

Der Weg in die Heilung beginnt mit dem Vertrauen in die Macht der universellen göttlichen Weisheit und Liebe. Die »himmlische Autorität« wird über die irdische gestellt, das Ego muss nicht mehr mit dem Kopf durch die Wand (»Mein Wille geschehe«), sondern findet sich im Loslassen der Egostruktur, in der Leichtigkeit des Seins, getragen durch die Macht der Liebe (»Dein Wille geschehe«).

Anwendung in Rückenlage

Empfohlene Stimmgabeln:		Dauer der Behandlung:
Platonisches Jahr oder	172,06 Hertz	zirka 2 bis 6 Minuten
Schumann-Resonanz I oder	250,56 Hertz	
Schumann-Resonanz II	256 Hertz	

Die Kriterien für die Auswahl der geeigneten Stimmgabel lauten wie folgt:

- Platonisches Jahr: »Erleuchtung«,
- Schumann-Resonanz I: entspannt im Hier und Jetzt, von der Polarität in die Einheit,
- Schumann-Resonanz II: führt in meditatives Bewusstsein.

Lokalisation des siebten Chakras: Es befindet sich am höchsten Punkt des Scheitels, gelegen auf der Mitte des Hirnzentrums (siehe Abbildung).

Behandlungsablauf des siebten Chakras: siehe Schritt 1 in Rückenlage des ersten Chakras.

Erdung und Harmonisierung über die Fußchakren[70]

Sich in den Körperkosmos einschwingen

Empfohlene Stimmgabeln:		Dauer der Behandlung:
Mittlerer Sonnentag oder	194,18 Hertz	zirka 35 bis 70 Minuten
Jahreston Om oder	136,10 Hertz	
Saturn oder	147,85 Hertz	
Platonisches Jahr oder	172,06 Hertz	
Geomagnetfeld oder	149,74 Hertz	
Merkur oder	141,27 Hertz	
Wasserstoffgamma	157,04 Hertz	

Dies sind die Kriterien für die Auswahl der geeigneten Stimmgabel:

- Mittlerer Sonnentag: Erdung, Kraft und Power,
- Jahreston Om: Liebe und Harmonie,
- Saturn: Struktur und Verwurzelung,
- Platonisches Jahr: Entspannung und Entkrampfung,
- Geomagnetfeld: Reinigung und Harmonisierung des Hormonsystems,
- Merkur: Kommunikation und Austausch,
- Wasserstoffgamma: Symptome von Schmerzen erkennen und lindern.

[70] Inspiriert wurde diese Behandlung durch Marianne Uhl.

Pars pro Toto (»Ein Teil steht für alles«): Über die Füße können Sie den »gesamten Menschen« erreichen, siehe z. B. die Fußreflexmassage oder auch die Stimulierung der Chakren. Die sieben Fußchakren (siehe Abbildung) öffnen mittels ihrer Verbindung zu den sieben Körperchakren die Behandlungstür zu allen Bereichen des Körpers. Das zu bearbeitende Thema kann über die Auswahl der entsprechenden Stimmgabel (s. o.) direkt und ohne Umwege in den »Körperkosmos« zur Lösung der Blockade eingeschwungen werden.

Bitte beachten Sie: Entscheiden Sie sich für *eine* Stimmgabel. Mit dieser Stimmgabel werden alle Fußchakren bearbeitet.

Anwendung – möglich in allen Lagen
Beide Füße werden folgendermaßen parallel behandelt. Beginnen Sie mit dem ersten Chakra auf der linken Fußseite (pro Chakra 3 bis 5 Minuten), wechseln Sie dann zum ersten Chakra auf der rechten Fußseite. Bleiben Sie nun rechts und behandeln Sie dort das zweite Chakra, wechseln Sie dann auf die linke Seite und behandeln Sie auch hier das zweite Chakra. So verfahren Sie bis zum siebten Chakra.

Behandlungsform 1 (Drehrichtung intuitiv)
Setzen Sie die entsprechende schwingende Stimmgabel in Längsrichtung zum linken Fuß auf das erste Chakra. In der Folge »malen« Sie Spiralen mit der schwingenden Stimmgabel auf den Bereich des ersten Chakras (Drehrichtung intuitiv nach Gefühl). Wechseln Sie auf den rechten Fuß, danach folgen die Chakren zwei bis sieben.

Behandlungsform 2 (Drehrichtung vorgegeben, siehe Abbildung)
Mann: Behandlung zunächst des linken, danach des rechten Fußes in folgender vorgegebener Drehrichtung:

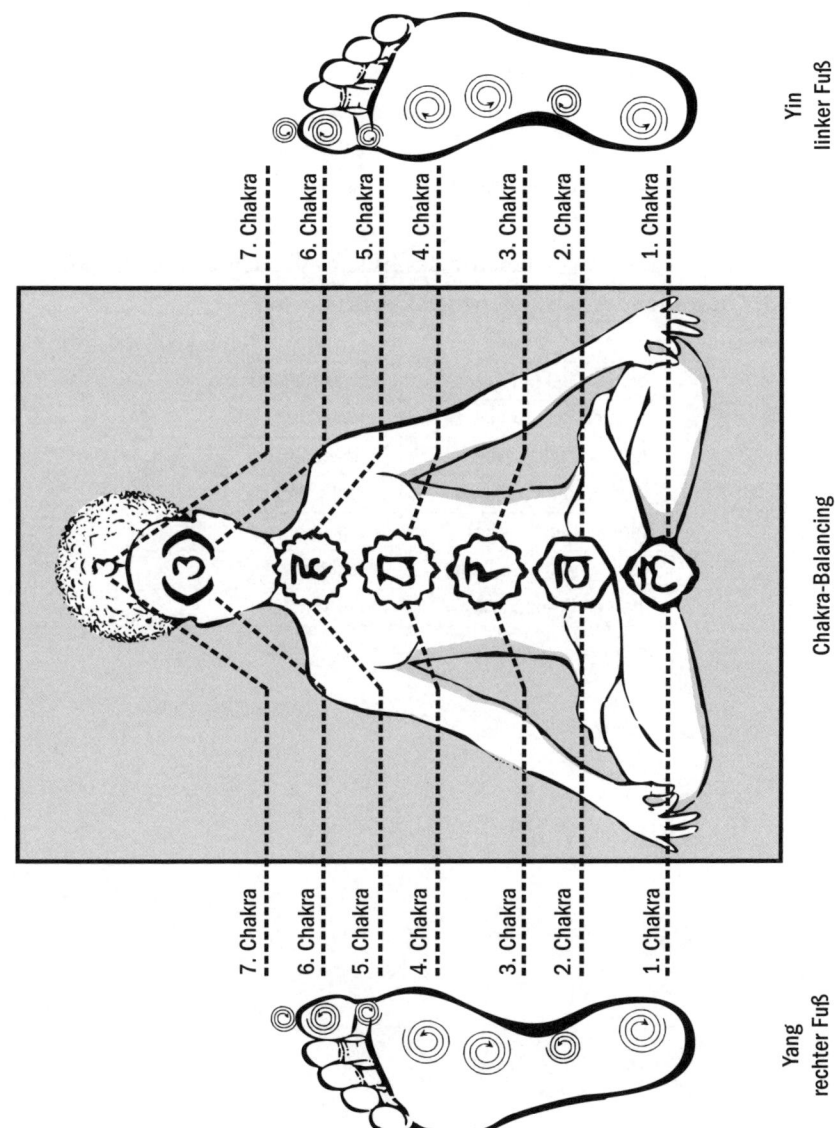

357

erstes Chakra (Yang)	= rechtsdrehend
zweites Chakra (Yin)	= linksdrehend
drittes Chakra (Yang)	= rechtsdrehend
viertes Chakra (Yin)	= linksdrehend
fünftes Chakra (Yang)	= rechtsdrehend
sechstes Chakra (Yin)	= linksdrehend
siebtes Chakra (Yang)	= rechtsdrehend

Frau: Behandlung zunächst des linken, danach des rechten Fußes in folgender vorgegebener Drehrichtung:

erstes Chakra (Yin)	= linksdrehend
zweites Chakra (Yang)	= rechtsdrehend
drittes Chakra (Yin)	= linksdrehend
viertes Chakra (Yang)	= rechtsdrehend
fünftes Chakra (Yin)	= linksdrehend
sechstes Chakra (Yang)	= rechtsdrehend
siebtes Chakra (Yin)	= linksdrehend

Dank

Die Vorarbeiten zu diesem Buch liegen viele Jahre zurück: Mosaiksteinchen, die sich immer mehr in Form von Basisartikeln, Seminarunterlagen und Ausbildungskonzepten verdichteten.

Die Phase der »Schwangerschaft« wurde von unzähligen Geburtshelfern begleitet, die uns mit Rat, Tat und E-Mails unterstützten.

Vor allem danken wir Ruediger Dahlke und Randolf M. Schäfer für wertvolle Wachstumstipps ab dem embryonalen Zustand, Fritz Dobretzberger für sein Wissen um die korrekte Schwingung, Gabriela Schmidt-Mücke für das kontinuierlich wachsende Manuskript vom Moment der Zeugung bis zur Geburt, Davida Schubert für ihr Opfer an Zeit für die Hege und Pflege dieses »geistigen« Kindes.

Ein besonderer Dank geht an Ruediger Dahlke für sein Vorwort sowie an den Verlag für seine wertvolle und freundliche Unterstützung in allen Phasen des Entstehungsprozesses.

Sie alle haben mitgeholfen, aber keiner hat Verantwortung für unsere Interpretationen und Fehler.

Anhang

Zu den Autoren

Thomas Künne (geb. 1958) ist Berater in psychosomatischer Medizin, beratender Astrologe und Astrosoph sowie Mitglied und Referent im Dachverband Geistiges Heilen e. V. (DGH). Nach abgeschlossenem Studium der Germanistik und Bildenden Kunst, intensiven Ausbildungen in »Archetypischer Medizin« bei Ruediger Dahlke und dem Studium der Astrologie und Astrosophie veröffentlichte der Autor zahlreiche Bücher und Essays über komplexe Vorgänge der Innen- und Außenwelt. Thomas Künne führt eine eigene Beratungspraxis mit Seminarräumen in Limburg an der Lahn, wo er u. a. die Kunst der Phonophorese lehrt.

© Monika Wernecke

Shop und Seminarprogramm des Autors:
www.schwingung-als-weg.de

Inge Schubert (geb. 1956) wurde von bekannten Lehrern wie Sensai Ohashi, Barbara Temelie, Rada Thambiraga, Peter Mandel sowie verschiedenen Chris-Griscom-Lehrern ausgebildet.  Die Seminarleiterin und Therapeutin beschäftigt sich seit 1995 intensiv mit der Phonophorese (Sono/Klang-Therapie) und hat ihr ganzes Wissen der westlichen und östlichen Behandlungsmethoden sowie ihr Erfahrungsspektrum in diese Praxisarbeit einfließen lassen. Frau Schubert unterrichtet im In- und Ausland und leitet das Centrum der Kraft Inge Schubert in Diez an der Lahn.

Seminare und Ausbildungen der Autorin:
www.centrum-der-kraft.de

Phonophorese-Portal mit Weblog:
www.stimmgabeltherapie.de

Haben Sie Fragen an den Verlag?
Anregungen zum Buch?
Erfahrungen, die Sie mit anderen teilen möchten?
Nutzen Sie unsere sozialen Netzwerke:
www.mankau-verlag.de/forum

Literaturempfehlungen

Thomas Künne
Roswitha Stark
Heilen mit dem kosmischen Ton
Stimmgabel-Therapie für Einsteiger
Mankau Verlag
ISBN 978-3-938396-60-5

Dieser Ratgeber bietet einen leicht verständlichen Einstieg in die Phonophorese, die Arbeit mit Stimmgabeln, die sowohl Laien als auch Therapeuten sofort umsetzen können. Neben bewährten Vorschlägen für verschiedene Indikationen bietet dieser Ratgeber auch erstmals einen persönlichen Resonanztest für Einhandrute oder Pendel, um die passende Stimmgabel für ganz individuelle Anliegen punktgenau herauszufinden.

Thomas Künne
Dr. med. Patricia Nischwitz
Stimmgabel-Set:
Die kosmische Hausapotheke
für Alltagsbeschwerden von A bis Z
Akupunkturpunkte sanft und
wirkungsvoll einschwingen
Mankau Verlag
ISBN 978-3-938396-66-7

Mit der beiliegenden Venus-Stimmgabel lassen sich seit Jahrtausenden bewährte Akupunktur- und Akupressurpunkte zur Linderung der am weitesten verbreiteten Symptome von A (z. B.

Allergien) bis Z (z. B. Zahnschmerzen) einschwingen und anregen - jederzeit, überall und ohne Nebenwirkungen.

Thomas Künne
Dr. med. Patricia Nischwitz
Stimmgabeltherapie
Heilsames Wissen und
praktische Anwendungen
Mankau Verlag
ISBN 978-3-86374-249-2

Das Praxisbuch zur Phonophorese beinhaltet die Essenz der bisher erschienenen Werke der beiden Autoren und bietet einen wertvollen Einstieg in die faszinierende Welt der heilsamen Schwingungen. Diese leisten Hilfe bei typischen Alltagsbeschwerden und -erkrankungen und unterstützen Sie dabei, ein selbstbewusstes und aktives Leben in Harmonie, Glück und Wohlbefinden zu führen.

Thomas Künne
Dr. med. Patricia Nischwitz
Stimmgabeltherapie (DVD)
Selbsthilfe bei Alltagsbeschwerden
Videobuch
Mankau Verlag
ISBN 978-3-86374-143-3

In diesem Videobuch führen Sie Thomas Künne und Dr. med. Patricia Nischwitz in die Theorie und Praxis der Stimmgabeltherapie ein. Sie zeigen Ihnen, wie leicht und wirkungsvoll Sie sich selbst und andere bei allen Arten von Alltagsbeschwerden behandeln können – von Allergien über Kopfschmerzen bis hin zu Verdauungsproblemen, bei Nervosität, Erschöpfung, Angstgefühlen oder Schlafstörungen.

Thomas Künne
Heilen mit Kosmischen Klängen (Audio-CD)
Meditation mit Planetentönen
Mankau Verlag
ISBN 978-3-86374-012-2

In der von Thomas Künne geführten Meditation bringen Sie die archetypischen Planetenfrequenzen des Makrokosmos Universum in Resonanz mit dem Mikrokosmos Ihres Körpers. Die wahrgenommenen Planetentöne wirken wie ein Souffleur auf »verstimmte« Körperbereiche und helfen Ihnen dabei, zu innerer Harmonie und gesundheitlichem Wohlbefinden zurückzufinden. Zusätzlich werden auf der CD die reinen Einzelfrequenzen der Planetentöne für eine gezielte Klangtherapie – für den privaten wie auch den therapeutischen Einsatz – zur Verfügung gestellt.

Hans Cousto
Thomas Künne
Heilsame Frequenzen
Wie kosmische Schwingungen unser Wohlbefinden fördern
Mankau Verlag
ISBN 978-3-86374-246-1

Der führende Theoretiker der Planetenschwingungen und der erfahrene Praktiker der Stimmgabeltherapie finden sich zu einem einzigartigen Projekt zusammen! Hans Coustos Berechnungen der Planetenfrequenzen kommen heute weltweit bei der Herstellung von Klangschalen, Gongs oder auch Stimmgabeln zur Anwendung; gemeinsam mit dem Astrologen und Schwingungstherapeuten Thomas Künne ist ein Buch entstanden, welches einerseits – auch für den Laien verständlich – die Planetenfrequenzen wissenschaftlich herleitet und andererseits deren heilsame Wirkung bei der Aktivierung unseres »inneren Heilers« und unserer Selbstheilungskräfte beschreibt.

Thomas Künne
Heilen mit kosmischen Farben
Stimmige Farbanwendungen für
Gesundheit und Wohlbefinden.
Mit 11 Farbtafeln
Mankau Verlag
ISBN 978-3-86374-352-9

»Bekennen Sie Farbe« für Ihr Wohlbefinden – nutzen Sie die Schwingungen der Planeten unseres Sonnensystems, um die Selbstheilungskräfte zu aktivieren und hinderliche oder krank machende Blockaden aufzulösen. Die »kosmischen« Farben entstehen dabei durch mehrfache Oktavierung der Planetenfrequenzen, die bereits wirkungsvoll und heilsam in Stimmgabeltherapie und Klangarbeit mit Gongs, Klangschalen etc. eingesetzt werden. Mittels der elf beigefügten Farbtafeln von Sonne, Merkur, Venus, Mond, Mars, Jupiter, Saturn, Uranus, Neptun, Pluto und Erde (OM) wird es möglich, mit den kosmischen Archetypen und Ihren individuellen inneren »Seelenfarben« in Resonanz zu gehen. Theoretische Hintergrundinformationen und praktische Tipps helfen Ihnen dabei, eine »stimmige« Farbgebung für Ihr berufliches wie privates Umfeld zu finden.

Thomas Künne
Karin Maria Zimmer
**Heilsame Archetypen-Meditationen
(2 Audio-CDs)**
Mankau Verlag
ISBN 978-3-86374-553-0

Jeder von uns trägt unbewusste Seelenanteile in sich. Doch für ein Leben in Balance ist es unabdingbar, dass wir nicht nur unsere hellen Lichtseiten schätzen, sondern auch unsere verborgenen Schattenanteile kennenlernen und versöhnlich annehmen. Gehen wir mit den Archetypen durch Meditation in Resonanz, so können wir eine harmonische und bekömmliche Mischung all unserer Wesensanteile finden - nicht zu viel, nicht zu wenig, sondern genau richtig.
Bringen Sie Licht ins Dunkel, entdecken Sie Ihre verborgenen Schätze: Stärken Sie die Kraft Ihrer (Eigen-)Liebe mit Venus, wagen Sie einen Neubeginn mit der Unterstützung von Mars, finden Sie Ihr Urvertrauen in Jupiter, und bezaubern Sie mit Ihrem Charisma und neuer Lebensfreude durch das Strahlen der Sonne!

Thomas Künne
Christina Stägert
Lustvoll lieben
Akupressur, Yoga & Co. für neu
erlebte Intimität und Lebensfreude
Mankau Verlag
ISBN 978-3-86374-452-6

»Lustvoll lieben« will ein Impulsgeber in Sachen Lust(gewinn) sein, ein praktischer Begleiter für alle, die sich nach einem harmonischen Energiefluss, nach sinnlicher und erfüllender Liebe sehnen. Das zarte Berühren bestimmter Zonen

und Punkte des Körpers lindert Verstimmungen und Schmerzen, fördert die Entspannung, stärkt das Vertrauen zu sich selbst und zum Partner oder zur Partnerin.
Mit kompakten und übersichtlichen Anleitungen für Akupressur, Massage, Jin Shin Jyutsu, Moxibustion, Yoga & Co. und Checklisten zum Erkennen und Optimieren der eigenen Lust. Entdecken Sie sich und Ihren Körper neu und lassen Sie wirkliche Nähe und Intimität (auch sich selbst gegenüber) entstehen!

Weitere Bücher von Thomas Künne:

Thomas Künne
Archetypen für jeden Tag
In Resonanz mit den Urprinzipien durch
Energetische Schwingungs-Sprays
BoD Verlag
ISBN 978-3-8334-7921-2

Thomas Künne
Die Schwingung der Archetypen
Die Resonanz der Planetentöne in Astrologie,
Mythologie und Klangarbeit
Traumzeit-Verlag
ISBN 978-3-933825-87-2

Thomas Künne
Zwillingsgeschwister
Der astrologische Unterschied
Schirner Verlag
ISBN 978-3-89767-346-5

Thomas Künne
Die acht Stufen der Bewusstheit
Schirner Verlag
ISBN 978-3-89767-685-5

Thomas Künne / Christoph Herzer
Anleitung zum Selbstbetrug
Zwölf nützliche Geschichten
BoD Verlag
ISBN 978-3-8334-6203-0

Thomas Künne
Das Pizza-Orakel
Lappan Verlag
ISBN 978-3-8303-6191-6

E-Book von Inge Schubert:

Inge Schubert
Kristallheilung
Die Heilige Geometrie der Platonischen Körper
Praxisbuch mit Schritt-für-Schritt-Anleitungen
Mankau Verlag
E-Book (epub): ISBN 978-3-86374-009-2
E-Book (pdf): ISBN 978-3-86374-008-5

Phonophorese-Zentren und -Ausbildungen

Deutschland

Inge Schubert
Brandenburger Str. 18, 65582 Diez
Tel. 06432 63068
Fax: 06432 63626
E-Mail: IngeSchubert@t-online.de
Internet: www.centrum-der-kraft.de

Thomas Künne
Fischmarkt 5, 65549 Limburg
Tel. 06431 288768
Fax: 06431 288767
E-Mail: t.kuenne@web.de
Internet: www.quelle-der-kraft.de (Astrologie)
www.schwingung-als-weg.de (Phonophorese)

Gabriela Schmidt
Liegnitzer Gasse 1, 68775 Ketsch
Tel. 06202 271266
E-Mail: kontakt@centrum-der-heilkunst.de
Internet: www.centrum-der-heilkunst.de

Dagmar Bendel-Schultze
Ostlandstraße 38, D-50858 Köln
Tel. 02234 498380
E-Mail: gonglights@t-online.de
www.gonglights.de

Planetware
Fritz Dobretzberger
Augustenfelder Str. 24 a, 80999 München
Tel. 089 8121105
Fax: 089 8129381
E-Mail: info@planetware.de
Internet: www.planetware.de

Arno Barthelmes
Albrechtsgarten 5, 98544 Zella-Mehlis/Thüringen
Tel. 03682 42001
Fax: 03682 43469
E-Mail: A.Barthelmes@stimmgabeln.de
Internet: www.tuning-fork.com

Susanne Kößler
Gschlavers 2, 87463 Dietmannsried
Tel. 08374 240377
E-Mail: skgesundheitshuette@web.de

Lotus-Zentrum in Maintal bei Hanau
Ulmenstr. 17, 63477 Maintal
Tel. 06109 67632
Fax: 06109 770810
E-Mail: info@lotus-zentrum.de
Internet: www.lotus-zentrum.de

Österreich

Adi Sachs
Hofwaldweg 35
6020 Innsbruck
Tel. +43 512 288349
Fax: +43 664 4408244

Elfriede Müller
Leo-Müller-Str. 11
6991 Riezlern
Tel. +43 5517 5929
Fax: +43 5517 59293
E-Mail: oswalda.hus@aon.at
Internet: www.oswalda-hus.de

Schweiz

Karl Durrer
Kantonsstr. 106, 8807 Freienbach
Tel. +41 55 4102927
E-Mail: karl.durrer@goldnet.ch

Tschechische Republik

Darja Havelková
P. O. Box 38, 26180 Príbram 1
Tel. +420 603 156708
E-Mail: info@shiatsu.cz
Internet: www.shiatsu.cz

Spanien

Pilar Cebrian Marco
c/del Vedao n: 12, 50162 Villamayar (Zaragoza)
Tel. +34 976 589247
Internet: www.civila.com/hispania/shiatsu

Bezugsquellen

Internet-Shop von Thomas Künne:
www.schwingung-als-weg.de

Arno Barthelmes
Albrechtsgarten 5
98544 Zella-Mehlis/Thüringen
Tel. 03682 42001
Fax: 03682 43469
E-Mail: A.Barthelmes@stimmgabeln.de
Internet: www.stimmgabeln.de

Planetware
Fritz Dobretzberger
Augustenfelder Str. 24 a
80999 München
Tel. 089 8121105
Fax: 089 812 93 81
E-Mail: info@planetware.de
Internet: www.planetware.de

Chakrentabelle

	Bezeichnung	Drehimpuls Yang	Drehimpuls Yin	Position	Lebensjahr	Öffnung	Meditationsfarbe	Musik, Ton	Musikart
1.	Muladhara-, Basis-Wurzel-Chakra	rechts	links	am unteren Ende der Wirbelsäule direkt über dem Anus	bis 6.	nach unten	Rot Komplementärfarbe Grün	C	Trommeln, Rockmusik, Marschmusik
2.	Svadhishthana-, Sakral-Chakra	links	rechts	etwa zwei, drei Fingerbreit unterhalb des Nabels gelegen	7.–14.	nach vorn und hinten	Orange, Komplementärfarbe Blau	D	Volksmusik, Folklore
3.	Manipura-, Solarplexus-, Sonnengeflechts-Chakra	rechts	links	unmittelbar über dem Nabel gelegen (etwa drei Fingerbreit)	15.–21.	nach vorn und hinten	Gelb, Komplementärfarbe Violett	E	Feurige Rhythmen, Flamenco, Orchestermusik
4.	Anahata-, Herz-Chakra	links	rechts	liegt oberhalb des physischen Herzens auf der Mittellinie	22.–28.	nach vorn und hinten	Grün	F	Meditationsmusik, Entspannungsmusik, Klassik, sanfte Musik
5.	Vishuddha-, Kehlkopf-Chakra, Kommunikationszentrum	rechts	links	zwischen Halsgrube und Kehlkopf	29.–34.	nach vorn und hinten	Hellblau	G	Sakrale meditative Musik
6.	Stirn- oder Ajna-Chakra, auch Drittes Auge genannt	links	rechts	liegt zwischen den Augenbrauen auf der Mittellinie	35.–41.	nach vorn und hinten	Indigoblau	A	Sphärenklänge, New-Age-Musik, Obertonmusik
7.	Kronen- oder Sahasrara-Chakra, Tausendblättriger Lotus, kosmisches Bewusstsein	rechts	links	am höchsten Punkt des Scheitels, Mitte Hirnzentrum gelegen	42.–48.	nach oben	Violett	H	Stille

	Sinnesfunktion	Wirkung	Naturerfahrung	Wirkung	Grundprinzip	Energiewirkung
1.	Riechen	Aktivierung des Nervensystems, Abbau von Spannungen in der Wirbelsäule	Morgenröte, Abendrot, frische Erde	vitalisierend, dynamisierend, tonisierend, einstimmend	der körperliche Wille zum Sein	die Energien fallen lassen (Erdung)
2.	Schmecken	Aktivierung und Harmonisierung des gesamten Flüssigkeitshaushaltes	Licht des Mondes, klares Wasser	Sinnlichkeit, Hingabe, Fließen, erotisierend	schöpferische Fortpflanzung des Seins, physischer Leib, metaphysischer Leib	die Energien loslassen
3.	Sehen	löst Ärger und Aggression auf, stabilisiert und balanciert die eigene Mitte, Ehrgeiz, Enthusiasmus, feurige Liebe und Hass	Licht der Sonne, reifes Kornfeld, gelb blühende Rapsfelder, Sonnenblumen	Seinsempfindung, Manifestation des Selbst	Gestaltung des Seins	Energien werden zentriert
4.	Fühlen, Tasten	schafft Harmonie und Ausgewogenheit, fördert Mitgefühl, schafft Ruhe	kräftig, hellgrüne Wiese, unberührte Natur, Blüten	entspannend, beruhigend, sedierend	Reinheit, Mitgefühl und Hingabe, der Pfad zur geistigen Freiheit und Erleuchtung, Hingabe zum Sein	Energien können sanft in die Seinsbereiche fließen
5.	Hören	bringt Reinigung und Klärung, fördert die klare Kommunikation	Himmel, sanft fließendes Wasser, leichter Wellenschlag	Unabhängigkeit, Kommunikation, Kreativität	Reinigung, fortgeschrittene Stufe der göttlichen Entfaltung	bewusst die Energien aus allen Chakren steigen lassen
6.	alle Sinne, besonders die übersinnliche Wahrnehmung	beseitigt Ängste, baut Spannungen ab, verhilft zur Klarheit und Konzentration, Bewusstheit der himmlischen Welten	Nachthimmel	hohes Erkennen, harmonisierend	umfassendes Sein – Erkenntnis, Sein – Resonanz	das neue Energieverhalten programmieren und manifestieren
7.	multidimensional	kosmisches Bewusstsein, All-Eins-Sein, jenseits der Polaritäten	Berggipfel	klarer Geist, antidepressiv, Sein jenseits der Polaritäten	reines Sein, Sein als höchste Transzendenz aller Aspekte, Einheit mit dem göttlichen Selbst, Ziel und Ende aller spirituellen Schulungen	Gefühl des All-Eins-Seins, die Energien befinden sich in totaler Harmonie

	Wirbelzuordnung	Körperlage Dauer des Schlafes	Hormone	Endrokine Drüsen	Wirkung	Element	Atemtechnik
1.	1. Chakra 4. Steißwirbel	Bauchlage, 10–12 Stunden	Adrenalin, Noradrenalin	Nebennieren, Hoden	Stabilisierung Erdung	Erde	einatmen – ausatmen – Pause
2.	2. Chakra 5. Kreuzwirbel	Embryonalhaltung, 8–10 Stunden	Östrogen, Testosteron	Keimdrüse, Eierstöcke, Prostata	Reinigung	Wasser	einatmen – ausatmen – längere Pause
3.	3. Chakra 5. Lendenwirbel	Rückenlage, 7–8 Stunden	Insulin (Galle)	Bauchspeicheldrüse (Leber)	Umwandlung, Gestaltung	Feuer	Vipassana
4.	4. Chakra 12. Brustwirbel und Rippen	auf der Herzseite, 5–6 Stunden	Thymohormon	Thymusdrüse	Öffnung, Verbindung	Luft	Vipassana – achte auf die Musik des Herzens
5.	5. Chakra 7. Halswirbel	wechselweise linke und rechte Seite, 4–5 Stunden	Thyroxin, Trijodthyroxin	Schilddrüse, Nebenschilddrüse	Kommunikation, Vermitteln	Arkasha	einatmen, Pause, ausatmen
6.	6. Chakra	Schlaf geschieht im Sitzen, Gehen, Stehen, Liegen; Wechsel zwischen bewusstem Alpha-Zustand und Übergang zum Theta-Zustand	Vasopressin (Adiuterin), Pituitrin	Hypophyse (Hirnanhangsdrüse)	hohes Erkennen	Kosmos	einatmen, Pause, ausatmen
7.	7. Chakra	andauerndes Wachbewusstsein universales Bewusstsein	Serotonin, Enteramin, Melatonin	Epiphyse	Transzendenz	Verschmelzung der Energien aller Chakren	sanfte Pranayama

	Werdegang	Zuständigkeit	Wahrnehmung beim Heilen
1.	Ich existiere, ich werde. Ich empfinde körperlich, ich bin jetzt hier. Kraft und Vitalität strömen jetzt aus.	Knochen, Blutaufbau, Haare, Anus, Därme, Nieren, Beine, Nägel, Wirbelsäule, männliche Keimdrüsen, Zähne, Zellaufbau (Blase bedingt)	Empfindung von Lust und Schmerz
2.	Ich fühle emotional – die Weisheit des Bauches –, Gefühle werden frei, emotionale Aspekte, Vehikel unseres Gefühlslebens, übersinnliche rezeptive Kreativität auf allen Ebenen	Blase – Niere bedingt –, weibliche Fortpflanzungsorgane, sämtliche Flüssigkeiten, Lymphsystem, Milz	Emotionen über Krankheiten, Empathie
3.	Ich denke freundlich und unfreundlich. Struktur der Ideen – Intellekt in Form des linearen Denkens	Verdauung, unterer Rücken, Milz, Leber, Nieren, Galle, Magen, vegetatives Nervensystem	Ahnung, Intuition, tiefere Bedeutung und Ursache von z. B. Schmerz
4.	Ich liebe (z. B. die Menschheit), Umwandlung von Energie in Liebe, Ebene, auf der wir lieben	Brustkorb, Herz, Lunge, Rücken, Haut, Hände, Kreislauf, Blutkreislaufsystem	Qualität und Quantität der Liebe spüren - eigene Liebe
5.	Ich will, Übernahme von Verantwortung für unser Handeln, Höherer Wille. Die Kraft des Wortes	Bronchien, Speiseröhre, Stimme, Hals, Nacken, Kiefer	Töne, Musik, Worte hören, psychologische Beschreibung, Telepathie
6.	Ich liebe allumfassend, liebevolle Pflege für alles, was lebt alle Lebensformen als eine Manifestation Gottes Ort himmlischer Liebe Es ist eine Liebe, die den Bereich der menschlichen Liebe überschreitet und alles Leben umfasst	Augen, Ohren, Nase, Gesicht, Stirn, Kleinhirn, unwillkürliches Nervensystem	Bilder sehen
7.	Ebene höherer Bewusstheit Ich bin Ich erkenne Ebene der Erkenntnis und Integration	Großhirn, Schädeldecke, willkürliches Nervensystem	Allumfassende Erkenntnis der gesamten Lebenssituation

Notizen

Bücher, die den Horizont erweitern

Petra Neumayer / Roswitha Stark
Medizin zum Aufmalen 1
Heilen mit den Zeichen der Neuen Homöopathie
Praktische Anwendung, Tipps und Fallbeispiele

ISBN 978-3-86374-355-0

»*Dieser Ratgeber vermittelt dieses alte Wissen (...) anhand vieler Praxisbeispiele und mit konkreten Anwendungsmethoden.*«
Die Kunst zu leben

Petra Neumayer / Roswitha Stark
Medizin zum Aufmalen 2
Neue Homöopathie und Heilsymbole aus aller Welt
Mit zahlreichen vertiefenden Arbeitshilfen und Testlisten

ISBN 978-3-86374-358-1

»*Mit praktischen Anwendungsbeispielen lädt der Ratgeber dazu ein, selbst mit den vorgestellten Methoden zu experimentieren und neue Wege der Therapie zu gehen.*«
HP Naturheilkunde

Petra Neumayer / Roswitha Stark
Medizin zum Aufmalen für Tiere
Geliebte Tiere ganzheitlich heilen –
ungeliebte Tierchen sanft umsiedeln

ISBN 978-3-86374-409-0

»*Die Autorinnen liefern einen umfassenden Einblick in das Feld der energetischen Heilung beim Tier und geben hilfreiche Tipps (...).*«
Paracelsus

Petra Neumayer / Roswitha Stark
Kartenset Medizin zum Aufmalen
64 Symbolkarten: Strichcodes der Neuen Homöopathie –
Heilige Geometrie – Symbole aus aller Welt

ISBN 978-3-938396-59-9

»*Sie sollten die Heil-Zeichen einfach mal ausprobieren. Es kann nur gut enden, im schlimmsten Fall bleiben sie ohne Wirkung, aber die Therapie macht Spaß (...).*"
Frau von heute

Angelika Gräfin Wolffskeel von Reichenberg
Die 12 Salze des Lebens
Biochemie nach Dr. Schüßler

- Alle 24 Haupt-/Ergänzungssalze und Salben
- Schüßler-Salze-Kuren und diverse Sonderkapitel
- Umfangreiches Symptomregister von A bis Z

ISBN 978-3-86374-267-6

»Das vorliegende Buch sticht wohltuend aus der Masse dieser Bücher heraus (...).« Hans Heinrich Jörgensen, 1. Vizepräsident des Biochemischen Bundes Deutschlands e. V.

Angelika Gräfin Wolffskeel von Reichenberg
Die 12 Salze des Lebens (Video-DVD)
Mit den Schüßler-Salzen durch die Jahreszeiten
ISBN 978-3-938396-37-7

In dem Ratgeber- und Lehrfilm nach dem gleichnamigen Buch-Bestseller stellt Angelika Gräfin Wolffskeel die Biochemie nach Dr. Schüßler informativ und anschaulich vor. Zum Bonusmaterial gehören ein Live-Vortrag von Gräfin Wolffskeel sowie die Vorstellung der Schüßler-Salze und biochemischer Kuren.

Angelika Gräfin Wolffskeel von Reichenberg
Schüßler-Salze für Ihr Kind
Ratgeber für 0- bis 14-Jährige
Symptom-Register von A–Z

ISBN 978-3-9809565-24-7

»In einem umfangreichen Symptomregister führt sie für jedes denkbare Leiden, an dem die Kleinen laborieren könnten, eine Behandlung mit Mineralsalzen und Schüßler-Salzen an. Positiv: Der Anhang mit Kochrezepten für gesunde Kinderernährung.« ÄrzteWoche Österreich

Angelika Gräfin Wolffskeel von Reichenberg
Deine Nahrung sei dein Heilmittel
Ernährung im Biorhythmus
Ratgeber Gesundheit

ISBN 978-3-9809565-03-2

»In diesem Buch findet jeder etwas Nützliches, last not least auch einige Küchenrezepte für den Alltag.« Naturarzt

»Der praxisorientierte Ratgeber gibt fundiertes Wissen verständlich wieder.« Schrot & Korn

Unsere Bücher erhalten Sie bei Ihrem Buchhändler! Besuchen Sie auch unsere Internetseite mit Bestellmöglichkeit, Leseproben, Videos und Newsletter:

www.mankau-verlag.de